Théâtre (1954 -1962)

Off et la lune
La Plage aux anguilles
Marceline

© Éditions Labor et Archives et Musée de la Littérature, Bruxelles, 1995.

Couverture
Maquette : Éric Loeckx
Illustration : Anvers, La plage aux anguilles (photo Elza Willems).

Imprimé en Belgique
ISBN 2-8040-1080-5
D/1995/258/79

Publié avec l'aide de la Communauté française de Belgique.

Paul Willems

Théâtre
(1954-1962)

Off et la lune
La Plage aux anguilles
Marceline

Préface de Marc Quaghebeur

Collection Archives du futur

Préface

Dans le parcours théâtral de l'enchanteur de Missembourg, un mystère subsistait : la violente rupture entre la féerie rose qu'est *Il pleut dans ma maison* (1958) et la sombre légende de *Warna* (1962). Avec la publication dans ce volume de *Marceline* (1960), on découvre enfin le chaînon manquant.

Enjouée dans son ton comme dans ses enchaînements, cette pièce inédite fait du jeu de cartes, cher aux surréalistes, la clef de surprises érotiques, dramatiques et sentimentales, dont ne voulurent point les décideurs théâtraux de l'époque. C'était l'époque où nos ministres prêtaient encore serment en queue de pie ; où le discours sur les mœurs n'avait point subi le choc d'*Éros et civilisation*. Mais l'enjouement n'est qu'apparent. Il n'empêche pas la pièce de déployer, dans le corps même de son action, tous les éléments du passage de la rêverie plaisante au réel grinçant. Cette technique fera plus tard, en toute liberté et maîtrise, la force et la magie de *La Ville à voile* (1965) ou des *Miroirs d'Ostende* (1974).

Dans cette pièce s'esquisse en outre l'association imaginaire qui aboutira à l'un des titres les plus mystérieux de l'univers du dramaturge : *Elle disait dormir pour mourir* (1983). Accablée de tristesse et de solitude, Marceline ne dit-elle pas, à l'avant-dernière scène, que si l'homme qu'elle aime la regardait dans les yeux, il y verrait «le reflet d'un dieu». Elle se voit alors tendrement morigénée par Snep. Celui-ci rappelle tout d'abord que la montée du jour, cet envahissement de lumière, n'a rien de chaleureux mais, au contraire, quelque chose de glacé. Pour lui murmurer ensuite qu'il n'y a plus qu'à dormir. Façon bien willemsienne de «rentrer dans sa peau».

Le lecteur trouvera par ailleurs dans cette édition le texte, devenu introuvable, de *La Plage aux anguilles* (1959). Véritable métamorphose onirique et ironique d'un espace délaissé et mystérieux des abords d'Anvers, que les didascalies présentent comme une «plage de limon enserrée par la digue». Métaphore essentielle de l'univers de Paul Willems... L'épave devenue domicile, et le fleuve comme horizon de songe à travers les appels lointains qu'il répercute sans qu'il permette de les toucher, complète cette matrice de l'imagination poétique de l'écrivain (on la retrouvera, en plus tragique, dans le terrain vague de *Nuit avec ombres en couleurs*). C'est là qu'un personnage au nom emblématique, Phébus, recueille, «tel un gardien des portes de la réalité», les échos des «signes venus d'un monde rêvé».

Ce prélude de la musique à trous magnifiée dans *La Ville à voile* s'accomplit déjà au travers de surprenants dialogues entre le vieux marin et son comparse, le Bon-Dieu. Celui-ci titube sur les mots de la langue comme un pied nu parmi des monceaux de débris. Il se joue par contre des sons avec une volupté qui rappelle le doux babil de l'enfance glossolalique. Mais, à qui l'examine avec attention, la pièce révèle déjà d'étranges dis-sonances dans l'univers de la féerie.

On découvrira en outre, dans ce volume, *Off et la lune* (1954-1955). La pièce fit les beaux jours du Théâtre National mais ne fut jamais éditée malgré les intentions qu'avaient manifestées les éditions des Artistes, coutumières des comptes d'auteur. Accompagné de quelques commentaires que Paul Willems avait réservés à la version allemande de sa pièce, ce texte présente au lecteur un des derniers reflets de ce qui, dans l'œuvre du fils de Marie Gevers, procède du théâtre de verdure où s'origina son inventivité dramatique. Elle accomplit ce que *Peau d'Ours* (1951) avait élaboré de façon moins légère et ce que transmutera *Il pleut dans ma maison* (1958).

Le chien Off y revêt une présence et un chic qui en font le neveu des bêtes de *L'Oiseau bleu* et le cousin du chat Astrophe, une dimension théâtrale vive, aérienne, efficace. De surcroît, l'auteur y avoue ce qui est consubstantiel au théâtre belge depuis Maeterlinck : le fait que «le mot n'est pas tout». La véritable pièce se déroule en effet sous la toile que tissent les paroles. C'est elle «qui se joue en silence, sous les paroles échangées».

On n'a donc pas parlé par hasard de la dimension poétique du théâtre de Paul Willems. Ce volume en présente trois facettes, différentes mais complémentaires. Il révèle aussi le moment de la maturation d'un talent. Si l'on joint à ces trois pièces emblématiques *Il pleut dans ma maison*, que l'auteur écrivit juste avant *La Plage aux anguilles* et *Marceline*, on se trouve au cœur du moment fécond qui précède le grand œuvre tragique de la maturité de l'écrivain, contemporain de la disparition officielle de la présence francophone en Flandre.

Ce creuset comporte un autre versant. Nous avions pensé l'inclure dans ce volume. Mais il trouvera une place plus appropriée à sa diffusion dans une collection destinée aux enfants, Espace Nord Junior. Alors que le théâtre de verdure ne détermine plus vraiment la structure des pièces «officielles» du dramaturge, celui-ci en poursuit cependant le cycle. Pour ses enfants et neveux, il écrit en effet, entre 1956 et 1959, quatre «pièces de Noël» dont la dernière, *La Neige*, est le fleuron. Toute la magie willemsienne s'y trouve à l'état brut. Et presque pur, pourrait-on dire.

Les chercheurs devront un jour se pencher aussi sur ce corpus. Il s'inscrit parfaitement dans le fil de ces années où la réalité ne ravage pas absolument le rêve; où elle lui laisse le loisir de subtils entrechats.

À l'heure où la collection «Poteau d'Angle» publie, sous le titre *Le Vase de Delft*, un bon nombre de nouvelles inédites et récentes de l'auteur de *La Chronique du cygne*, cette plongée dans les replis cachés – ou oubliés – de son théâtre de la seconde moitié des années cinquante permet de prendre mesure de la cohésion profonde comme de l'évolution et des variations de cet univers littéraire.

Les trois pièces ici rassemblées constituent bien une sorte d'archives du futur de cet écrivain singulier dont le grand âge s'attelle à la quête du *Voleur d'eau*. À chacun son *Oiseau bleu*!

Marc Quaghebeur

Off et la lune
ou
Prisonnier de son ombre

Pièce en trois actes

Off et la lune fut créé par le Théâtre National de Belgique au cours de la saison 1954-1955, dans son cycle «Petite province». Création bruxelloise par le même théâtre le 30 janvier 1956, avec la distribution suivante :

Louisa	Catherine Fally
Simone	Laurence Gary
Pierre	Fernand Guiot
Milie	Nelly Corbusier
Raymond	Billy Fasbender
Tony	Jean-Claude Vernon
Balu	Lucien Charbonnier
Éric	Roger Broe
Off	Serge Michel

Mise en scène de Jacques Huisman et Roger Broe
Décors de Denis Martin

Prix Vaxelaire 1956

Pièce inédite (1954-1955)

Personnages

Louisa	jeune femme, vingt-deux ans.
Simone	jeune fille, seize ans.
Pierre	mari de Louisa, trente ans.
Milie	mère de Louisa, veuve, cinquante-cinq ans.
Raymond	veuf, professeur à la retraite, ami de jeunesse de Milie, et l'un de ses prétendants, soixante ans.
Tony	son fils, dix-sept ans.
Balu	brocanteur, soixante ans, autre prétendant de Milie.
Éric	célibataire, trente ans.
Off	chien sans maître.

Une petite ville belge, de nos jours. Premier tableau, une chambre dans la maison de Milie. Deuxième tableau, le coin d'une rue ou une petite place.

Acte I

Premier tableau

Dans la maison de Milie. Une chambre au premier étage. Fenêtre sur la rue ; une porte donnant sur la cuisine, une autre menant à la cage d'escalier, une troisième conduisant à l'escalier du garage. Milieu de petite bourgeoisie. Milie est la veuve d'un employé des postes. Sa petite pension et l'exploitation d'une pompe à essence lui ont permis d'élever sa fille : Louisa a suivi jusqu'à dix-huit ans les cours du Lycée. Très peu de temps après, elle a épousé Pierre, dont elle a fait la connaissance en débitant de l'essence. Pierre, avant d'épouser Louisa, conduisait un des camions de son père. Il a maintenant sa propre petite affaire de transport. Le premier camion est presque payé. Le jeune ménage est installé chez Milie. Pierre entrevoit déjà un avenir aisé. Il tend toute son énergie vers la réalisation de son but et y associe Louisa. Ce sont des vies sans problèmes.

Scène I
Louisa - Simone

(Louisa coupe du pain et de la charcuterie. Elle verse du café dans un thermos. C'est le repas que Pierre emportera pour son voyage de nuit. Entre Simone portant un bouquet de roses rouges.)

Simone *(joyeuse)*. – Pour toi, Louisa !

Louisa *(ravie)*. – Oh ! Simone, des roses ! En cette saison !

Simone. – Tu ne devines pas pourquoi ?

Louisa. – Non.

Simone. – Vrai ? Tu as oublié ?

Louisa. – Oui.

SIMONE. – Cherche.

LOUISA. – Un anniversaire ?

SIMONE. – Non. Souviens-toi. Dans la cour de l'école... Une petite fille s'approche de toi et dit timidement : «Écris quelque chose dans mon album.» Tu demandes : «Que veux-tu que j'écrive ?» Et moi : «Un beau souhait.» Tu souris, tu prends l'album et tu écris sans hésiter : «Recevoir des roses rouges au mois de mars.»

LOUISA *(elle sourit)*. – J'ai écrit cela ?

SIMONE. – Oui.

LOUISA *(rêveuse)*. – Des roses au mois de mars...

SIMONE. – Des roses rouges. Depuis lors, le mois de mars est pour moi un mois violent, plein d'averses de pluie et d'averses de soleil. Et je vois une jeune femme recevant des roses rouges.

LOUISA. – Je n'ai plus reçu de fleurs depuis mon mariage.

SIMONE. – Pierre ne t'apporte jamais de fleurs ?

LOUISA. – Non, ma petite Simone, nous avons d'autres soucis. *(Changeant de sujet :)* Et à l'école ? Les choses ont-elles changé ? L'odeur de savon, le matin, dans le corridor ?

SIMONE. – Un an et quatre mois, Louisa ! Jamais je n'arriverai au bout ! J'en ai assez ! Assez !

LOUISA *(souriante)*. – Comme tout cela est loin...

SIMONE. – Et pourtant, c'était hier ! Je te vois encore me rendant l'album et sans me dire un mot, rejoignant Alberte... je me sentais seule.

LOUISA. – Il y a plus de trois ans de cela.

SIMONE. – J'essayais de deviner ce que vous disiez. *(Elle rit.)* Maintenant c'est moi qui me promène sous l'œil admiratif des petites. J'ai aussi mes secrets.

LOUISA *(souriant)*. – À cette époque je brûlais d'espérance. Je rêvais de conquérir le monde d'un pas si léger que je marchais sur l'eau. Mais on oublie vite.

SIMONE. – Moi, je n'oublierai jamais mes espérances. *(Silence.)* Mes parents ne s'entendent pas. *(Silence.)* Je suis très seule.

LOUISA. – Viens aussi souvent que tu veux, Simone.

Scène II
Louisa - Simone - Pierre

(Entre Pierre. C'est un très brave garçon, doux et calme, qui donne une impression de cordialité un peu fruste.)

Pierre. – C'est prêt ? *(Surpris :)* D'où viennent ces roses ?

Louisa *(elle enlève son tablier et se recoiffe vite).* – Un cadeau de Simone.

Pierre *(sifflant d'admiration ; il s'approche et hume les roses).* – Des roses en cette saison. Ça doit valoir une fortune, non ?

Louisa *(joyeuse).* – Pierre, on ne demande pas le prix d'un cadeau... voilà ton repas... *(Elle met le repas dans un petit sac de plastique.)*

Pierre *(il rit).* – Pourquoi enlèves-tu ton tablier ? Nous sommes chez nous.

Louisa *(confuse).* – Je t'ai mis quatre tartines, cette fois, ça suffira ? *(À Simone :)* Veux-tu me faire un grand plaisir ? Va chercher *(elle hésite)* un kilo de sel chez l'épicière...

Simone *(surprise).* – Du sel ?

Pierre. – Il y a encore du sel plein le pot...

Louisa *(toujours confuse).* – Non, non, va vite ! Il me faut du sel.

(Simone comprend que Louisa désire rester seule avec Pierre. Elle a un mouvement d'une vivacité charmante. Elle prend un sac à provisions et son manteau.)

Simone. – Je frapperai avant d'entrer ! *(Elle sort.)*

Pierre. – Pourquoi la renvoies-tu ?

Louisa. – Pour mieux te dire adieu.

Pierre. – Comme tu es romanesque ! Nous sommes mariés depuis deux ans.

Louisa. – Tu me quittes toute la nuit...

Pierre. – Quelques heures. Je serai revenu avant le matin.

Louisa. – C'est long...

Pierre. – Voyons, Louisa, sois raisonnable. Nous avons chacun notre travail.

À toi de faire le ménage et de tenir les livres de l'affaire, et à moi de courir les routes en camion...

LOUISA. – Je sais, Pierre.

PIERRE. – Toute ta vie de jeune fille, tu as passé des nuits solitaires.

LOUISA. – Oui, mais je suis mariée, maintenant.

PIERRE *(l'interrompant avec une pointe de brutalité)*. – Facilite-moi les choses. C'est tout ce que je te demande.

LOUISA. – Oui, Pierre.

PIERRE. – Elle est riche, Simone ?

LOUISA. – Je ne sais pas.

PIERRE. – Ces roses valent au moins quinze francs pièce. C'est de l'argent jeté.

LOUISA. – Elles sont très belles... et des roses en cette saison, c'est merveilleux...

PIERRE. – Pourquoi ? Parce qu'elles sont chères ?

LOUISA. – Ce n'est pas une question de prix.

PIERRE *(changeant de ton)*. – Note : kilomètre départ 82 500.

LOUISA. – Oui, Pierre.

PIERRE. – Note.

LOUISA. – Oh ! Je le retiendrai ! 82 500.

PIERRE. – Note, je te dis. C'est une habitude à prendre. Quand nous aurons quatre camions, il faudra tout noter pour le contrôle. Ce ne sera pas facile... Que feras-tu ce soir ?

LOUISA. – Je t'attendrai à la fenêtre.

PIERRE. – Non, tu étudieras le cours de comptabilité.

LOUISA *(souriant)*. – Je le connais bien... et puis le vieux Raymond m'aide quand je ne comprends pas.

PIERRE. – Raymond n'est pas éternel et ses méthodes ont vieilli.

(Pendant cette conversation, il a enlevé son bleu ; il a mis une veste de cuir, une écharpe, et a pris les papiers du camion. On frappe à la porte.)

PIERRE. – Entrez !

(Simone entre vivement.)

SIMONE. – Oh, pardon ! J'ai le sel !

PIERRE. – Pourquoi pardon ?

SIMONE *(à la fois ravie et timide).* – Vous... n'avez pas... l'air de vous être déjà dit adieu.

PIERRE *(riant).* – Encore une romanesque ! Voilà. J'ai tout, je crois. Ce bouton ne tient plus. Je mettrai l'autre veste. Où est ta mère ? *(Il enlève sa veste de cuir.)*

LOUISA *(prenant la veste).* – À la cuisine, je crois.

PIERRE. – Tu lui diras que je pars ?

LOUISA. – Oui.

PIERRE *(précisant).* – Pour le service de la pompe.

LOUISA *(d'un ton dégagé).* – Je m'occuperai moi-même de la pompe à essence. Je n'ai rien d'autre à faire...

PIERRE. – Non.

LOUISA. – Maman est fatiguée.

PIERRE. – Non. Je ne veux-pas-que-tu-fasses-le-service-de-la-pompe-à-essence.

LOUISA *(souriant de joie).* – Oui, Pierre.

PIERRE. – Au revoir, les enfants ! *(Il va pour sortir.)*

SIMONE. – Au revoir, Pierre.

LOUISA *(courant vers lui pour l'embrasser).* – Pierre !

PIERRE *(un peu agacé, l'en empêche).* – Quoi ?

LOUISA *(interdite, elle lui pose la première question qui lui passe par la tête).* – À quelle heure rentres-tu ?

PIERRE. – Vers trois ou quatre heures, je te l'ai déjà dit.

LOUISA. – Je t'attends ?... en étudiant le cours ?

PIERRE *(comme pour dire : «mais tu es folle !»).* – M'attendre ? Je te réveillerai si j'ai faim. *(Il sort côté garage.)*

LOUISA *(à mi-voix).* – Oh ! Je ne dormirai pas ! *(Elle ouvre la fenêtre et respire.*

Ce geste lui est familier ; elle se retourne vers Simone en souriant :) Il me défend de faire le service de la pompe à essence.

SIMONE *(un peu moqueuse).* – Pourquoi ? Il a peur que tu ne te salisses les mains ?

LOUISA *(ravie).* – Il a peur que je parle aux chauffeurs de camion.

SIMONE. – C'est merveilleux !

LOUISA. – Je crois qu'il est jaloux. C'est son seul côté déraisonnable...

SIMONE *(déçue).* – Son seul côté déraisonnable ?

LOUISA *(toujours ravie).* – Oh ! je ne lui en veux pas !

SIMONE. – Moi, je veux un mari qui soit *surtout* déraisonnable. Il m'achètera des souliers rouges parce que c'est joli, même si je n'en ai aucun usage ; il me donnera une robe de bal, même si nous n'allons jamais au bal, et il m'apportera les premières violettes qu'il payera de ses derniers cent francs.

LOUISA *(elle rit).* – Tu n'y es pas du tout ! Le mariage est quelque chose de plus difficile. *(Silence.)* J'ai d'abord été déçue... *(On entend le camion de Pierre s'éloigner.)*

SIMONE *(sérieuse).* – Déçue ? Pas toi, Louisa ?

LOUISA. – Oui. *(Silence.)* C'est à l'opposé des rêves que je faisais. *(Silence.)* Un homme dans la maison !... J'ai toujours vécu ici avec maman et j'ai à peine connu mon père. Il est mort quand j'avais dix ans... et alors, brusquement, Pierre est venu, avec ses habitudes d'homme, sa voix d'homme, son odeur de tabac, ses lourds souliers, son appétit d'homme...

SIMONE. – C'est merveilleux !

LOUISA. – Tant qu'on ne connaît pas cela, on ne peut l'imaginer... j'ai compris le jour où j'ai réparé ses vêtements... à l'école nous avions appris à broder et à coudre des choses légères. Quand j'ai eu pour la première fois sa veste de cuir sur les genoux... le toucher lisse et dur, l'odeur de mazout *(silence)*, l'odeur de tabac *(silence)*, l'aiguille qui se casse dans le cuir !... tout... les repas à préparer... j'ai l'impression qu'autrefois je jouais à la dînette... Voilà la vie d'une femme mariée. On travaille beaucoup, on est fatiguée le soir.

SIMONE. – Tu auras bientôt des enfants... pour eux tu broderas des choses légères.

LOUISA. – Des enfants... Il faut d'abord que notre affaire soit établie. Notre camion est presque payé, nous en achèterons un second... alors dans deux ou trois ans, si tout va bien...

SIMONE. – Moi, j'aurai des enfants tout de suite... on se débrouillera pour l'argent... quelle importance d'ailleurs ? Un enfant se contente de si peu de chose !

LOUISA. – Pierre dit qu'on n'a pas le droit de donner la vie à des petits êtres sans défense si on n'est pas capable de les protéger.

SIMONE. – Je les protégerai bien sans argent, va !

LOUISA. – Les protéger c'est leur acheter de bons vêtements, la meilleure nourriture, et payer un docteur s'ils sont malades...

SIMONE *(hésitante)*. – Tu crois ?

(On entend un klaxon dans la rue.)

LOUISA *(se lève vivement et va à la porte de la cuisine)*. – Maman ! La pompe !

VOIX DE MILIE. – Dis à Pierre de descendre.

LOUISA. – Pierre est déjà parti !

SCÈNE III
SIMONE - LOUISA - MILIE

(Milie traverse la scène en bougonnant.)

MILIE. – J'ai demandé dix fois à Pierre de m'avertir avant qu'il parte. Il le fait exprès... chaque fois que je commence un travail important... c'est amusant de débiter de l'essence pendant qu'on repasse les chemises de nuit de sa fille qui est trop paresseuse pour se servir de ses dix doigts... J'ai travaillé toute ma vie pour te donner une bonne instruction. À quoi est-ce qu'elle te sert, ton instruction ? Je continue à travailler comme avant et tu continues à ne rien faire comme avant. *(Arrivée à la porte :)* Je suis aux trois quarts usée à cause des escaliers. Dix fois par jour ! Qu'est-ce qu'il prend, mon cœur ! Quand habitera-t-on de plain-pied... *(Sa voix se perd dans l'escalier.)*

Scène IV
Simone - Louisa

Simone. – Combien de temps attendras-tu avant d'avoir des enfants ?

Louisa. – Pierre dit deux ou trois ans.

Simone. – C'est long.

Louisa *(très calme)*. – Oh ! le temps passe vite.

Simone. – Louisa ?

Louisa. – Oui, Simone.

Simone. – Comment est-ce ?

Louisa. – Quoi ?

Simone. – Vivre à deux.

Louisa. – On s'habitue vite.

Simone. – C'est doux ?

Louisa. – On s'habitue... au début je rêvais chaque nuit que j'allais dans une forêt où dormaient des bêtes sauvages.

Simone. – C'est merveilleux !

Louisa. – C'est grand, un homme couché... c'est toute une machine, avec son cœur qui bat, sa respiration qui remplit l'obscurité et sa chaleur qui flotte autour de lui.

Simone. – Tu ne dormais pas ?

Louisa. – Non... ce corps à côté de moi... j'avais peur. Qui était-ce ? Le jour venait. Je reconnaissais Pierre. Il avait passé à travers la nuit. Ses paupières fermées, ses joues où la barbe avait poussé, ses durs cheveux mêlés...

Simone *(vivement)*. – Oh ! Je l'aurais embrassé !

Louisa. – Je sautais du lit, je me lavais à l'eau froide, je mettais du linge propre et je préparais le café...

Simone *(à la fois interrogative et affirmative)*. – Et maintenant, tu es habituée ?

Louisa. – Je dors. Sauf par des nuits comme celles-ci.

Simone. – Tu penses à lui ?

LOUISA. – Je ne sais pas. Non. J'attends à la fenêtre.

SIMONE. – Tu attends toute la nuit ?

LOUISA. – Oui, la nuit descend sur moi. Le vent vient de loin.

(On entend la voix de Milie.)

Scène V
MILIE - LOUISA - SIMONE

MILIE. – Évidemment ! Ce n'était même pas un client ! Un homme qui m'a l'air passablement dans la lune. Il a crevé un pneu au caniveau de la Patte d'oie. Il cherche un garage où le réparer. Je l'ai envoyé au «Garage moderne».

LOUISA *(vivement)*. – Pierre n'aime pas le «Garage moderne»...

MILIE. – J'ai le droit d'envoyer qui je veux où je veux. Ferme cette fenêtre, il fait froid. *(À Simone :)* Elle n'a jamais appris à se soigner. Si je n'étais pas là, elle attraperait rhume sur rhume, maladie sur maladie. *(Silence.)* J'ai bien envie de terminer mon repassage ici : Raymond ne tardera pas et je suis seule à la cuisine. *(On entend des pas.)* Qu'est-ce que je disais ! Voilà Raymond.

LOUISA. – Ce n'est pas difficile, maman, Raymond vient tous les jours exactement à la même heure.

SIMONE *(timidement)*. – Je ne te dérange pas ?

LOUISA *(souriante)*. – Mais non, Simone, au contraire !

Scène VI
LOUISA - SIMONE - MILIE - RAYMOND

RAYMOND *(c'est un homme de soixante ans mais qui fait un peu plus âgé)*. – Bonjour Milie, bonjour Louisa, bonjour petite.

SIMONE. – Simone.

RAYMOND. – Simone ! Poche droite : morts. Poche gauche : vivants. Cahier bleu : hommes. Cahier rouge : femmes. a. b. c. d. l. m. ; ... q. r. s. sa. se. si. Simone : charmante fillette de treize ans...

SIMONE *(l'interrompant).* – Seize ans, presque dix-sept.

RAYMOND. – Je sais. J'ai écrit ceci il y a trois ans, le 12 mars exactement. Avant ma retraite, quand j'étais ton professeur. J'applique le correctif après. Longues tresses dorées, maigre, ressemble à un garçon manqué, relève de la scarlatine ; est douée pour les mathématiques.

LOUISA. – Cela ne correspond plus du tout.

SIMONE. – Oh, non, plus du tout. Si vous saviez comme les mathématiques...

RAYMOND. – Pondère... Je vous l'accorde, le signalement ne correspond plus, mais le classement est excellent. Or, le classement, c'est tout, quand on a perdu la mémoire... vous verrez... *(À Louisa :)* Y a-t-il des choses à inscrire ?

LOUISA. – Tout est fait.

RAYMOND. – Voyons cela.

> *(Il ouvre un grand livre de comptes et revoit les additions à une vitesse extraordinaire. Milie revient, portant un paquet de linge, une planche à repasser. Elle se met au travail.)*

MILIE. – Je repasse quelques chemises pendant que vous bavardez ?

RAYMOND. – Je soutiens que ma méthode surclasse les meilleures mémoires. *(On sonne. Milie sort.)* C'est une chose admirable que de penser au passé, je le porte dans ma poche ! Ce matin encore, j'ai retrouvé à propos de Louisa un trait qui est charmant.

Scène VII
RAYMOND - MILIE - LOUISA - SIMONE - TONY

> *(Entre Tony. Simone tourne vivement la tête vers lui. Ils se jettent un regard furtif.)*

SIMONE *(légère et joyeuse).* – Oh ! Tony !

TONY *(joyeux lui aussi).* – Bonjour Simone. Papa, tu as oublié de me donner un problème... *(On comprend que c'est un prétexte.)*

RAYMOND. – Calme. Assieds-toi et prépare ton cahier. *(Tony s'assied à la gauche de Simone. Raymond fouille ses poches, en retire de nombreux papiers, qu'il feuillette, remet en poche, examine, etc. Tout ce manège révèle une longue habitude et une parfaite maîtrise de son «classement».)* Ah ! Voilà ! Mots d'enfants... Louisa : six ans, textuel... «Maman, qu'est-ce que j'ai dans la poitrine ? Qu'est-ce qui frappe là ? Est-ce que c'est une bête qui veut s'enfuir ? C'est peut-être un lièvre, maman ?»

SIMONE. – C'est merveilleux.

MILIE *(vivement et souriante).* – Louisa était spontanée. Elle posait des questions inattendues.

TONY *(coup d'œil à Simone).* – Moi, j'ai parfois l'impression d'avoir un cheval dans la poitrine. Un cheval qui a le mors aux dents.

(Tony et Simone s'asseyent dos au public. Tout en écrivant sous la dictée de Raymond, Tony passe la main gauche derrière le dos et agite les doigts en essayant d'attirer l'attention de Simone. Jeu de scène. Dès que Simone remarque les signes de Tony, elle lui prend la main et la caresse légèrement.)

RAYMOND *(commençant à dicter).* – Ton problème. Une famille de Hollandais, comprenant le père, la mère, et les cinq enfants, dont trois de sexe masculin et deux de sexe féminin, mangent du fromage trois fois par jour. Combien de fromages mangent-ils en six mois, en supposant...

(On entend corner une auto.)

MILIE. – La pompe !

(Personne ne bouge.)

RAYMOND *(à tous).* – J'ai inventé moi-même l'énoncé de ce problème qui présente plusieurs finesses arithmétiques. *(Nouvel appel de l'auto.)* La pompe !

MILIE. – Vas-y, Louisa.

LOUISA *(très calme et souriante).* – Non, maman.

MILIE *(agacée).* – Vas-y.

LOUISA *(sans bouger).* – Pierre n'aime pas.

MILIE *(se lève en bougonnant).* – Pierre, Pierre, on n'entend que Pierre toute la journée. Le repas de Pierre, le sommeil de Pierre, le café de Pierre, les chaussettes de Pierre...

RAYMOND *(continuant à dicter).* – En supposant primo : que chaque fromage...

MILIE. – ... tu le gâtes, ton mari. C'est mauvais. Tu m'en reparleras dans cinq ans. *(Elle sort.)*

RAYMOND *(continuant à dicter).* – ... que chaque fromage ait un diamètre cent cinquante mille fois plus petit que celui du globe terrestre. Secundo : que deux milliards trois cent cinquante millions cent quatre-vingt-six mille sept cent trois Hollandais de sexe masculin mangent en douze ans trois fromages grands comme ce même globe terrestre. Tertio : que les Hollandais de sexe féminin mangent deux fois moins de fromage que les Hollandais de sexe masculin...

(Tout en prenant note du problème, Tony a passé un billet doux à Simone. Elle le lit avec ravissement, écrit à son tour un billet et le passe à Tony, qui attend, la main gauche ouverte derrière le dos. Puis, sans transition, elle court vers la porte.)

SIMONE. – Au revoir, Louisa !

LOUISA *(surprise).* – Tu pars ? Si tôt ?

SIMONE. – Il est sept heures passées. Au revoir, monsieur Raymond. Au revoir, Tony. À bientôt, j'espère. *(Elle sort.)*

TONY *(se levant, très troublé).* – Oui, j'espère.

(Il va vers un coin de la scène et, fébrilement, déroule le billet. Son visage s'éclaire de joie en le lisant.)

RAYMOND. – Eh bien, junior ? Que fais-tu là ?

TONY *(se croyant surpris, il fait une boulette du billet et l'avale).* – Rien.

RAYMOND. – Rien ?

TONY. – Non, rien.

RAYMOND. – Et ton problème ?

TONY. – Ah ! Oui. *(Il va vers son cahier et s'assied, rêveur.)*

RAYMOND *(il regarde Tony avec tendresse tout en parlant à Louisa).* – Il a une extraordinaire faculté de concentration. Regarde, Louisa, on parle de lui, il n'entend pas. Il est tout à son problème. Quand tu auras de grands'enfants, tu verras comme c'est chaud et bon de les voir vivre... c'est émouvant... en ce moment il s'élève à une des plus hautes qualités de l'homme : l'abstraction mathématique.

MILIE *(revenant et reprenant la conversation interrompue quand elle était sortie).* – Oui, dans cinq ans ! Retiens ce que je te dis. Pierre ne t'apportera plus de roses qui coûtent les yeux de la tête...

LOUISA. – C'est Simone qui me les a données...

MILIE. – Ne m'interromps pas... dans cinq ans. Et quand tu auras des enfants, il s'agira de les faire obéir, sinon ils te marcheront sur le cœur...

LOUISA. – Il suffit de les aimer...

MILIE. – Les aimer ? Cela ne sert exactement à rien. Les enfants et les hommes ont besoin de discipline. Repas et repos à heures fixes.

SCÈNE VIII
LOUISA - MILIE - RAYMOND - TONY - BALU

(À ce moment la porte s'ouvre et Balu entre. C'est un homme d'une soixantaine d'années, du type sec, qui se conserve bien. Il est un peu brocanteur, un peu antiquaire, un peu bijoutier.)

RAYMOND. – On ne frappe même plus, Balu ?

BALU. – Ma présence ici ne saurait vous étonner, *monsieur* Raymond.

RAYMOND. – Fichtre ! non. Chaque fois que je suis ici, vous venez nous embêter.

BALU *(pointant le doigt)*. – *Vous* embêter.

RAYMOND *(naïvement)*. – J'avais cru que cette fois vous ne m'aviez pas vu entrer.

BALU *(négligent)*. – Oh, j'observe tout.

RAYMOND *(il sort de sa poche un carnet noir)*. – Chacune de vos visites est consignée dans le carnet noir. Le carnet des choses ennuyeuses...

BALU. – Je ne me donne pas cette peine. Je ne vous accorde probablement pas tant d'importance.

RAYMOND *(feuilletant le carnet)*. – Il y en a dix pages...

MILIE. – Cessez donc de vous disputer ! Allez-y Balu, et que ce soit fini...

BALU. – Vous êtes veuve, je suis libre. Votre fille est mariée. Bientôt ce jeune ménage aura des enfants. *(Louisa lève la tête et puis continue son ouvrage.)* Alors, vous les gênerez.

LOUISA. – Voyons, Balu !

BALU. – C'est la vérité ; la maison n'est pas grande ; les cris d'enfants partout, une famille qui se développe... Madame Milie, joignons nos deux solitudes. C'est un contrat que je vous propose.

RAYMOND. – Ne l'écoute pas, Milie !

BALU *(amer)*. – «Milie» ! Il n'a pas le droit de dire «Milie» !

RAYMOND. – Il ne se rendra donc jamais compte de l'inconvenance de ses propositions. Comme ça, devant tout le monde, en public !

BALU. – Pourquoi ? Le mariage n'est pas une chose honteuse.

RAYMOND *(à Milie)*. – Si tu as besoin d'un havre, tu sais où le trouver.

BALU. – «Tu» ! Il n'a pas le droit de la tutoyer.

TONY *(lève la tête)*. – Papa, tu m'avais promis...

RAYMOND *(à Balu)*. – Oui ! J'ai le droit ! Milie est une amie d'enfance et j'ai le droit de lui proposer un havre.

BALU. – Un havre ! Non, des petits carnets !

TONY. – Viens.

MILIE. – La pompe !

(Elle sort.)

RAYMOND. – Milie ! Ne l'écoute pas ! Cet homme est tortueux, je t'en prie... Milie...

(Il va pour sortir, suivi de Tony.)

TONY. – Papa !... tu m'avais promis ! Papa, tu m'avais promis de ne jamais te remarier.

RAYMOND. – Je vais consigner toute cette conversation dans mes carnets et sans attendre ! Viens Tony. *(Ils sortent.)*

LOUISA *(à Balu)*. – Maman ne nous gênera jamais.

BALU. – Non ? Tant mieux.

LOUISA. – Tâchez à l'avenir de trouver d'autres arguments.

BALU. – Les arguments ne sont pas si sots, et je les emploierai jusqu'à ce qu'elle accepte.

LOUISA. – Elle n'acceptera jamais.

BALU. – Non ?

LOUISA. – Non.

BALU. – Je cours ma chance...

(Il sort. Louisa reste seule en scène. Songeuse, elle met une rose à son corsage et va vers la fenêtre, l'ouvre et respire profondément l'air du soir, puis elle s'assied à la fenêtre.)

Deuxième tableau

La rue, ou une petite place, le même soir de mars, quelques instants plus tard. Côté cour, le magasin de Balu. Enseigne : «Balu Vente et achat.» Ajouter éventuellement : «J'achète bijoux, montres, or, argent au meilleur prix.» La vitrine du magasin fait face à la maison de Milie, située côté jardin. Au premier étage, la fenêtre où apparaît toujours Louisa. Au fond, la maison de Raymond.

Scène I
Éric - Balu

(Éric examine attentivement la vitrine de Balu. Balu sort de son magasin et regarde Éric.)

BALU *(après un assez long silence)*. – Eh bien ? Vous ne vous décidez pas ?

ÉRIC *(surpris)*. – Pardon ?

BALU. – La montre que vous regardez depuis une demi-heure est à vendre.

ÉRIC. – J'ai une montre.

BALU. – Alors pourquoi regardez-vous ?

ÉRIC. – Je m'ennuie.

BALU. – Bien, bien.

ÉRIC. – J'attends que mon auto soit réparée. Au «Garage moderne». On ne travaille pas vite de ce côté-ci.

BALU. – Faites voir votre montre.

ÉRIC *(tendant son poignet)*. – Elle ne marche pas bien.

BALU. – Vous la vendez ?

ÉRIC. – Pourquoi pas ?

BALU. – Oui ?

ÉRIC. – Regardez-la. *(Il défait la montre et la donne à Balu.)* Combien donnez-vous ?

BALU *(changement de ton)*. – Acheter ! Vendre ! Une montre. Je ne m'occupe plus de commerce. Quatre cents francs.

ÉRIC. – D'accord.

BALU *(sortant de sa poche un portefeuille bourré de billets)*. – Le commerce est une activité honteuse. Acheter bon marché pour vendre cher et de quel droit, je vous prie.

ÉRIC. – Je suis aussi commerçant. Représentant.

BALU *(rit ironiquement)*. – Abandonnez ce métier, monsieur. Fabriquer un objet et le donner, oui ! L'objet que l'on fabrique est sacré. Devenez horloger par exemple. Au revoir, monsieur.

(Balu lui donne deux cents francs au lieu de quatre cents francs.)

ÉRIC. – Vous me donnez deux cents francs ?

BALU. – Eh bien ?

ÉRIC. – Vous aviez dit quatre cents.

BALU. – Moi ?

ÉRIC. – Oui, vous.

BALU. – Quatre cents ?

ÉRIC. – Quatre cents.

BALU. – Pour une montre ?

ÉRIC *(impatient)*. – Quatre cents francs.

BALU. – Si vous voulez, je vous la revends, votre montre.

ÉRIC. – Pardon ?

BALU. – Je vous la revends deux cent cinquante francs. J'y perds.

ÉRIC. – Vous m'avez donné deux cents francs.

BALU. – Mais j'avais dit quatre cents. Et puis, tant pis. Gardez vos deux cents francs. Je n'insiste plus. Mettez-les en poche. Ce n'est pas moi qui irai les retirer de votre portefeuille.

ÉRIC *(riant de bon cœur).* – Ça prend parfois ces trucs-là, dites ?

BALU. – Jamais.

ÉRIC. – Pourquoi vous fatiguez-vous ?

BALU. – J'essaye.

ÉRIC *(de bonne humeur).* – Va pour deux cents francs.

BALU. – Pas si vite ! Pas si vite ! Ce n'est pas amusant de conclure tout de suite. Je vais examiner cette montre sous ma lampe et je vous ferai une offre sérieuse.

ÉRIC. – Allez-y. Ne vous pressez pas. C'est une belle montre à douze rubis.

(Balu rentre chez lui. Un instant plus tard, une forte lumière se fait à l'intérieur de sa maison, éclaire la rue et projette un carré blanc sur la maison d'en face. Éric, devant la vitrine, voit son ombre se dessiner sur la façade de la maison de Milie. À ce moment la fenêtre s'ouvre et Louisa vient s'asseoir dans l'embrasure. D'un bond, Éric est dans l'ombre.)

SCÈNE II
ÉRIC - LOUISA - VOIX DE MILIE - OFF

(Bien entendu, pendant toute cette scène, Milie ne paraît pas. On n'entend que sa voix. Off reste accroupi dans un coin.)

MILIE. – Louisa ! *(Silence.)* Louisa !

LOUISA *(sans bouger).* – Oui, maman !

MILIE. – Ne prends pas froid !

LOUISA. – Non, maman.

(Éric bouge un peu, son ombre entre dans l'aire lumineuse de la fenêtre. Il esquisse un geste vers Louisa qui ne bouge pas. Tout doucement, pendant que

Louisa parle avec sa mère, il approche l'ombre de sa main du bras de Louisa, la caresse d'abord avec timidité, s'enhardit et caresse son épaule ou ses cheveux, tout cela pendant la conversation de Louisa et de sa mère. On ne sait pas à partir de quel moment Louisa se rend compte des gestes d'Éric. Il faut que les gestes d'Éric soient exempts de toute grossièreté. L'érotisme de la scène reste très caché.)

MILIE. – Ces soirées de mars sont très fraîches.

LOUISA *(du bout des lèvres)*. – C'est bon l'air de la nuit.

MILIE. – Oui. Jusqu'à ce qu'on prenne une bronchite.

LOUISA. – Tu me traites comme une enfant.

MILIE. – Tu es sensible à l'humidité.

LOUISA *(agacée)*. – Il ne fait pas du tout humide, et laisse-moi tranquille.

MILIE. – Quel ton ! *(Silence.)* Tu vois, il ne suffit pas de les aimer.

LOUISA. – Aimer quoi ?

MILIE. – Les enfants.

LOUISA *(elle sourit)*. – Non. Il suffit de les aimer. Les aimer tout simplement.

MILIE. – Et moi ?

LOUISA. – Que veux-tu dire ?

MILIE. – Et moi ? Tu crois que je ne t'ai pas aimée, moi ? Tout ce que j'ai fait pour toi depuis le premier jour ! Ça en fait des jours et des jours ! Et des maladies ! Et des inquiétudes. Toujours donner et jamais recevoir. Maintenant encore, quand je te vois à cette fenêtre par ce froid, je ne le supporte pas. *(Silence.)* Tu ne réponds pas ?

LOUISA *(du bout des lèvres)*. – Oui, maman.

MILIE. – Dis ?... alors ?... Pour me faire plaisir ?... Ferme cette fenêtre. D'ailleurs, j'ai froid, moi aussi.

(Louisa n'a toujours pas bougé. Une expression de joie illumine son visage. Elle s'abandonne à ce jeu d'ombres, mais ignore qu'elle est l'image même du consentement émerveillé.)

MILIE. – Dis ? Louisa ?... Louisa ?

(Éric est sur le point de couvrir Louisa de son ombre.)

Voix de Milie *(fâchée).* – Tu vois ? Jamais je n'obtiens quelque chose par la gentillesse. Il suffit de les aimer ! Il faut toujours que je grogne, que je crie pour que tu m'écoutes... il faut...

Louisa *(qui semblait s'abandonner, frissonne et se passe les mains sur les épaules, avec une soudaine expression d'angoisse).* – Oh ! Assez !

(Elle ferme la fenêtre d'un geste brusque. Au même moment entre Balu, et Tony sort de la maison de son père : il s'approche et écoute sans se mêler à la conversation.)

Scène III
Éric - Balu - Tony - Off

Éric *(c'est un éclatement de joie).* – Ça y est ! Ça y est !

Balu *(lui frappe sur l'épaule).* – Quoi ?

Éric *(dégrisé par le ton de Balu).* – Rien.

Balu. – La montre ne vaut rien.

Éric *(souriant avec ravissement).* – Non ? Vraiment ?

Balu. – On dirait que cela vous fait plaisir ?

Éric. – Énormément. Je suis heureux. La montre ne vaut rien ?

Balu. – Cinquante francs. *(Éric rit. Balu est piqué.)* Ce n'est pas drôle.

Éric *(riant).* – Non, je sais. Ce n'est pas drôle. *(Il rit.)* Vous m'êtes si sympathique.

Balu. – Vingt francs. Je n'ai pas envie d'être sympathique.

Éric. – ... Que j'accepte avec plaisir... jamais je ne me suis senti aussi heureux que ce soir. *(Balu lui donne vingt francs et va vers sa maison.)*

Balu *(se retournant vers Éric).* – Expliquez-moi, cela m'intrigue. *(À Tony :)* Je lui vole une jolie montre et il rit !

Éric *(à Tony).* – J'ai reçu ce soir une chose merveilleuse, un bijou beaucoup plus précieux qu'une montre.

Balu. – Un bijou ?

Éric. – Transparent, léger, parfait comme un sourire.

Balu. – Quel bijou ?

Éric. – Avez-vous déjà vu l'ombre de la nuit envahir le ciel ?

Balu. – Quel rapport ?

Éric. – Avez-vous vu alors cette ombre caresser la première étoile d'une main légère ?

Balu. – Où est le bijou ? Je l'achète.

Éric. – Et n'avez-vous pas vu alors l'étoile sourire comme une jeune femme assise à sa fenêtre. *(Rêveur :)* Je la tenais au bout de mes doigts...

Balu. – Eh bien ! ce bijou, où est-il ?

Éric. – Non, il n'est pas à vendre.

Balu *(en sortant).* – Bien. Bien. J'ai fait une détestable affaire. J'ai une vilaine montre, j'ai perdu deux cent vingt francs et vous avez un beau bijou. C'est vous dire que je suis roulé et que vous avez tout gagné... *(Il sort.)*

Éric. – Oui, en somme, aujourd'hui j'ai *tout gagné*.

Tony *(s'approchant de lui, avec la vantardise des très jeunes gens).* – Moi aussi, j'ai une petite amie.

Scène IV
Simone - Éric - Tony - Milie

(Simone entre, côté cour, et voyant Tony en compagnie d'Éric, reste dans l'ombre.)

Éric. – Comment as-tu deviné pourquoi je suis heureux ?

Tony. – Moi aussi, j'ai crié : «Ça y est.»

Éric. – Toi ?

Tony. – Oui, pourquoi pas ?...

Éric. – Tu vas encore à l'école !

Tony. – Justement, c'est alors qu'il faut apprendre.

Éric. – Moi, à ton âge...

TONY *(toujours fanfaron, mais avec une sorte de candeur sympathique).* – Pourquoi pas à mon âge ? L'amour est une question d'épiderme et j'ai la peau plus sensible que les vieux.

ÉRIC. – Qui t'a appris cela ?

TONY. – L'expérience. J'en suis à ma troisième.

ÉRIC *(ironique)*. – C'est un bon chiffre.

TONY. – Celle-ci je l'ai rencontrée dans l'autobus. Je lui ai tout de suite caressé le bras.

ÉRIC. – Eh bien !

TONY. – Les femmes aiment la détermination. J'ai mis les choses au point dès le début. Pas de diminutifs, pas de mots tendres. Pas de sentiments, pas de petits baisers, pas de pleurnicherie.

ÉRIC *(ironique)*. – Voilà une morale qui te mènera loin.

TONY. – Je veux passer à travers la vie comme une épée.

(Ceci a été dit sur un ton de violence contenue, avec une sincérité telle qu'Éric en est tout saisi.)

ÉRIC. – Tu as raison. Il faut cette fierté de feu. Il faut prendre ! *(Éric va vers la maison de Louisa.)*

TONY. – Où vas-tu ?

ÉRIC. – Chez elle.

TONY. – Chez Louisa ? *(Surpris :)* Que vas-tu faire là ?

ÉRIC *(il sonne, hésite un instant avant de répondre)*. – Je suis un représentant de «La Prévoyance», société d'assurances. *(Milie ouvre la porte.)* Madame, puis-je me permettre ?

MILIE. – Encore vous ?

ÉRIC. – Oui, j'ai pensé... en attendant que ma voiture soit réparée. Avez-vous une assurance-vie ?

MILIE. – Pourquoi ?

ÉRIC. – Je suis représentant d'une société...

MILIE. – À cette heure ?...

ÉRIC. – Oui, à cette heure je suis sûr de trouver les gens chez eux.

MILIE. – Nous sommes déjà assurés.

ÉRIC. – Sans engagement. *(Il entre presque de force.)* Simplement, permettez-moi de vous exposer...

SCÈNE V
SIMONE - TONY - ÉRIC - OFF

(Tony a écouté la conversation d'Éric et de Milie sans remarquer que Simone s'est approchée.)

SIMONE *(tristement)*. – Tony ?

TONY. – Simone, tu es là ? *(Une gêne.)* Nous parlions d'autos.

SIMONE *(elle a une voix fraîche et charmante malgré son chagrin)*. – Non.

(Silence.)

TONY *(coupable)*. – Comment le sais-tu ?

SIMONE. – J'ai entendu.

TONY. – Tout ?

SIMONE. – Oui. *(Silence.)* Nous nous sommes rencontrés dans l'autobus. Tu ne m'as pas touchée...

TONY *(méchant)*. – Qui te dit que je parlais de toi ?

SIMONE *(tristement)*. – Tu ne m'aimes pas, Tony.

TONY *(crânant)*. – Tu emploies des phrases qui traînent dans tous les livres.

SIMONE. – Tu ne m'aimes pas, sinon tu ne parlerais pas de moi sur ce ton.

TONY *(honteux)*. – Simone... *(Silence. Il a les larmes aux yeux.)*

SIMONE. – Pourquoi as-tu dit ces mensonges ?

TONY. – Je ne sais pas... avant, je jouais, je parlais au bleu et ça n'avait pas d'importance. Maintenant, quand je parle, je te fais mal. C'est si difficile, tout ça...

SIMONE. – Difficile de dire du bien de moi ?

TONY. – Non. Tout ça. Les choses vraies sont difficiles. Toi. Tes cheveux.

Tes yeux. Tu es vivante. Tu n'es pas un jouet. C'est ça qui est difficile. *(Un temps.)* Je n'ai rien pensé de ce que j'ai dit à cet homme.

SIMONE. – Comment te croirais-je ?

(Tony se tait.)

SIMONE *(c'est un cri)*. – Je ne veux pas que nous soyons comme les autres !

TONY *(à voix basse)*. – Je te demande pardon.

SIMONE. – Je ne veux pas que nous ressemblions à ces filles et à ces garçons qui se chipotent dans les coins.

TONY. – Simone...

SIMONE. – Je veux autre chose ! Pas comme chez moi. Mes parents qui sortent chacun de leur côté. Je sais bien ce qui se passe ! Ça me dégoûte ! Ça me dégoûte tellement !

TONY. – Je te demande pardon... *(Silence.)*

SIMONE. – Je te pardonne. *(Silence. Ils n'ont pas un geste l'un vers l'autre. Simone, faisant un grand effort sur elle-même, change de ton.)* Tu viens ? Je suis libre ce soir, comme tu me l'as demandé dans ton billet...

TONY *(montrant son cahier et retrouvant un ton d'écolier)*. – Ce sacré problème n'est pas terminé.

SIMONE. – Veux-tu que je t'aide ? *(Elle lui prend le cahier.)* Ce sera vite fait si nous nous y mettons à deux.

TONY. – Très vite. Mais la solution sera certainement fausse !

SIMONE *(elle rit)*. – «En combien de temps une famille de sept Hollandais, composée du père, de la mère et...»

TONY *(l'interrompant)*. – Oh ! Si nous habitions en Hollande ! On ne nous connaît pas là-bas. Je te ferais passer pour ma femme.

SIMONE. – Nous serions mariés.

TONY. – Nous irions faire visite à cette famille qui mange du fromage.

SIMONE. – Où ?

TONY. – Dans un moulin, bien sûr.

SIMONE. – On dirait : «Eh bien ! ce fromage, où en est-il ?»

TONY. – Il en reste beaucoup ?

Simone. – Comment est-ce possible ?

Tony. – Ils diraient : «Les deux enfants du sexe féminin n'ont pas atteint les normes prescrites.»

Simone. – Voulez-vous qu'on vous aide à rattraper le retard ?

Tony. – Et comme nous sommes très pauvres, nous acceptons quelques tranches.

Simone. – Et nous allons les grignoter en barque sur les canaux.

Tony. – Toute la nuit.

Simone. – Nous nous embrassons...

Tony. – Tu n'as jamais voulu...

Simone. – Je n'étais pas sûre de toi.

Tony. – Et maintenant ?

Simone. – Oui.

(Ils sont sur le point de s'embrasser. À ce moment Éric sort de la maison de Louisa, l'air de mauvaise humeur.)

Éric. – Allez vous bécoter plus loin.

Tony *(allant vers lui et d'une voix ferme)*. – Ce que je t'ai dit n'était pas vrai. Je n'ai jamais touché Simone.

Éric. – Ne te prends pas trop au sérieux. Tu n'es pas intéressant du tout.

Tony. – J'ai parlé par vanité. C'est bête de se vanter. *(Simone lui serre le bras comme pour le remercier.)*

Éric. – Tu crois que tu m'intéresses ?

Simone. – Viens, Tony. *(Doucement :)* Retournons chez nos Hollandais.

(Elle l'entraîne. Ils s'éloignent.)

Tony. – Là, nous serons seuls.

Simone. – Près du moulin.

Tony. – À chaque coup d'aile je te donnerai un baiser.

Simone. – À chaque coup de vent je te le rendrai.

(Éric les regarde s'éloigner, silencieux, comme absorbé par un débat intérieur.)

Scène VI
Éric - Off

Éric *(prenant une décision).* – Fini ! Que m'importe un sourire caressé de mon ombre. Que m'importe cette femme ! Je ne l'aurai jamais ! Tant pis. *(Il va d'un pas rapide et, en passant, trébuche sur Off, qui pousse un aboiement de douleur et de fureur.)* Pardon, monsieur.

Off *(exaspéré).* – Je ne suis pas un monsieur, je suis un chien...

Éric. – Je ne t'avais pas vu.

Off. – ... et un chien à *quatre* pattes, dont trois valides et une *sempiternellement* écrasée. *(Les mots soulignés prennent chez lui une consistance matérielle et leur volume encombre sa bouche.)*

Éric. – Montre-moi cette patte. *(Il regarde.)* Ce ne sera rien. *(Il lui donne une amicale bourrade.)*

Off. – «Ce ne sera rien !» Homme, va ! Surprenant ce que les hommes sont peu inventifs quand ils parlent *d'un, ou à un chien*. «Ce ne sera rien ! Il a un regard si humain ! On dirait qu'il comprend tout ! Il ne lui manque que la parole ! Comment t'appelles-tu ?»

Éric. – En somme, oui, comment t'appelles-tu ?

Off. – Off.

Éric. – Wof ?

Off *(avec mépris).* – Wof ? Off ! Off ! Wof est vulgaire. Ce serait une *onomatopée*.

Éric. – Off. Russe ?

Off. – Non, Anglais, *of course. (Silence. Puis, timidement se désignant du doigt :)* Chien perdu.

Éric. – Ne deviens pas sentimental. Je déteste ça.

Off *(pose la main sur le bras d'Éric).* – Mais je viens de trouver un maître. Je ne suis plus un chien perdu. Je te suis dévoué...

Éric. – Pas de sottises !

Off. – Totalement.

Éric *(qui n'a pas du tout envie d'avoir un chien).* – Ah ! Non !

OFF. – Et pour toujours.

ÉRIC. – Va-t'en !

OFF *(joyeux)*. – Je t'aime jusqu'à la moelle.

ÉRIC *(frappe du pied et crie)*. – Fous le camp !

(Off s'éloigne de trois pas, s'arrête, se retourne vers Éric en le regardant de ses yeux les plus doux. Silence.)

ÉRIC *(déjà moins fort)*. – Va-t'en ! *(Toujours décidé, mais sans colère :)* Je n'ai pas envie d'avoir un chien.

OFF *(s'assied)*. – Un chien, c'est fidèle.

ÉRIC *(avec une certaine hésitation)*. – Je n'ai besoin de personne.

OFF *(s'approchant d'un pas)*. – En présence d'un chien, on est comme on est.

ÉRIC *(sans aucune conviction)*. – Laisse-moi en paix.

OFF *(s'approchant encore d'un pas)*. – Devant les hommes, un homme essaye de donner le change. *(Il s'approche toujours d'un pas.)* Devant un chien, on n'a pas honte de soi.

ÉRIC *(doucement, comme on dit : «viens ici»)*. – Va-t'en !

OFF. – On *mérite* l'amitié d'un homme, on *a* l'amitié d'un chien. C'est bon.

ÉRIC. – C'est vrai... laisse-moi.

OFF. – Ne te défends pas, tu es désarmé. *(Sans servilité :)* Si tu me bats, je te lécherai la main.

ÉRIC. – Oh ! Ce que tu es collant !

OFF *(joyeux)*. – Ne me tue pas, je t'adore !

ÉRIC *(conquis)*. – Allons, viens.

OFF. – Je ne prendrai pas beaucoup de place, mon vieux. Je dormirai à tes pieds. Je n'ai pas de puces.

ÉRIC. – Tu mens.

(Off baisse la tête.)

ÉRIC. – Regarde-moi ! *(Off le regarde.)* Tu as de bons yeux.

OFF *(gêné, il détourne les yeux et bâille)*. – Oh ! C'est de famille.

ÉRIC. – Des yeux tristes.

OFF. – Parlons d'autre chose. Le ciel est plein d'étoiles.

(Le ciel s'est en effet éclairé de milliers d'étoiles.)

ÉRIC *(rêveur)*. – Quand je vois ça *(geste vers le ciel)*, j'ai envie de partir très loin. Le monde s'endort. On se sent seul. Une force douloureuse me pousse toujours ailleurs... où vas-tu ?

OFF. – Il y a une extraordinaire odeur de saucisson par ici. *Of course*! L'odeur vient du soupirail de la maison de monsieur Raymond. *(Il hume.)* Ce soir... *(il hume)* il mange *(ses yeux se dilatent de joie)* de la soupe à l'oignon, *(il hume)* des pommes de terre *rissolées* au lard, *(il hume)* des *scorsonères* à la crème *(il prononce le mot «scorsonère» d'une façon extraordinaire)* et des sau-cis-sons ! *(Sa voix chavire de joie en disant «saucisson». Silence.)*

ÉRIC *(comme s'il tirait la conclusion d'un monologue intérieur)*. – Je n'ai même pas réussi à parler à Louisa. Sa mère m'a mis à la porte.

OFF *(tout en humant, il revient à Éric)*. – Bon, bon, bon saucisson ! *(Se ravisant :)* Qui t'a mis à la porte ?

ÉRIC. – La mère de Louisa... d'habitude, je plais aux mères. *(Silence.)* Tu y comprends quelque chose, toi, à la psychologie des femmes ?

OFF. – Rien. Par exemple, elles trouvent sale qu'on ronge un os propre en os et elles trouvent propre qu'on ronge un sale os en caoutchouc. On s'en va ?

ÉRIC. – Non, décidément, j'attends.

OFF. – Qu'attends-tu ?

ÉRIC. – Qu'elle fasse un signe à la fenêtre.

OFF. – Pourquoi ferait-elle signe ?

ÉRIC. – Si j'ai la patience, elle viendra immanquablement.

OFF. – Tu crois ?

ÉRIC. – Elle reviendra voir si j'ai attendu, car les femmes...

OFF *(il hume)*. – Chut !

ÉRIC. – Quoi ?

OFF *(il hume l'air avec une grande attention, pose le doigt sur les lèvres, puis il parle à mi-voix)*. – Chut... Tony et Simone reviennent. *(Il hume.)* L'air est fleuri d'un parfum de baisers *(il hume)* sur la bouche... *(il hume)* sur le front... sur les yeux... *(ravi)* sur le bout de l'oreille... ce sont de frais baisers d'enfants *(il prête l'oreille)* je les entends... ça bondit encore à cet âge... ils courent, ces baisers, ces lièvres, sur un pré de seize ans, ces lapins, ces poulains, ces agneaux, ils volent, ces baisers, ces canards de printemps, ces canards mouillés, ils volent à tire d'aile.

ÉRIC. – Les savoir heureux me rend triste.

OFF. – Non, non, c'est bon ! Moi, je ne rate jamais un regard d'amitié, une parole gentille... j'ai un bon nombre de coups de bâton dans le dos, mais j'oublie tout pour une petite caresse... chut !

SCÈNE VII
ÉRIC - OFF - TONY - SIMONE

(Éric et Off se retirent dans l'ombre. Entrent Tony et Simone.)

SIMONE *(se jetant dans les bras de Tony).* – Déjà nous séparer chaque jour !

TONY. – Bientôt nous serons ensemble pour toujours.

SIMONE. – Tony, jure-moi !

TONY. – Quoi ?

SIMONE. – Nous ne nous tromperons jamais l'un l'autre.

TONY. – Non, jamais.

SIMONE. – Nous ne sortirons jamais chacun de notre côté, comme mes parents.

TONY. – Jamais, Simone, je le promets.

SIMONE. – Est-ce que tu crois qu'on oublie ?

TONY. – Quoi ?

SIMONE. – Ses promesses.

TONY. – Non.

SIMONE *(angoissée).* – Mais quand on devient vieux, vers trente ans ? Quand on est usé ?

TONY. – Non. Je n'oublierai jamais.

SIMONE. – Quand je serai laide, quand j'aurai souffert, n'iras-tu pas chercher ailleurs ?

TONY. – Non Simone. Je n'oublierai jamais l'expression de tes yeux quand je t'ai embrassée.

SIMONE. – Mais n'est-ce pas une loi de la vie ? Ne cherche-t-on pas toujours l'amour qui nous échappe ? Quand on vieillit, dis, quand on vieillit ?

TONY. – Non Simone, nous deux, nous resterons toujours jeunes. C'est *trop* beau ! Je le jure ! Craché !

SIMONE. – Je le jure. *(Ils lèvent tous les deux la main et crachent à la façon des écoliers qui font un serment. Simone sort en courant.)*

Scène VIII
Éric - Off - Tony - Raymond

TONY *(il frappe à la porte de la maison de son père)*. – Papa ! Papa !

(Raymond ouvre la porte.)

RAYMOND. – Oh ! C'est toi ? Si tard !

TONY *(exalté)*. – Papa ! J'ai trouvé !

RAYMOND. – Pondère. Qu'as-tu trouvé ?

TONY. – Oui ! J'ai trouvé, c'est merveilleux. Je veux dire, le problème ; il est merveilleux, ce problème.

RAYMOND. – Pondère. Pondère. Je vois. Tu es touché par la pure joie des sciences exactes, par la grâce d'une architecture où les réponses définissent les formes abstraites qui semblaient les attendre.

TONY *(un peu surpris)*. – Oui. Je crois. *(Il entre dans la maison.)*

RAYMOND *(fermant la porte)*. – Rien de plus exaltant que l'Harmonie et la Vérité...

Scène IX
Éric - Off

(Éric et Off sortent de l'ombre.)

Éric *(tristement)*. – Je n'aurai jamais cela... et ils ne l'auront pas longtemps. Parce que, tu vois, Off, Simone a pressenti la vérité... Toute leur vie ils chercheront à retrouver l'étincelle de bonheur qui vient de les éblouir. Ils iront sans repos... comme moi-même j'ai cherché un souvenir à travers six ou sept femmes.

Off. – Sept ? Comme les jours de la semaine ? J'aurais voulu connaître Dimanche. Je l'imagine comme un douillet dimanche d'hiver. On se lève tard et on mange des rôties bien au chaud, pendant qu'il pleut dans la rue.

Éric. – Dimanche était anglaise et aussi ennuyeuse que les dimanches de son pays.

Off *(il profite de la confidence pour devenir familier)*. – Cesse d'être un homme à femmes, mon vieux, et allons à la campagne, chasser le lièvre.

Éric. – Je ne suis pas un homme à femmes. Je poursuis un souvenir. Maman est morte quand j'avais douze ans. Un jour, elle était déjà malade, elle s'est penchée vers moi avec un visage tout lisse, tout pâle d'amour et un sourire imperceptible. Elle a *versé* cette image en moi. Elle me l'a donnée comme une photo, comme un témoin.

Off *(se lève et hume)*. – Cette fois, ça vient de loin.

Éric. – Quoi ?

Off. – Je sens l'odeur des bourgeons de peupliers. *(Il hume.)* Il y en a toute une rangée au bord d'une prairie... *(il hume)* et un ruisseau *(il hume)* et l'odeur poivrée des primevères...

Éric *(continuant)*. – Et moi, j'ai couru à la recherche de cette image. Comparant, comparant...

Off. – C'est là-bas, beaucoup plus loin que les faubourgs de la ville. Le parfum vient *tout d'une pièce*, par-dessus les toits.

Éric. – Oui. J'ai cherché. Chaque fois je croyais voir ce sourire sur la bouche d'une femme. Je l'aimais. Mais chaque fois j'étais déçu.

Off *(il hume)*. – Viens, mon maître. Allons dans cette prairie. Ce sera bon d'entendre l'eau du ruisseau qui coule et le doux sifflement du vent dans les branches sans feuilles.

ÉRIC. – Non, restons ici. Cette fois, je crois que j'ai trouvé. Louisa souriait comme ma mère. Louisa est différente des autres femmes. J'ai vu sur son visage un espoir très pur.

OFF *(avec regret)*. – Oh, c'est parti !

ÉRIC. – Quoi ?

OFF. – La prairie, le ruisseau et les peupliers.

ÉRIC *(pensif)*. – Pourquoi n'a-t-elle pas encore fait signe ? Minuit. A-t-elle peur ?

OFF. – Elle a peur.

ÉRIC. – Tu crois ?

OFF. – Bien sûr ! Elle te voit aller, venir, parler, rire, boire et cracher...

ÉRIC *(surpris)*. – Boire et cracher ?

OFF. – Ne fais pas attention, question de rythme. Si tu chassais de cette façon, tu n'attraperais pas le moindre lapereau.

ÉRIC. – Alors ?

OFF. – Il faut dormir... quand on dort les ombres s'allongent, les étoiles chantent. Les êtres les plus craintifs s'approchent. Les anges se posent sur les toits et même les souris accourent... Louisa viendra peut-être.

ÉRIC. – Dormir, oui... tu as raison. Si elle ouvre la fenêtre ?...

OFF. – Oui ?

ÉRIC. – Réveille-moi immédiatement.

OFF. – Oui.

ÉRIC. – Même si elle soulève le rideau, dis-le-moi.

OFF. – Oui.

ÉRIC. – Quoi qu'elle fasse, dis-le-moi.

OFF. – Je veillerai. Dors, mon maître.

ÉRIC. – Demain, c'est dimanche. Pas de travail... une longue journée blanche.

OFF. – Tu passes souvent la nuit dehors ?

ÉRIC. – Parfois, oui, j'aime attendre. J'aime que le moment qui précède la première rencontre se prolonge... plus tard le souvenir de cette nuit sera chargé de volupté austère.

OFF. – Mais chez toi, dis, il y a bien une carpette ?

ÉRIC. – J'aime ce lit de pierre avant le moment somptueux où je la prendrai dans mes bras. *(Il s'étire et bâille.)*

OFF. – Une carpette devant le feu. Car il y a un feu, chez toi, dis ?

ÉRIC. – Cesse de bavarder. Tu m'empêches de dormir.

OFF. – J'ai peur de m'endormir.

ÉRIC. – Pourquoi ?

OFF. – J'entends alors quelqu'un qui frappe dans mon oreille.

ÉRIC. – C'est ton cœur.

OFF. – Oui... c'est mon cœur. *(Mystérieux :)* Il frappe à la porte du paradis, mais il a beau frapper, personne ne vient ouvrir.

ÉRIC. – Quand il ne frappera plus... on ouvrira.

OFF *(rêveur)*. – Tu crois ?

ÉRIC *(après un silence)*. – Les yeux du jour sont fermés. Mes paupières aussi se ferment. Je m'endors, seconde nuit. Veille mon chien, veille, Off.

(Il s'endort.)

OFF. – Et ta prière du soir ? Tu l'oublies ? *(Éric ne répond pas.)*
(Off se recueille un moment et dit sa prière simplement et doucement :)
Saint Médor et saint Azor
Priez pour moi
Faites que la lune se voile
Faites que personne ne meure
Afin que je ne hurle pas
Faites que l'on ne me vende ni me batte
Faites que j'aie les flancs moins creux
Afin que je ne hurle pas
Faites que je ne sois pas écrasé
(À voix très basse :)
Et faites que je sache parler

(Silence, puis d'un ton faussement détaché :)
Et puis, si vous voulez me faire plaisir, donnez à mon maître l'idée de m'acheter un petit paletot écossais. C'est très élégant !
(Comme une formule, la vraie prière étant finie :) Saint Médor et saint Azor, priez pour moi. *(Il bâille.)* Of course, j'ai sommeil.

(Il tourne sur lui-même cinq ou six fois avant de se coucher, puis il s'endort, les pattes sur les yeux. À peine sont-ils endormis que la fenêtre de Louisa s'éclaire. Elle ouvre doucement, son ombre est projetée à côté d'Éric. Alors, après avoir hésité très légèrement, avec crainte, elle caresse la tête d'Éric de l'ombre de sa main, et pose l'ombre de sa tête contre la tête d'Éric, puis son ombre s'efface, car une grande clarté blanche se fait dans le ciel. Brusquement, Off se réveille en hurlant. Louisa sursaute, ferme la fenêtre, la lumière s'éteint, mais par mégarde, Louisa laisse tomber la rose qu'elle tenait à la main, ou qu'elle avait piquée dans son corsage. Éric sursaute à son tour.)

ÉRIC. – Quoi ? Que se passe-t-il ?

OFF *(claquant des dents de peur)*. – Je rêvais.

ÉRIC. – Un cauchemar ?

OFF *(claquant toujours des dents)*. – Je rêvais que la lune m'emmenait dans son pays de glace... j'ai peur de la lune.

ÉRIC. – Viens près de moi... ne crains rien.

OFF. – Elle ressemble à une femme qui n'a plus de sang. Plus une goutte de sang ! Quelle est cette horrible clarté blanche ? Regarde... la lune... là... elle vient vers nous !

ÉRIC. – Calme-toi, Off, calme-toi, doux, doux. Le ciel se couvre et la nuit se referme.

OFF *(toujours anxieux)*. – Regarde comme la lune bondit entre les nuages, elle est implacable et rapide... Oh ! elle s'élance vers moi... Ah ! elle est prise. Secoue-moi, chasse les rêves ! *(Éric le secoue.)* Encore, ça va mieux, encore... moins fort. Merci. *(Il hume l'air, car il a retrouvé le calme.)* Qu'est-ce que je sens ! Qu'est-ce que je sens ? *(Il hume.)* Pas possible ! *(Il hume.)* Une rose ! Une rose en mars !

ÉRIC. – Tu rêves encore ? *(Il s'apprête à le secouer encore.)*

OFF *(arrêtant le geste)*. – J'en suis sûr... une rose. Mon vieux... regarde oui... une rose. Sous la fenêtre de Louisa. *(Il ramasse la rose et l'apporte.)* Oui. Louisa. Je sens. Sous l'odeur de la rose, le parfum de sa peau.

ÉRIC *(il explose de joie)*. – Ça y est ! Ça y est ! Ça y est ! Elle me dit de venir. Il n'y a pas de doute ! Off ! Suis-moi. *(Il frappe à la porte :)* Louisa ! Louisa ! *(Il frappe encore.)*

OFF. – Pas si fort... ne réveille pas sa mère...

SCÈNE X
ÉRIC - LOUISA - OFF - MILIE

ÉRIC *(il frappe)*. – Louisa ! *(Louisa ouvre la porte.)*

LOUISA *(à mi-voix)*. – Que se passe-t-il ?

ÉRIC. – Louisa.

LOUISA. – Partez !

ÉRIC. – La rose.

LOUISA. – Quelle rose ?

ÉRIC. – La rose, la rose.

LOUISA *(regardant son corsage, puis toujours à mi-voix)*. – Elle est tombée, où l'avez-vous trouvée ?

ÉRIC *(il respire le parfum)*. – C'est un parfum d'amour *(il donne la rose)*.

LOUISA *(troublée, elle respire le parfum de la rose)*. – Merci... partez maintenant !

ÉRIC. – ... Je vous tenais au bout de l'ombre de ma main comme une rose au bout de sa hampe. Vous fleurissiez là, à votre fenêtre, et moi, je respirais, je respirais votre image. *(Elle jette la fleur dont elle respirait le parfum.)*

LOUISA. – Partez... vite !

ÉRIC. – Suivez-moi !

LOUISA. – Que dites-vous ?

ÉRIC. – Nous irons loin d'ici...

OFF *(déjà prêt à partir)*. – Oui ! Oui !

ÉRIC. – De l'air ! Quelque chose de large, de grand...

OFF. – À la mer, à la mer !

ÉRIC. – Nous aurons la vie des mouettes ! Emportés dans le vent et les embruns ! Nous serons libres !

LOUISA *(d'une voix neutre).* – Je suis mariée. *(Silence.)*

ÉRIC *(brutal).* – Quelle importance ? Un mari a-t-il jamais empêché quelque chose. Votre mari est là ?

LOUISA. – Non.

ÉRIC. – Eh bien, alors ? *(Il la prend dans ses bras.)*

LOUISA. – Oh ! Vous êtes brutal ! ne me touchez pas !

ÉRIC *(violent).* – Ne fais pas la naïve, tu as consenti depuis longtemps. Depuis que ton mari t'a déçue... car il t'a déçue, hein ? il t'a déçue...

LOUISA. – Non ! Je crie !

ÉRIC. – ... Qu'est-ce que tu as sous ce manteau ? ... une chemise de nuit et rien d'autre... et tes cheveux sentent l'eau, le vent, les primevères... tes épaules... mes mains ont des yeux, elles te voient, mes mains, comme une belle et douce lampe, une lampe blanche, une tiède lampe... une lampe... tu m'éclaires, Louisa.

(La clarté de la lune se répand à nouveau.)

OFF *(son angoisse exprime celle de Louisa et d'Éric, qui sentent obscurément que leur destin se décide).* – La lune est là ! Elle jaillit hors de la nuit, elle plonge entre les nuages ! Elle fend l'ombre ! Elle bondit vers nous... La lune ! La lune ! Elle vient !...

ÉRIC *(violent).* – Tais-toi !

OFF *(sans écouter).* – ... pour boire notre sang !...

LOUISA *(avec violence, mais contenant sa voix).* – Je crie ! Lâchez-moi ! Je crie !

OFF *(terrifié).* – ... pour sucer notre cœur !

ÉRIC. – Cesse !

LOUISA *(toujours à voix contenue).* – Lâchez-moi !

(La fenêtre du premier s'éclaire et s'ouvre. Louisa se dégage. Off se cache dans l'ombre.)

MILIE *(se penchant).* – Qui est là ? On ne débite pas d'essence à cette heure ! *(Éric lâche Louisa.)* Qui est là ? C'est fermé !

LOUISA. – Ce n'est rien, maman, un chien.

MILIE. – Un chien ?

LOUISA. – Un chien perdu qui hurlait.

MILIE. – Ne prends pas froid, Louisa. À cette heure ! Pour un chien !

LOUISA. – Oui, maman.

MILIE. – Laisse les chiens hurler et rentre. *(Elle referme la fenêtre.)*

LOUISA. – Oui... *(À Éric :)* Partez.

ÉRIC *(à mi-voix)*. – Je reviendrai demain.

LOUISA. – Non.

ÉRIC. – Demain.

LOUISA. – Non, non.

ÉRIC *(parlant plus haut)*. – Demain ! *(Louisa se tait.)* Je passerai vers cinq heures. Vous trouverez une excuse pour descendre en ville.

LOUISA. – Non.

ÉRIC *(calmement)*. – Oui. Vous viendrez. Nous sommes liés à présent.

LOUISA. – Ce n'est pas vrai.

ÉRIC. – Nous sommes liés depuis le moment où mon ombre vous a touchée...

LOUISA *(triste, à voix basse)*. – Oui, peut-être.

ÉRIC. – Nous nous sommes tout dit, à ce moment-là.

LOUISA *(faiblement)*. – Mais je suis mariée...

ÉRIC. – Vous ne serez pas la première femme à quitter son mari. *(Changeant de ton, très doux et pressant :)* Nous partirons ensemble, dès que j'aurai réglé mes affaires. Nous irons loin d'ici. J'aurai besoin, en attendant, de vous voir et de vous parler souvent. Je vous laisse un otage. Voici. Je vous donne mon chien. Il s'appelle Off. Il sera notre messager.

OFF *(il crie)*. – Non, non ! Je ne veux pas !

ÉRIC *(avec une colère contenue)*. – Tais-toi !

OFF. – Non ! Non ! Je veux rester près de mon maître.

Éric. – Couché !

Off. – Non ! Ne me donne pas !

Éric. – Suffit ! *(Il le gifle. Off se tait.)* Tu veilleras sur Louisa. Je te l'ordonne. Demain ! Cinq heures !

(Il le pousse vers Louisa et part d'un pas rapide et décidé. Louisa et Off se regardent. Louisa rentre chez elle, lentement. Off la suit tristement.)

Fin du premier acte

Acte II

Premier tableau

La rue, une fin d'après-midi.

Scène I
Éric - Off

Éric *(à mi-voix).* – Off ! *(Silence.)* Off ! *(La porte de la maison de Louisa s'ouvre. Off arrive en bondissant.)* Eh bien ? *(Il porte un beau petit paletot écossais.)*

Off. – Rien de neuf.

Éric. – Détestable ambassadeur ! Voilà quinze jours que tu me donnes la même réponse.

Off. – Je t'en prie, reprends-moi.

Éric *(sec).* – Non, je t'ai donné à Louisa. Tu resteras chez elle.

Off. – Ce n'est pas drôle, je te jure ! La mère Milie, par exemple, je te la recommande !

Éric. – Je ne te demande pas d'explications.

Off. – Viens, mon maître, allons dans un pays où il y a de grandes plaines et du vent...

Éric. – Parle-t-elle de moi, parfois ?

Off. – Non, je ne crois pas.

Éric. – Que fait-elle ?

OFF. – Elle est très silencieuse.

ÉRIC. – Silencieuse ? Quelle sorte de silence ?

OFF. – Silencieuse, quoi !

ÉRIC. – Un silence absorbé ? Ou triste ? Ou lourd ? Ou ce silence voluptueux qui précède l'amour comme le silence de la forêt avant l'orage ?

OFF. – Ce silence-là, oui.

ÉRIC. – Tu es sûr ?

OFF. – Non.

ÉRIC *(violent)*. – Tu te moques de moi ? Que dit-elle ? De quoi parle-t-elle ?

OFF. – Je n'entends pas les mots qu'elle dit... je mesure le silence qui sépare chaque mot. Quand elle dit deux fois Pierre, entre ces deux Pierre il y a place pour cinq Éric.

ÉRIC. – Pourquoi ne vient-elle pas à mes rendez-vous ?

OFF *(l'air interrogatif)*. – ... Ça... ? *(Comme pour dire : «Ça, qui le sait ?»)*

ÉRIC. – Qu'a-t-elle dit l'autre soir, lorsque je t'ai donné ? Le soir de la rose.

OFF. – Rien.

ÉRIC. – Je l'ai prise dans mes bras, je l'ai embrassée... il me *semble* qu'elle m'a rendu les baisers...

OFF. – Mon maître, viens. Abandonnons tout cela. Allons au bord de la mer... tu jetteras un bâton dans les vagues et je bondirai dans l'écume. *(Avec élan :)* C'est si beau, la mer ! Si beau ! Tellement plus beau qu'une femme, tellement...

ÉRIC *(l'interrompant)*. – Pierre part-il ce soir ?

OFF. – Oui, je crois.

ÉRIC. – Va dire à Louisa : «Éric viendra cette nuit.»

OFF. – Bien... mais au bord de la mer ce serait plus...

ÉRIC *(le coupant)*. – Dépêche-toi... voilà Simone.

OFF. – La mer... elle *aussi* est couchée dans un lit, la mer...

ÉRIC. – Obéis. *(Éric se cache. D'un bond, Off va chez Louisa.)*

Scène II
Éric *caché* - Simone - Balu - Off

Simone *(elle frappe à la fenêtre de Balu).* – Monsieur Balu ! Monsieur Balu !

(Balu ouvre la fenêtre et fait signe de ne pas l'interrompre, il tient un calepin à la main.)

Balu. – Neuf fois neuf font quatre-vingt-un, je pose un je retiens huit. Il est toujours agréable de ne poser qu'un et de retenir huit... tu désires ?

Simone. – Monsieur Balu, j'ai une bague.

Balu *(intéressé).* – Une bague.

Simone. – Ma grand-mère me l'a donnée le jour de ma première communion.

Balu. – Une vieille bague, donc.

Simone. – La voici... je ne l'ai jamais portée.

Balu. – Pourquoi ?

Simone. – Je porterai une bague quand je serai fiancée.

Balu *(il examine la bague).* – Tu n'es pas fiancée ?

Simone *(gênée).* – Non.

Balu. – Non ? Tu voudrais être fiancée ?

Simone *(elle ment mal).* – Je n'ai aucune envie de me marier.

Balu. – Pourquoi vends-tu cette bague ?

Simone. – Je n'ai plus d'argent.

Balu. – Pourquoi veux-tu de l'argent ?

Simone. – Pour faire un cadeau.

Balu. – Quel cadeau ?

Simone. – Une collection de timbres... il aime les timbres.

Balu. – Ah ! *Il* aime les timbres.

Simone *(avec précipitation).* – *Elle.* J'ai dit : *elle* aime les timbres. C'est une camarade de classe.

Balu. – Ah !

Simone. – Oui.

BALU. – Une collection de timbres ?

SIMONE. – Oui.

BALU. – Tu ne veux pas autre chose ? J'ai de jolis objets, ici. Un cadre chromé ? Un coucher de soleil ? Une petite botte en porcelaine qui sert de vase ou de cendrier ?

SIMONE. – Je veux une collection de timbres.

BALU. – Une lionne blessée de bronze en plâtre ? Un stylo à parfum ?

SIMONE. – Non.

BALU. – J'ai une montre qui vaut beaucoup. Je te la cède pour cette bague.

SIMONE. – Non, je veux une collection de timbres.

BALU *(examinant la bague)*. – Cette bague a moins de valeur qu'une collection de timbres.

SIMONE. – J'ai aussi mes économies : cinq cent quinze francs.

BALU. – Donne. Ce sera une petite collection.

SIMONE. – En avez-vous une à vendre ?

BALU. – J'en chercherai une.

SIMONE. – C'est que...

BALU *(sec)*. – C'est que quoi ?

SIMONE. – J'en ai besoin tout de suite.

BALU. – Tu penses que ça se trouve au fond d'une vieille poche, une collection de timbres ? Tu m'apportes une bague de rien du tout...

SIMONE *(ferme)*. – C'est un diamant.

BALU *(il ricane)*. – Du quartz.

SIMONE. – Un diamant.

BALU. – Du quartz ou tout au plus un diamant rayé. *(Violent :)* Tu la veux ta bague ? tu la veux ?

SIMONE *(nullement intimidée)*. – Je veux une collection de timbres.

BALU *(sec)*. – Bien. Tu l'auras ta collection. Je te l'apporterai avant sept heures.

(Il sort.)

SIMONE. – Merci, monsieur Balu. *(Elle va chez Louisa. Au moment où elle ouvre la porte, Off se précipite en la renversant presque.)* Vilaine bête ! *(Criant :)* Louisa, Louisa ! Ton chien s'est échappé ! *(Elle entre chez Louisa.)*

Scène III
Louisa - Éric

Louisa *(à la fenêtre)*. – Off ! Off ! Off !

(Elle sort et court jusqu'au coin de la rue, derrière lequel Off a disparu. Arrive Éric, qui la suit et s'arrête à quelques pas d'elle. Louisa sent sa présence. Tout d'abord, elle ne bouge pas, puis elle se retourne lentement. Ils se regardent un moment en silence. Louisa se réfugie dans la maison et referme la porte derrière elle.)

Scène IV
Éric - Off

Éric *(avec dépit)*. – Tu as vu ? *(Off fait signe de la tête.)* Qu'a-t-elle dit ?

Off. – Pas grand-chose.

Éric. – Oh ! ce que tu es agaçant !

Off. – Elle a dit que la porte sera fermée... au verrou.

Éric *(en colère)*. – C'est ce qu'on verra. *(Il écrit un mot sur une page de calepin.)*

Off. – Abandonnons tout cela, mon maître, et allons au bord de la mer... dis ? La mer ? Elle respire *aussi*, la mer. Elle est douce... la mer. Elle ressemble à une femme, des jupons de dentelles, des vagues qui roulent quand elle marche, des yeux humides, et un parfum ! Un parfum à la fois frais et salé... et puis, elle parle tout le temps, la mer... et puis, elle ne fait pas tant d'histoires, la mer, elle vous embrasse, elle met ses bras frais autour du cou... et quand elle se pare de mouettes, y a-t-il collier plus léger ? Et quand la mer s'étend sous les étoiles, dis, y a-t-il couverture plus royale sous laquelle aimer ?

Éric *(qui n'a pas écouté)*. – Porte-lui ça !

Off *(tristement)*. – Oui, mon maître. *(Il sort.)*

Scène V
Éric, caché - Tony - Balu - Off

(Entre Tony. Éric se cache et Tony va frapper à la fenêtre de Balu.)

Tony. – Monsieur Balu ! Monsieur Balu !

(Balu ouvre la fenêtre.)

Balu. – Tu désires me parler ?

Tony. – Monsieur Balu... j'ai ici ma collection de timbres.

Balu. – Je ne m'intéresse pas aux timbres.

Tony. – Je désire les vendre.

Balu *(après un silence)*. – Ça ne vaut pas grand-chose, une collection de timbres... on ne trouve jamais d'amateur quand il s'agit de revendre.

Tony. – J'ai quelques timbres de valeur.

Balu. – Faux, probablement.

Tony. – Authentiques ! Je le jure !

Balu. – Voire... *(Il regarde.)* À quoi ça sert, des timbres ? Dites-moi ? On paye deux francs, on colle ça sur une carte et on écrit : «Un bonjour de Nice», «Salutations des pyramides» ou «Souvenir du soleil de minuit». Quelle valeur marchande ? Je te le demande ?

Tony. – J'ai le Léopold II orange tête-bêche.

Balu *(méprisant)*. – Oui... et parce qu'un roi a la barbe en l'air, il vaudrait plus qu'un roi avec la barbe en bas... Pourquoi veux-tu la vendre, cette collection ?

Tony. – J'ai besoin d'argent.

Balu. – Pourquoi as-tu besoin d'argent ?

Tony. – Pour faire un cadeau.

Balu. – Ah ! Quel cadeau ?

Tony *(désinvolte)*. – Je voudrais offrir, par exemple, une bague.

Balu. – À qui ?

Tony *(avec aplomb)*. – À un copain dont la sœur se fiance.

Balu. – Tiens ?

Tony. – Oui.

Balu. – Une bague a plus de valeur que cette vilaine petite collection.

Tony. – J'y ai pensé. J'ai un peu d'argent...

Balu. – Combien ?

Tony. – Quatre cents francs.

Balu. – C'est peu.

Tony *(inquiet)*. – Oui ?

Balu. – Mais je ferai un sacrifice parce que c'est toi. J'ai ici ce qu'il te faut. Une bague de style. Un diamant, petit, mais très pur.

Tony *(examinant la bague)*. – Ce n'est pas du quartz ?

Balu *(indigné)*. – Du quartz ? Qu'est-ce que c'est du quartz ? Jamais vu ! Pas chez moi ! Chez moi : brillant, diamant, or pur. Neuf fois deux font dix-huit, je pose huit et je ne retiens qu'un.

Tony. – Donne. *(Il prend la bague et la regarde d'un air ravi, puis va chez Louisa. Balu le regarde s'éloigner en souriant. Il prend la collection sous le bras et referme la fenêtre. Au moment où Tony entre chez Louisa, Off se précipite dehors et court chez Éric.)* Eh bien, quoi ? Tu es pressé ?

Scène VI
Éric - Off

Éric *(s'élançant au-devant de lui)*. – Eh bien ?

Off. – Elle a dit : «Il n'y a pas de réponse.»

Éric *(abattu)*. – Ah !

Off. – Elle a menti !

Éric. – Tu crois ?

Off. – Quand elle a lu la lettre... il y a eu sur son visage une bouffée de chaleur... comme en été, quand par la grand-rue le vent du sud monte en ville.

Éric. – Mais la porte sera fermée...

OFF. – Non, ouverte, tu verras... Elle a dit : «Il n'y a pas de réponse.» Après, il y a eu un long silence, on avait le temps d'ouvrir toutes les portes pendant ce silence... Louisa les entendait, car elle a mis ses deux mains sur ses oreilles et m'a dit : «Va-t'en.»

ÉRIC. – Tu vois, elle me repousse.

OFF. – «Va-t'en !» Comme si je l'avais surprise dans tes bras...

ÉRIC *(encore incrédule)*. – Tu crois ?

OFF. – Elle chassait un témoin gênant pour être seule avec toi.

ÉRIC *(ravi)*. – C'est vrai ?

OFF. – Si une chienne m'avait dit «Va-t'en» sur le même ton... oh ! là là !

ÉRIC *(avec joie)*. – Ça y est ! Ça y est !... Off ! Ce soir, je le sais, la porte sera ouverte... et pour te récompenser, dimanche nous irons à la mer... va chez elle... à tout à l'heure. Je viendrai quand Pierre sera parti.

(Il lui donne une bourrade. Off retourne chez Louisa. Éric reste au milieu de la scène. Le rideau se ferme.)

Deuxième tableau

Scène I
Louisa - Milie - Tony - Raymond - Simone

(Chez Louisa, quelques instants plus tard. Comme au premier acte. Raymond assis et feuilletant son livre de comptes, Tony penché sur son problème. Milie à la machine à coudre. Louisa un ouvrage sur les genoux, les yeux perdus dans le vide. Simone, assise à table, regarde Tony.)

MILIE *(monologuant dans l'indifférence générale)*. – On s'imagine, dans la vie, que le travail vient d'abord et le dessert après. Quand les enfants sont jeunes, on se tue à des travaux de couture, à la cuisine, au nettoyage, on se casse la tête pour équilibrer un budget... on se dit toujours que, plus tard, tout ira mieux : plus tard, je me reposerai. On croit voir le bout de ses peines : quand ils iront à l'école, tout ira mieux ; quand ils seront mariés, je serai libre...

Tony. – Papa ?

Raymond. – Oui, Tony.

Tony. – Y a-t-il moyen de calculer le poids d'une bague sans la peser ?

Raymond. – Très facilement, junior. Le volume de la bague multiplié par le poids spécifique du métal te donnera le poids réel.

Milie. – ... mais d'année en année c'est pire. Et maintenant que Louisa est mariée, tout va plus mal qu'avant...

Tony. – Quel est le poids spécifique de l'or ?

Raymond. – Attends ! *(Il sort de sa poche des carnets qu'il feuillette.)*

Milie. – ... je suis astreinte à des travaux qui seraient supportables si j'étais jeune... mais quand on devient vieux, les misères viennent toutes à la fois...

Raymond *(triomphant)*. – Le poids spécifique de l'or est 19,26.

Milie. – Mes pauvres jambes... et mon dos... oh, et mon cœur, mon pauvre foie, mes pauvres yeux ! J'ai été chez le docteur Deluc et il m'a dit, madame, vous auriez d'excellents yeux si vous ne les aviez pas usés. Ça fait mal, entre parenthèses, lorsqu'on vous envoie un rayon de lumière dans les yeux, chez l'oculiste.

Scène II
Louisa - Milie - Tony - Raymond - Simone - Balu

(Entre Balu. Une gêne, personne ne le regarde, sauf Simone. Balu fait un signe à Simone, qui s'approche de lui. Il lui remet discrètement le paquet contenant la collection de timbres.)

Balu. – Et voilà ! Je confirme et réitère mon offre quotidienne. Au lieu d'aller au café, je passerai volontiers mes soirées avec madame Milie, rideaux fermés. Deux fauteuils de peluche : je les ai. Deux tasses de café : j'ai les tasses, du Sèvres. La chronique de la pêche à la radio, moi à mes comptes, madame Milie aux chaussettes.

Raymond. – C'est bien, c'est bien, cela suffit, mon ami. Milie se passera de la chronique de la pêche.

BALU. – Je ne suis pas votre ami et vous n'êtes pas le maître ici. *(Il se tourne vers Milie.)*

MILIE. – Oh ! Laissez-moi en paix, Balu ! Vous voyez bien que je suis occupée. Je me crève à la besogne, ici. Si ça continue je me gâterai tout à fait les yeux.

BALU. – J'ai le temps, madame Milie.

RAYMOND. – Ma pauvre Milie, si vous voulez...

(Bruit de klaxon.)

MILIE. – La pompe !

RAYMOND. – ... si vous voulez un havre, je suis encore capable de me charger de bien des travaux pénibles... *(Il retourne à son livre de comptes puis, voyant que Balu est toujours là :)* Vous ne partez pas ?

BALU. – Un havre. Il n'y a que vous pour employer ce jargon de marin.

RAYMOND *(offensé et naïf)*. – C'est un mot correct.

BALU. – Un havre, sous-entendu : un sac, un havresac.

RAYMOND. – Que voulez-vous dire ?

BALU. – Ce que je dis : un sac, la pension de madame Milie...

(De temps en temps, Balu jette un regard légèrement inquiet vers les deux jeunes gens pour voir si sa supercherie est découverte.)

RAYMOND *(interrompant Balu)*. – Je ne permettrai pas qu'un brocanteur...

(Bruit de klaxon.)

MILIE *(voulant éviter la dispute entre les deux hommes)*. – La pompe ! Eh bien, Louisa, tu n'entends pas ? La pompe !

LOUISA *(tristement)*. – Oui, j'entends. *(Elle se lève et sort.)*

RAYMOND *(surpris)*. – Elle a repris le service de la pompe ?

MILIE *(avec un sourire de satisfaction)*. – Je l'ai exigé. Pierre a compris qu'il aurait tort de s'obstiner. À mon âge, j'ai droit à quelques égards. Elle est jeune et n'a rien à faire. L'oisiveté est détestable.

RAYMOND. – C'est vrai, Milie ? *(Il se replonge dans son livre de comptes. Milie se penche sur sa machine. Pendant ce temps, Simone et Tony se rapprochent l'un de l'autre et ont un dialogue à mi-voix.)*

SIMONE. – J'ai apporté...

TONY. – Quoi ?

SIMONE. – La surprise.

TONY. – Dont tu m'avais parlé ?

SIMONE. – Oui.

TONY. – Moi aussi.

SIMONE. – Quoi ?

TONY. – J'ai ici le cadeau.

SIMONE. – Que tu m'avais promis ?

TONY. – Tout à l'heure ? *(Voulant dire : tu me le donneras tout à l'heure quand nous serons seuls.)*

SIMONE. – Non.

TONY. – Pourquoi ?

SIMONE. – Maintenant.

TONY *(il hoche négativement la tête)*. – Quand nous serons seuls.

SIMONE. – Je n'ai pas la patience d'attendre...

TONY. – Non ? *(Signe de Simone.)* Maintenant ? *(Oui de Simone.)*... Regarde, j'ai...

SIMONE *(l'interrompant)*. – Moi d'abord... j'espère que tu seras heureux, j'ai choisi...

TONY *(l'interrompant)*. – Oui, je serai heureux, puisque c'est toi qui as choisi.

SIMONE *(timidement)*. – Une collection de timbres.

TONY *(plus fort)*. – Une collection de timbres !

RAYMOND *(levant la tête)*. – Tu dis, junior ?

TONY. – Rien, papa, nous parlons timbres.

RAYMOND. – Oh ! Vous parlez timbres ?

SIMONE. – Oui, timbres ! Je montre ma collection.

BALU *(un peu inquiet)*. – Oui, oui, elle a une *fort jolie* petite collection...

(Raymond le regarde, furieux, et se replonge dans son travail. Simone donne la collection à Tony.)

SIMONE. – J'espère qu'elle te plaira...

(Tony ouvre le paquet.)

TONY *(surpris)*. – Ma collection !

BALU *(très inquiet)*. – Hum... hum... *(Il se mouche très bruyamment. Raymond le regarde furieux, puis se replonge dans son travail.)*

SIMONE *(ravie)*. – Oui... je te la donne... elle t'appartient.. tu m'as dit, souviens-toi, que tu as commencé une collection... celle-ci complétera l'autre...

TONY *(ému)*. – Oh ! Simone !

SIMONE. – Je n'y connais rien en timbres... J'espère que j'ai bien choisi...

TONY. – Elle est merveilleuse puisque tu me la donnes.

SIMONE. – Regarde... celui-ci...

TONY. – C'est le grand bleu de Tahiti.

SIMONE. – Des cocotiers au bord de l'eau.

TONY. – C'est là que, devant la mer et sous les étoiles...

SIMONE. – Oui ?

TONY *(regardant autour de lui pour s'assurer que personne ne l'écoute, ni les regarde)*. – Fais semblant de regarder les timbres...

SIMONE. – Oui.

TONY. – ... je voudrais te donner ceci... *(Il lui donne la bague.)*

(Simone ouvre le paquet.)

SIMONE *(ébahie)*. – Ma bague ! Où... ?

(Balu s'agite sur sa chaise.)

RAYMOND *(l'interrompant)*. – Tu dis, petite ?

TONY *(avec sang-froid)*. – Elle admire le grand bleu de Tahiti... *(Il pousse Simone du coude pour qu'elle regarde la collection.)*

BALU. – C'est un timbre admirable, un vrai bijou dans une collection.

RAYMOND *(à tous).* – Mais taisez-vous donc ! Attends ! *(Il consulte son classement.)*

TONY *(timidement).* – Elle te plaît ?

SIMONE. – Oh ! Oui.

TONY. – On m'a dit que c'est un diamant...

SIMONE. – Oui, c'est un diamant...

TONY. – Et de l'or... je viens de calculer le poids de cette bague... j'ai trouvé quatre kilos. Il doit y avoir une erreur.

SIMONE *(elle rit).* – Elle est à la fois plus lourde et plus légère.

TONY. – Lourde d'amour...

SIMONE. – Légère à porter et je la porterai toujours.

TONY *(craignant qu'on ne les observe).* – Regarde les timbres... *(Ils feuillettent l'album.)*

SIMONE. – Je me souviendrai que tu me l'as passée au doigt par une nuit bleue, au bord de la mer de Tahiti, sous les milliers d'étoiles du sud...

RAYMOND. – J'ai trouvé ! Il me semblait bien que je l'avais noté ! «Grand timbre bleu de Tahiti... très grand, très bleu, très joli, mais sans valeur.»

TONY *(fâché).* – Pour moi, il vaut tous les timbres du monde.

RAYMOND. – Pondère ! J'ai demandé à un spécialiste. Prix d'achat deux francs cinquante.

BALU. – J'en offre cent cinquante francs !

TONY. – Il n'est pas à vendre.

BALU. – Je maintiens mon offre. Je n'achète que des choses de valeur, et je ne vends que des choses exceptionnellement authentiques. *(Il salue et se dirige vers la porte.)* Madame Milie, après m'être replongé dans l'atmosphère que j'aime, je retourne à mon travail.

MILIE. – Je n'arriverai jamais au bout de mon ouvrage... S'il y avait un moteur à cette machine à coudre...

BALU. – Je verrai si j'en trouve un pour vous. *(Il sort.)*

RAYMOND *(triste).* – Oh ! Milie ! Tu lui fournis toi-même les occasions de revenir.

MILIE. – Il est si débrouillard.

RAYMOND. – Milie, tu me peines...

SIMONE *(secouant le bras de Tony et rappelant son attention vers l'album)*. – Regarde, Tony... *(À voix basse :)* Pour moi, c'est plus qu'un timbre...

TONY. – Oui ?

SIMONE. – C'est le pays de rêve où nous nous sommes fiancés.

(Louisa revient, suivie de Off. Elle a l'air nerveuse. Tony et Simone la regardent et cessent de sourire.)

LOUISA. – Laissez-moi un instant. *(Tous la regardent, surpris.)* Oui, je voudrais être seule.

MILIE. – On dirait vraiment qu'elle est chez elle !

LOUISA *(agacée)*. – Oh ! maman !

MILIE. – Comme si nous la dérangions ! Je ne lève pas la tête de mon ouvrage !

LOUISA. – Je ne suis *jamais* seule ici, ceci est *ma* chambre pourtant.

MILIE *(se tournant vers Raymond)*. – Vous voyez ? Voilà ma récompense ! Reste, Raymond, tu es chez moi.

RAYMOND *(gêné)*. – Hum ! Je resterais volontiers... mais j'ai fini mon travail, et il se fait tard.

MILIE. – Mais non, reste, elle a des lubies !

TONY. – Viens, papa.

RAYMOND. – Oui, il est tard. *(Faussement joyeux :)* À demain, les enfants !

(Ils sortent.)

SIMONE. – Au revoir, Louisa, je crois qu'il est temps pour moi aussi... *(Saluant :)* Madame Milie. *(Elle sort.)*

MILIE *(en colère)*. – Qu'est-ce qui te prend ?

LOUISA. – Je veux parler à Pierre.

MILIE. – Écoute, ma petite. Jusqu'à nouvel ordre, tu es ma fille, je suis ta mère et tu vis chez moi...

LOUISA. – Il ne s'agit pas de cela...

MILIE. – Reprends ton travail et cesse d'embêter Pierre en te laissant aller à tes ridicules impulsions. Pourquoi veux-tu parler à Pierre ?

LOUISA. – Ça ne te regarde pas.

MILIE *(très fâchée)*. – Non ? C'est ce qu'on verra ! *(Elle s'installe à sa machine et se remet à travailler d'un air buté.)*

LOUISA. – Maman, laisse-moi seule ! *(Milie fait semblant de ne pas l'entendre. Louisa va vers la porte côté garage et crie :)* Pierre ! Pierre ! *(Elle se tourne vers sa mère :)* Maman, laisse-moi seule avec Pierre !

MILIE *(continuant à travailler)*. – Je suis chez moi, ici.

(Louisa va vers la machine et arrache le rideau que Milie est en train de coudre.)

Scène III
Milie - Louisa - Pierre

(Pierre entre au moment où Louisa arrache le rideau.)

PIERRE. – Louisa !

MILIE. – Tu vois comment ta femme traite sa mère !

PIERRE. – Eh bien ! Louisa !

LOUISA. – Je veux te parler, Pierre...

(Pierre regarde Milie qui se lève.)

MILIE. – Demande-moi pardon.

(Louisa se tait. Pierre se tourne vers elle comme s'il attendait qu'elle demande pardon.)

LOUISA *(à voix basse)*. – Pardon, maman, mais laisse-nous un instant.

MILIE *(en sortant)*. – Quelle enfant gâtée ! Ce qui t'a manqué, c'est la poigne d'un homme. Je te jure que ton père n'aurait pas toléré des caprices de ce genre. Ce qu'on n'apprend pas quand on est enfant, on ne l'apprend plus jamais. Et moi, au lieu de pouvoir me consacrer à ton éducation, j'ai été obligée de gagner ma vie. Voilà ma récompense ! Dorénavant je m'en fiche. Et pour commencer, au lieu de terminer ma couture, je vais en ville. Au cinéma, aux places les plus chères. Je vais voir un film gai. *(Elle sort.)*

(Louisa se jette dans les bras de Pierre.)

LOUISA. – Pierre !

PIERRE. – Allons, allons !

LOUISA. – Sauve-moi, Pierre, sauve-moi !

PIERRE. – Allons, Louisa, du calme... d'abord du calme... *(Il la repousse gentiment.)* Il faut que tu t'habitues à te surmonter. Tu me fais penser à une écolière, tu t'emballes... regarde, ta main tremble... respire profondément.

LOUISA *(surprise)*. – Quoi ?

PIERRE. – Mon professeur de gymnastique me disait qu'avant de franchir un obstacle, il faut respirer sept fois, profondément... on se sent tout calme après ça... ne t'en fais pas, Louisa. Quand on vit avec des personnes âgées, il faut les traiter un peu comme des enfants... et puis ta mère est ta mère... ce n'est pas moi qui devrais te le rappeler.

LOUISA *(le regardant avec surprise)*. – Il ne s'agit pas de maman.

PIERRE *(un peu agacé)*. – Alors, qu'y a-t-il ?

LOUISA *(timide)*. – Cet homme rôde de nouveau par ici...

PIERRE. – Quel homme ?

LOUISA. – Tu te souviens... celui dont je t'ai parlé. Il vient à chaque instant sous prétexte de prendre de l'essence.

PIERRE. – Il t'a manqué de respect ?

LOUISA. – Oh, non, mais...

PIERRE. – Mais quoi ?

LOUISA. – Mais il me parle et je ne l'aime pas...

PIERRE. – Tu ne l'aimes pas ?

LOUISA. – Non, cela me déplaît de le servir quand il demande de l'essence.

PIERRE *(moqueur)*. – Est-ce qu'on «aime» ou «n'aime pas» un client ?

LOUISA. – Celui-là me déplaît...

Pierre. – Tu es assez grande pour te défendre... et très capable de te faire respecter.

Louisa. – Oui, mais...

Pierre. – Je fais la route depuis plus de cinq ans... je sais bien comment les filles se font respecter... ou s'arrangent pour ne pas se faire respecter.

Louisa *(interdite)*. – Qu'est-ce que tu veux dire ?

Pierre. – Simplement que tout cela dépend de toi. C'est en toi qu'il faut puiser la vigueur de te défendre et non en moi.

Louisa. – Dis à maman de reprendre le service de la pompe...

Pierre. – J'aurais l'air ridicule.

Louisa. – Puisque je te le demande ?

Pierre *(agacé)*. – Sois donc un peu moins romanesque. Le temps des idées folles est passé. Tu es mariée maintenant et nous bâtissons notre vie. C'est beaucoup plus important que tout le reste et je te demande... *(Pendant qu'il parle, il remarque que le tissu d'un fauteuil est déchiré.)* Qu'est-ce qui est arrivé à ce fauteuil ?

Louisa. – À ce fauteuil ?

Pierre. – Regarde ça ! Un nouveau fauteuil ! Qui l'a déchiré ?

Louisa. – Je ne sais pas.

Pierre. – Au lieu de te monter la tête, tu ferais mieux de tenir ton ménage convenablement.

Louisa. – Mais Pierre...

Pierre *(se laissant tout doucement emporter)*. – Oui ! Tu bavardes toute la journée avec cette petite sotte de Simone... Dieu sait ce que vous racontez. Si ce n'est pas malheureux... regarde... mais regarde donc ! Du tissu à trois cents francs le mètre...

Louisa. – Ne te mets pas dans un état pareil pour un fauteuil.

Pierre *(furieux)*. – Pour un fauteuil ! Pour tout ! je veux la paix chez moi !...

Louisa. – Mais Pierre...

Pierre. – Mais Pierre ! Mais Pierre ! Tu n'as rien d'autre à répondre, non ? Qui a fait ça ? *(Il regarde Off.)*

Louisa. – Je ne sais pas.

Pierre. – Tu mens !

Louisa. – Pierre !

Pierre. – Cette sale bête !

(Il s'avance menaçant vers Off, qui a pris un air coupable depuis qu'on parle du fauteuil.)

Louisa. – Ne te fâche pas. Je raccommoderai ce fauteuil.

Pierre. – Je n'aime pas ce chien. Il est sournois, il est méchant. Je m'en débarrasserai.

Louisa. – Ne sois pas mesquin, Pierre !

Pierre. – Mesquin !

(Il s'approche de Off et veut lui donner un coup. Off se dérobe à la façon des chiens. Pierre essaie une seconde, une troisième fois, même dérobade.)

Louisa *(nerveusement)*. – Tu es ridicule !

Pierre. – Ridicule ! C'est ce qu'on va voir ! *(Il se précipite sur Off, qui cette fois ne peut se dérober et roule par terre. Il lui donne un coup de pied violent. Off ne crie pas.)* Elle ne crie même pas, cette sale bête ! Elle voudrait bien me mordre, la sale bête ! Hein ? Elle voudrait bien me mordre ! Me mordre ! Mais elle n'ose pas, hein ? Elle n'ose pas, la sale bête ! Elle est trop lâche, la sale bête !

Louisa *(elle crie)*. – Pierre ! Cesse !

(Pierre s'arrête. Off se réfugie dans un coin.)

Pierre. – Elle ne recommencera plus, je t'assure ! Et toi, mets-toi dans la tête que tu as mieux à faire que de rêvasser !

Louisa *(avec une rage contenue)*. – C'est fini maintenant ! C'est fini pour toujours ! Tu m'as révélé ta vraie nature, une nature de brute !

Pierre *(toujours furieux)*. – Tu m'expliqueras ça demain... je n'ai pas de temps à perdre.

(Il sort. Silence.)

Scène IV
Louisa - Off

Louisa *(très agitée).* – Il l'aura voulu ! Il l'aura voulu !

Off *(retrouvant sa dignité après s'être secoué).* – Quel sale individu ! Mon nouveau paletot ! Tout maculé !... regarde ça !

Louisa. – Va dire à ton maître...

Off *(soudain attentif).* – Oui ?

Louisa. – De venir immédiatement ici...

Off *(peu à peu gagné par la même exaltation).* – Ici ! Ici !

Louisa. – Dis-lui que je l'attends. Qu'il vienne me chercher ici, dans la maison de Pierre. Tout de suite !

Off. – Et qu'il nous emmène !

Louisa. – Loin d'ici !

Off. – Nous irons habiter au bord de la mer.

Louisa. – Dis-lui que je l'attends de toute mon âme ! Et de tout mon corps !

Off *(tournant autour de la chambre dans une grande exaltation).* – J'y vais ! j'y vais... je sens déjà le parfum de la liberté ! C'est un parfum merveilleux qui a des ailes blanches, et qui est entré ici... brusquement... pour nous annoncer les grandes, les larges aventures... J'y vais ! J'y vais ! *(Il bondit hors de la chambre.)*

Louisa. – De tout mon sang ! Dis-lui que je l'attends comme on attend l'air frais, comme on ouvre la fenêtre le soir et qu'on respire, qu'il entre sans frapper... qu'il entre ! comme est venue son ombre... je l'attends ici...

(Louisa s'approche de la fenêtre, elle l'ouvre et respire profondément. Son visage se détend, elle ferme les yeux. On a l'impression qu'elle respire le message d'un autre monde. Un grand calme succède à la tension de la scène précédente. La porte s'ouvre. Louisa se retourne croyant voir Éric : c'est Pierre.)

Scène V
Louisa - Pierre

Louisa *(d'une voix lasse).* – Ah ! C'est toi.

Pierre *(il a des roses).* – Louisa... je te demande pardon. *(Il lui donne les fleurs.)*

Louisa *(presque indifférente).* – Ah !

Pierre. – Me pardonnes-tu ?

Louisa. – Pierre...

Pierre. – C'est notre première dispute.

Louisa. – Notre première dispute.

Pierre. – Notre dernière aussi, j'espère...

Louisa *(amère).* – Notre dernière...

Pierre. – J'ai choisi des roses, je crois que tu les aimes... *(Il regarde autour de lui.)* Où est Off ?

Louisa. – Il est parti.

Pierre. – Je me suis mis en colère... parti ? Où est-il ? Je voudrais faire la paix avec lui.

Louisa. – Pierre...

Pierre. – Je t'ai fait de la peine sans le vouloir. Tes réactions sont parfois si inattendues. Et puis, il faut me comprendre. J'ai mes soucis, mon travail. Il m'arrive d'être vif. Mais tu vois que je fais un effort sur moi-même. J'étais très fâché, mais avoue que j'avais raison. Maintenant c'est fini... je ne suis pas rancunier pour un sou, et, tu sais, quoique je ne le dise pas tous les jours, je t'aime bien, Louisa.

Louisa *(se jetant dans ses bras).* – Sauve-moi, Pierre ! Sauve-moi ! Sauve-moi ! Je t'en supplie, sauve-moi !

Pierre. – Voyons, Louisa, voyons calme-toi, contrôle-toi. Qu'est-ce qui se passe ? As-tu à te plaindre de quelque chose ? *(Elle hoche négativement la tête.)* Alors quoi ? *(Un silence.)* Quoi ? Je ne comprends pas... moi, il me semble que tout va bien. L'affaire marche. Le camion sera tout à fait payé le mois prochain et nous pourrons bientôt songer à l'achat du second camion. Tout est bien, tu vois...

Louisa. – Non ! Non ! Tout est mal ! Tout est mal !... il est trop tard.

Pierre. – Explique-toi, Louisa.

Louisa *(elle s'est un peu calmée).* – Je ne veux pas le dire. *(Cherchant n'importe quelle excuse :)* Je suis si souvent seule.

Pierre. – Pourtant ta mère, Simone, Raymond, Tony : la chambre ne désemplit pas...

Louisa. – Non, je suis seule ! Si seule. *(Un silence. Brusquement :)* Pourquoi n'avons-nous pas d'enfants, Pierre ? *(Louisa est elle-même surprise par sa question, où s'exprime soudain le souhait qu'elle porte depuis longtemps en elle.)*

Pierre. – Tu le sais bien, Louisa. Il y a d'abord l'affaire à monter, le second camion à acheter, la clientèle à étendre... mais nous sommes en bonne voie.

Louisa *(à nouveau angoissée).* – Tu vois ! Tu me laisses seule !

Pierre. – Sois raisonnable, Louisa...

Louisa. – Seule ! seule ! Tu me repousses...

Pierre. – Je te repousse ? Mais...

Louisa *(obstinée).* – Oui, tu me repousses !

Pierre. – Je dis simplement qu'il serait déraisonnable d'avoir des enfants maintenant.

Louisa. – Alors tout est déraisonnable. Le monde entier. Tout.

Pierre. – Réfléchis un peu...

Louisa *(s'accrochant à la seule chose qui puisse encore la sauver de l'aventure où elle s'est engagée).* – Non, je ne réfléchis pas. Ce sera maintenant, ou jamais... il n'y a *aucune* raison de me refuser un enfant. Aucune !

Pierre. – Eh bien, si tu le veux vraiment...

Louisa. – Promets-le moi, Pierre, promets-le moi !

Pierre. – C'est une folie... mais je te le promets *(Silence.)* Il est temps maintenant, Louisa, grand temps. J'ai cette nuit un transport pour les pêcheries du Nord. Il faut que je sois là avant minuit... ça va mieux ?

Louisa. – Ça va mieux.

Pierre *(retrouvant son ton optimiste et joyeux).* – N'oublie pas de mettre les fleurs dans l'eau, elles sont chères... Tu vois, j'ai l'impression que cette vilaine dispute nous a rapprochés ! N'est-ce pas ? Prenons de bonnes résolutions. Travaille ce soir, pendant mon absence. Et tâche de retrouver Off. Donne-lui un os de ma part ! Au revoir, petite ! *(Il l'embrasse sur le front et va pour sortir. Il est déjà sur le pas de la porte, lorsque Louisa s'élance vers lui.)*

LOUISA. – Emmène-moi ce soir ! Pour une fois ! Emmène-moi en camion !

PIERRE *(agacé)*. – Tu n'es pas folle ?

LOUISA. – Pierre, je t'en supplie ! Emmène-moi...

PIERRE *(ne bouge pas, toujours aussi agacé)*. – Tu n'es pas folle ?

LOUISA. – Emmène-moi, sinon...

PIERRE. – Sinon quoi ?

LOUISA *(sèchement)*. – Sinon tout va recommencer.

PIERRE. – Quoi, tout ?

LOUISA. – Je ne veux pas être seule ce soir !

PIERRE. – Il faut t'habituer.

LOUISA. – Pas ce soir !

PIERRE. – Mais ce n'est pas raisonnable.

LOUISA. – Ne soyons pas *toujours* raisonnable... je déteste ce mot ! Je t'accompagne.

PIERRE. – Soit. C'est le soir des folies. Prépare-toi vite.

LOUISA *(elle met son imperméable)*. – Je suis déjà prête.

PIERRE. – Tu verras, ce n'est pas drôle, sur les routes, la nuit.

LOUISA. – Nous bavarderons...

PIERRE. – Vérifie si la porte de la rue est bien fermée, et laisse un mot pour ta mère.

LOUISA. – Oui.

PIERRE. – Je descends pour verrouiller la pompe. Rejoins-moi.

(Il sort côté garage. Louisa va vers la porte côté escalier. Elle hésite, se ravise, puis, fébrilement elle écrit quelques mots sur une feuille de papier qu'elle pose sur la table. Elle sort rapidement côté garage.)

Scène VI
Éric - Off

(À peine Louisa est-elle sortie que la porte s'ouvre côté escalier. Off entre et regarde autour de lui.)

Off *(se tournant vers l'escalier).* – Viens ! Je crois qu'il est parti. *(Se frottant les mains :)* Quelle vie nous allons avoir !... peut-être qu'on me donnera un paletot neuf pour me récompenser.

(Entre Éric.)

Éric. – Où est-elle ?

Off *(désinvolte).* – Elle se prépare, probablement. Les femmes manquent de naturel, ce n'est pas comme les chiennes. Une chienne vient comme elle est, gracieuse, sa langue rose pendante, ses cheveux dorés dans ses yeux dorés, les pattes un peu raides, trottant d'un petit air naïf *(il bâille et s'étire)* qui laisse présager les plus douces voluptés. Une femme, au contraire, se bichonne, se pomponne, s'astique, s'arrange comme un bouquet. *(Éric après avoir été à la fenêtre va vers la table.)* Ce qui n'est pas logique, car tu la saccageras en moins de deux minutes... j'ai le pressentiment qu'elle va entrer.

Éric *(il prend la feuille de papier laissée par Louisa et lit).* – «Je m'en vais avec Pierre. Inutile de m'attendre. Laissez-moi en paix.»

(On entend le bruit d'un camion qui part.)

Off. – Quoi !

Éric *(ouvrant toutes les portes).* – Elle se moque de moi ! Elle est ici ! Elle se cache ! Louisa !

Off. – Attention, sa mère est peut-être là !

Éric. – Je m'en fous ! Louisa !

Off. – Le camion de Pierre, je l'entends.

Éric *(bondit à la fenêtre).* – Je la vois... elle est dans le camion. Off ! Suis-moi ! Vite en voiture ! Je les rattraperai facilement, et il y aura une explication. Je la forcerai à me suivre, ce soir ! Viens !

(Ils sortent.)

Fin du deuxième acte

Acte III

Premier tableau

Chez Louisa, quelques mois plus tard. On sent Louisa inquiète. Elle est pâle, nerveuse, irritable, malheureuse.

Scène I
Louisa - Simone

Simone *(elle entre en courant)*. – Eh bien ?

Louisa. – Oui.

Simone. – Oui ? *(Signe de tête de Louisa.)* Le docteur l'a dit ?

Louisa. – Oui.

Simone *(joyeuse)*. – Vrai ?

Louisa. – Oui.

Simone. – C'est merveilleux !

Louisa *(tristement)*. – Oui.

Simone. – Je voudrais être à ta place.

Louisa *(rêveuse et triste)*. – À ma place...

Simone *(avec ferveur)*. – Oh ! Oui... attendre un enfant, c'est dire : «je t'aime» à l'homme qu'on aime.

Louisa *(à voix basse)*. – Tais-toi, Simone...

Simone *(sans écouter)*. – On porte une flamme en soi comme la flamme d'une allumette que l'on protège dans le creux des mains... et quand on se penche sur cette petite lumière, on a le visage éclairé... *(Silence.)* Pierre est différent maintenant.

Louisa *(elle se lève et prépare le repas de Pierre)*. – Différent ?

Simone *(surprise)*. – Tu ne l'as pas remarqué ? Plus attentif, attendri... il est... *(elle cherche :)* il est... je ne trouve pas d'autre mot. Il a le visage éclairé. *(Vivement :)* Ne touche pas au couteau !

Louisa *(surprise)*. – Pourquoi ?

Simone *(prenant le couteau)*. – C'est du fer.

Louisa. – Eh bien ?

Simone. – Ça porte malheur. Un couteau ! C'est froid. C'est coupant.

Louisa *(riant)*. – Mais Simone, qui préparera le repas de Pierre ? *(Le rire fait aussitôt place à la préoccupation.)*

Simone. – Je vais cacher tout ce qui est en métal ici. Il te faut des choses douces à toucher *(regardant autour d'elle)* et des choses douces à regarder, des choses qui ne font pas mal.

Louisa. – Où vas-tu chercher ces idées ?

Simone *(montrant un tableau)*. – Ce tableau, Louisa ! Comment n'y as-tu pas pensé toi-même ?

Louisa. – C'est la bataille de l'Yser.

Simone. – La bataille de l'Yser ! Tu crois que c'est bon de regarder une bataille quand on attend un enfant ?

Louisa. – Mon père a fait la bataille de l'Yser.

Simone. – Ce n'est pas une raison. Regarde-moi ça ! De la boue, des ruines, des chevaux crevés, des hommes blessés, des bandages pleins de sang ! *(Elle retourne le tableau contre le mur.)* De la douceur ! Je t'apporterai chaque jour des fleurs. J'irai les cueillir dans les terrains vagues. *(Joyeuse :)* Des coquelicots pour qu'il ait les joues rouges, des boutons d'or pour qu'il soit tout rond, des roseaux pour qu'il soit beau et de la mousse pour qu'il soit doux pour les filles.

Louisa *(vivement)*. – Je ne veux pas d'un garçon.

Simone *(surprise)*. – Non ?

LOUISA. – Ce sera une fille. Pas un garçon ! Oh ! Non !

SIMONE. – Si c'était un garçon, tu l'appellerais Pierre.

LOUISA. – Je ne veux pas d'un garçon.

SIMONE *(un peu condescendante)*. – Une fille, c'est aussi très bien. Elle sera plus à toi.

LOUISA *(souriant à elle-même)*. – Tout à fait à moi.

SIMONE. – Tu vois bien que j'avais raison !

LOUISA. – Raison ?

SIMONE. – Te souviens-tu ? Le jour où je t'ai apporté des roses.

LOUISA. – Des roses, oui.

SIMONE. – Je t'ai dit : il faut avoir des enfants tout de suite... je le savais... *(Silence.)* Tu ne devines pas pourquoi je le savais ?

LOUISA *(distraite)*. – Pourquoi ?

SIMONE. – Promets-moi le secret.

LOUISA. – Oui.

SIMONE. – Parce que j'aime.

LOUISA *(surprise)*. – Tu aimes quoi ?

SIMONE. – J'aime. Je ne dis pas, je suis amoureuse. J'aime. J'aime Tony.

LOUISA *(souriant)*. – Tony ?

SIMONE. – Ne souris pas, Louisa. C'est très sérieux. Et quand on aime, on comprend tout. Nous nous marierons dès que nous sortirons de l'école et nous aurons tout de suite des enfants *(souriant :)* et je sais d'avance comme ce sera merveilleux d'attendre un enfant.

LOUISA *(rêveuse)*. – Tu ne sais pas ce que c'est qu'aimer.

SIMONE *(piquée)*. – Si. Peut-être mieux que toi.

LOUISA. – As-tu jamais senti ton cœur bondir comme une bête qui se débat lorsque tu entends un pas dans la rue qui *pourrait* être son pas ?

SIMONE. – Oh ! Non ! Je ne confondrais jamais son pas et celui d'un autre, et quand je l'entends venir, je suis tout simplement heureuse.

Louisa. — Sais-tu ce que c'est qu'être séparée de celui que tu aimes, de n'avoir aucun espoir, d'être prisonnière de ta propre vie ?

Simone *(surprise, car elle comprend soudain que Louisa parle d'elle-même)*. — Prisonnière ?

(Entre Pierre. Simone, instinctivement, se tait. Un silence.)

Pierre. — Bonjour mes petites ! On bavarde ?

Simone. — Oh ! de rien et de tout...

Pierre. — Louisa, j'ai un transport à sept heures. Je rentrerai très tard... mais tu ne seras pas seule, n'est-ce pas ? Peut-être Simone reviendra-t-elle ce soir ?

Louisa *(affectant l'indifférence)*. — Oh ! Ne t'occupe pas de moi. Ça va.

Pierre. — Ça va ?

Louisa. — Oui.

Pierre *(souriant)*. — Bien... *(Silence. En riant :)* je vous laisse à vos conversations. Alors, mes tartines pour sept heures. *(Il sort.)*

Louisa. — Oui, Pierre.

Simone. — Prisonnière ?

Louisa. — Je n'aime pas Pierre.

Simone *(à la fois surprise et effrayée)*. — Quoi ?

Louisa. — Non ! Je ne l'aime pas.

Simone *(entre le reproche et la surprise)*. — Louisa !

Louisa. — Ce n'est pas ma faute ! Quand il me touche, c'est horrible ! Ce n'est pas ma faute, Simone ! *(Silence.)* Il est si raisonnable ! Il a toujours raison ! Il est si sage. Tout m'agace en lui. Le bruit de sa respiration, la façon dont il avale son café, la couleur de sa peau... *(plus bas :)* son odeur... quand il dort à côté de moi... je suis glacée d'horreur ! *(Un silence. Elle change de ton :)* Je sais ce que tu vas dire, Simone. Il est bon, honnête, courageux, il gagne bien sa vie...

Simone. — C'est vrai, Louisa et *(petite hésitation)* il n'est pas mal. Je ne comprends pas.

Louisa. — Je n'ai aucune excuse.

Simone. — Alors pourquoi ?

LOUISA. – Pourquoi ? *(Geste d'ignorance. Elle retourne à la fenêtre.)*

SIMONE. – Ne te tourmente pas, c'est peut-être ton état... quand le petit sera là, tout ira bien...

LOUISA *(qui n'a pas écouté)*. – C'est Éric !

SIMONE *(surprise)*. – Éric ?

LOUISA *(revenant vers Simone)*. – C'est sa faute ! Ma vie était si claire, si simple. J'étais heureuse, oui ! Je croyais aimer Pierre... et puis je ne me posais pas toutes ces questions. Pourquoi Éric est-il venu ? Il est passé dans la rue. Assoiffé. Il était assoiffé. Il a bu mon bonheur d'un coup. C'est tellement injuste !

SIMONE. – Éric !...

LOUISA. – Mariée depuis quinze mois de plein gré, à un homme très bien, et heureuse ! Je crois que ça se lisait sur mon visage. Tu te souviens, dis ? Le soir où tu es venue ici. Le soir des roses. C'est ce soir-là que je l'ai rencontré pour la première fois. *(Silence.)*

SIMONE *(timidement)*. – Louisa ? Ton enfant ?

LOUISA *(amère, avec un regret involontaire)*. – Oh ! N'aie pas peur. Il est de Pierre. *(Dans un cri :)* Éric n'est plus venu depuis trois mois. *(Silence.)* Oui, j'étais heureuse et je n'étais donc pas sur mes gardes. Quand il est venu, j'étais à la fenêtre, il n'a eu qu'à prendre.

SIMONE *(indignée)*. – Quel triste individu !

LOUISA *(ferme)*. – Non. C'est moi qui suis impardonnable.

SIMONE. – Ce n'est pas ta faute, Louisa. Quand on a affaire à des gens malhonnêtes...

LOUISA. – Non, il n'est pas malhonnête... il est... *(court silence, puis avec élan :)* il est venu, et puis – comment t'expliquer ? – j'ai senti l'espoir, l'espoir, grand, large, aéré, comme la mer, mais aussi petit, précieux, à moi tout seul, enfoui au fond de moi comme une perle.

SIMONE. – Mais pourquoi ? Tu avais tout...

LOUISA. – Ah ! Pourquoi ? Est-ce parce qu'il m'a touchée de son ombre ? Ou parce que je l'ai vu dans la rue, ou parce qu'il m'a souri, est-ce le timbre de sa voix ou sa bouche ? Pendant que nous nous disputions, dans l'ombre je regardais sa bouche... Brusquement c'était là... comme la neige en hiver. Le soir, quand on s'endort, il n'y a rien, et puis le matin, dès qu'on ouvre les yeux, on *sait* qu'elle est là.

SIMONE *(timidement).* – C'est une folie, Louisa. Tu as tout.

LOUISA. – Une merveilleuse folie ! J'étouffais ici... il m'a rendu le désir de marcher à travers le monde, légèrement, pieds nus dans la rosée, en respirant l'air du matin. Avec lui j'aurais cherché sans bruit le bonheur, et nous l'aurions découvert comme un oiseau qui couve... on retient sa respiration, on regarde et l'on voit quelques gouttes d'eau qui perlent sur le plumage du bonheur... Éric m'a débarrassée de tout ce que Pierre aime, l'affaire, l'argent, l'avenir, le camion, l'épargne, la prévoyance, *la vie calculée*. Il m'a proposé de le suivre, il est venu, revenu, et moi, petite médiocre, je n'ai pas osé le suivre. Le soir où je devais le rejoindre, j'ai suivi Pierre. Je n'ai que ce que je mérite.

SIMONE *(voulant la calmer).* – Louisa... tu t'agites, tu es nerveuse, c'est mauvais.

LOUISA. – Éric. J'ai dit ce nom pendant des nuits entières. C'est un beau nom qui sonne bien. Éric. On pense à un arc. Éric. Arc.

SIMONE. – Louisa... assieds-toi... calme-toi. Je t'en prie ! Pense au petit.

LOUISA *(brutalement).* – Oh ! Tu es sotte ! En ce moment le bébé grandit tout seul. Sans que je m'en occupe... *(Soudain décidée :)* Simone !

SIMONE. – Oui ! *(C'est un oui angoissé : que se passe-t-il ? Quelle bêtise vas-tu faire ?)*

LOUISA. – Éric est en ville. Je l'ai vu passer en auto. Il ne s'est même pas arrêté... J'ai téléphoné au «Garage moderne». Son auto est là. Il viendra la reprendre vers sept heures. Je veux revoir Éric une dernière fois.

SIMONE. – Ne fais pas ça, Louisa.

LOUISA. – Je le reverrai.

SIMONE. – Non, n'y va pas !

LOUISA *(presque sèche).* – Je ne te demande pas de conseil.

SIMONE. – Louisa, je t'en prie, écoute-moi un instant. Après, tu feras ce que tu veux. Mais d'abord, assieds-toi, calme-toi. Écoute-moi... pour me faire plaisir, parce que je te le demande... *(Elle la regarde.)* Quand je te vois ainsi et quand je pense que tu portes un enfant.

LOUISA *(fâchée).* – Ne dis pas de sottise, Simone.

SIMONE. – Tu es très belle, tu es très pure... maintenant l'amour ne compte plus.

LOUISA. – Tu crois cela ! Parce que tu ne sais pas. *(Un silence.)*

SIMONE. – Ce que tu fais ou ce que tu ne fais pas *maintenant*, ton enfant en pleure ou s'en réjouira plus tard. *(Impérieuse, comme certains êtres jeunes :)* Je sais, moi, qu'il a besoin de toi. *(Un silence.)* J'ai tant souffert à la maison. J'ai eu honte de mes parents ! Les continuelles disputes, les reproches que ma mère et mon père se font à propos de tout, *(à voix basse :)* à propos d'actes qu'ils ont accomplis avant ma naissance. Ce qu'ils ont fait *alors*, j'en porte le poids *aujourd'hui. (Silence.)*

LOUISA. – À partir de maintenant, je te le promets, je ne penserai plus qu'à l'enfant. Je renonce à tout le reste *(avec angoisse :)* et à tous mes rêves. *(Un silence.)* Mais je veux le revoir une fois. Une fois seulement ! La liberté de le voir sans me tourmenter, sans penser. Et puis, j'accepterai tout. Simone, aide-moi. Demain, je serai une autre femme, mais aujourd'hui, aide-moi.

SIMONE. – Comment ?

LOUISA. – Fais une demande que je ne puis faire moi-même... va au «Garage moderne», vois Éric, dis-lui, ce soir à huit heures et demie, devant la maison.

SIMONE. – Devant la maison ? C'est dangereux, on vous verra...

LOUISA. – Devant la maison. Là, rien ne peut m'arriver... je sortirai, comme par hasard, et je lui parlerai... quelle importance si on nous voit ?

SIMONE. – Crois-tu vraiment ?

LOUISA *(sur un ton sans réplique)*. – Va ! Es-tu encore une enfant qui laisserait mourir quelqu'un parce qu'il ne comprend pas ?

SIMONE. – Oui, mais...

LOUISA. – Va !

SIMONE. – Oui. *(Elle sort en courant.)*

Scène II
Louisa - Pierre - voix de Milie

(Louisa va à la fenêtre. Elle l'ouvre. Silence. Pierre entre. Il prend le livre de comptes pour se donner une contenance.)

PIERRE *(tout en feuilletant le livre de comptes).* – Simone est partie ? *(Louisa ne bouge pas.)* J'attendais ce moment. Vous aviez une conversation animée. *(Silence.)* Les hommes seront toujours exclus de ces conversations de femmes. *(Silence.)* Mais, cette fois, je devine de quoi vous parliez. *(Louisa se retourne vivement.)* Vous parliez du gosse. *(Louisa s'assied, elle est loin de Pierre, comme absente. Un nouveau silence, pendant lequel Pierre se sent encouragé à continuer.)* En camion, la nuit, j'ai le temps de penser. Les lumières flottent autour de moi, j'entends le moteur qui tourne. C'est un bruit agréable, parce qu'il tourne bien... C'est alors que les pensées viennent. Louisa ?

LOUISA. – Oui... ton repas est prêt. Je verse le café dans le thermos...

PIERRE *(souriant).* – Tu avais raison...

LOUISA. – Que veux-tu dire ?

PIERRE *(tendre).* – Quand tu as demandé d'avoir un enfant... je t'ai répondu : «C'est une folie.» *(Se moquant de ce mot :)* Une folie ! Les hommes ne pensent qu'avec la tête. *(S'approchant d'elle et voulant la prendre dans ses bras :)* Mais toi, tu penses avec le cœur.

LOUISA *(elle se dégage).* – Attention, je vais répandre le café... tu es pressé ? À quelle heure pars-tu ?

PIERRE. – Ah ! J'ai encore un bon quart d'heure... *(Il s'approche de nouveau, mais Louisa, prévoyant son mouvement, va vivement vers l'armoire.)* J'ai une surprise pour toi. *(Silence.)* Ne me dis surtout pas que c'est une folie ! *(Silence.)* Tu ne me demandes pas ce que c'est ?

LOUISA *(indifférente).* – Une surprise ?

PIERRE *(tirant un paquet de sa poche et s'approchant de la lumière).* – Viens voir ! *(Il est heureux.)*

LOUISA. – Attends un moment ! *(Elle range les objets qu'elle a employés pour le repas.)*

PIERRE *(en attendant qu'elle ait terminé).* – Je regarde parfois les vitrines. *(Il rit un peu gêné.)* Je ne t'avais pas dit ça... Oh ! ne crois pas que je perde mon temps... mais quand j'ai fait une forte étape, je me dérouille les jambes. Il y a de belles choses dans les vitrines... et je compare les prix de ville à ville. Quand nous achèterons une voiture pour le gosse, je sais où aller. Elle est bleue et chromée... *(Silence.)* Tu vois qu'en somme je ne perds pas mon temps... c'est ainsi que j'ai pu acheter ceci à de très bonnes conditions... Oh ! ce n'est pas pour rien... mais, enfin, il est convenable qu'un mari offre un petit cadeau à sa femme dans ces circonstances. *(Il rit ou sourit. Silence.)* Viens voir, Louisa.

LOUISA. – Qu'est-ce que c'est ?

PIERRE. – Pour toi... *(Il lui donne un écrin contenant un petit médaillon d'or accroché à une chaînette. Elle regarde en maîtrisant difficilement son chagrin.)*

LOUISA. – Je ne veux pas...

PIERRE *(souriant)*. – Prends-le... C'est un petit médaillon... tu y mettras une photo. *(Il s'approche d'elle, mais elle a un mouvement de recul instinctif et Pierre la regarde surpris.)* Mais... Louisa... qu'y a-t-il ? Tu pleures !

LOUISA. – Non, je ne pleure pas.

PIERRE. – Tu as du chagrin ?

LOUISA. – Non.

PIERRE. – Oui, je le vois, tu as du chagrin. Que se passe-t-il ?

LOUISA. – Rien.

PIERRE. – Je t'ai fait de la peine sans le vouloir ?

LOUISA. – Non.

PIERRE. – Simone ?

LOUISA. – Non, pas Simone.

PIERRE. – Ta mère ?

LOUISA. – Oh ! Laisse-moi, je te dis que ce n'est rien...

PIERRE. – C'est ta mère. Je le devine.

LOUISA *(exaspérée)*. – Mais non, Pierre !

PIERRE. – Je le sais. C'est ta mère. Je l'ai remarqué depuis longtemps. Elle te tape sur les nerfs. Je n'ai pas les yeux en poche. *(Silence.)* Prends le médaillon.

Louisa *(morne)*. – Merci, Pierre.

Pierre *(fâché)*. – Tiens ! Ta mère m'a gâté le plaisir de te donner ce cadeau.

(Louisa, incapable de dominer son chagrin, pose le médaillon sur la table et sort en courant.)

Pierre. – Louisa ! Ton médaillon ! *(Un silence, puis furieux :)* Mère, venez ici ! Mère !

Voix de Milie. – Qu'y a-t-il ?

Pierre. – Venez ici !

Scène III
Pierre - Milie - Louisa

Milie *(toujours en coulisse)*. – Vous choisissez bien le moment, vous ! Ce n'est pas une vie ! Tantôt la pompe, tantôt Louisa, tantôt vous ! On court dans tous les sens et on ne fait rien...

Pierre *(en colère)*. – J'ai à vous parler.

Milie *(s'essuyant les mains à son tablier, surprise, soudain timide, sur un ton qu'on ne lui connaît pas)*. – C'est que j'ai justement mes confitures...

Pierre. – Je m'en fous de vos confitures !

Milie. – Que se passe-t-il ? *(Brusquement inquiète :)* Rien de grave ?

Pierre. – J'ai à vous parler de Louisa.

Milie. – Ah ? *(Elle enlève machinalement son tablier. Silence.)* Eh bien ?

Pierre. – C'est difficile à dire.

Milie *(angoissée)*. – Un accident ?

Pierre. – Oh ! Non... elle se porte bien. *(Silence, puis se décidant :)* J'aime autant vous le dire d'un coup, sans précaution.

Milie *(angoissée)*. – Oui ?

Pierre. – Ça ne va plus ici.

Milie. – Qu'est-ce qui ne va plus ?

PIERRE. – Vous ne vous en rendez pas compte ? Non ? N'avez-vous pas remarqué que Louisa a changé ?

MILIE. – Changé ?

PIERRE. – Il y a quelques mois. Elle était heureuse. *(Agressif :)* Et maintenant est-ce qu'elle a l'air heureux ?

MILIE. – Vous croyez ?

PIERRE. – Voyons, mère, vous vous doutez bien de quelque chose.

MILIE. – Oui... je me suis demandé...

PIERRE. – Quoi ?

MILIE. – Pourquoi Louisa ne pense-t-elle pas au bébé ? Quand je lui en parle, elle détourne la conversation. Elle ne prépare rien... Il faudra que ce soit moi qui tricote et couse la layette... Je vois ça d'ici. C'est bien ma récompense ! Au lieu de pouvoir me reposer un peu... De quelle couleur, les brassières, Pierre, rose ou bleu ? Ce sera un fils, je suppose, n'est-ce pas, Pierre ? Alors rose, oui ?

PIERRE *(l'interrompant assez brutalement)*. – Écoutez mère. Les jeunes ont le droit de vivre leur vie. Il y a un moment où la présence des parents devient nuisible. Louisa ne supporte plus de vivre avec vous.

MILIE. – Avec moi ?

PIERRE. – Elle est nerveuse et irritable... Or elle a besoin de beaucoup de repos dans son état.

MILIE. – Elle se repose toute la journée. Je fais tout ici !

PIERRE *(assez violent)*. – Et puis, moi aussi, je voudrais mon ménage à moi, et... *(Entre Louisa. Pierre et Milie s'arrêtent de parler. Après un silence, Pierre, d'une voix très douce :)* Ma chérie ? Prends le médaillon, il pourrait s'égarer... et puis laisse-nous un instant, nous parlons.

MILIE *(d'une voix dure)*. – Va chercher Raymond, je veux lui parler immédiatement...

PIERRE *(gentiment)*. – Vas-y, Louisa.

(Louisa sort. Dès qu'elle a fermé la porte, la discussion reprend :)

MILIE. – Il y a une chose que vous oubliez !

PIERRE. – Et quoi, s'il vous plaît ?

MILIE. — Je ne vis pas chez vous. Vous vivez chez moi, et...

PIERRE *(la coupant)*. — Si vous mettez la discussion sur ce plan-là, mère, nous n'allons plus nous entendre. Je paye tout ici... loyer, chauffage, blanchissage, nourriture.

MILIE. — Comment ! Vous payez tout ! Je ne vous donne pas ma pension, peut-être ? Vous en dépensez au moins la moitié pour votre affaire. Et les bénéfices de la pompe ? Ce n'est pas Louisa qui les a ?... Depuis que vous êtes mariés, je n'ai pas acheté une robe... et pour les quelques pommes de terre que je mange... La moitié ? Non ! Vous me prenez les trois quarts de ma pension, sans compter le travail !

PIERRE *(à court d'arguments)*. — Et quand il y a du veau ?

MILIE *(surprise)*. — Du veau ?

PIERRE. — Vous dévorez tout le morceau, toute seule...

MILIE *(sincèrement indignée)*. — Quel mensonge ! Je vis de rien.

PIERRE *(sentant qu'il l'a blessée)*. — Oui ! Et vous mangez tous les bons restes. Combien de fois, en rentrant au milieu de la nuit, j'ai pensé : tiens, je mangerai un bout de bifteck froid. Je n'ai jamais trouvé rien d'autre que des croûtons.

MILIE. — Vous prétendez que je m'abaisse à manger les restes ?

PIERRE. — Oui, je le prétends.

MILIE. — Et pour qui est-ce qu'on achète chaque jour le meilleur saucisson et de la viande fumée à douze francs les cent grammes ?

PIERRE. — Il ne manquerait plus que ça ! Quand je suis sur les routes, je n'aurais plus droit à un bout de viande !

MILIE. — Et le beurre de crème, et le café à cent cinquante francs le kilo ? Et les sardines, et le saucisson de chez Van Durme, parce que monsieur n'aime pas le saucisson du charcutier du quartier, et le fromage, et...

PIERRE *(la coupant)*. — Et puis, on ne va pas discuter. Louisa et moi on en a assez. Tout simplement assez. Ce n'est pas moi qui le dis, c'est Louisa.

MILIE. — Louisa ? Je n'en crois pas un mot.

PIERRE. — Elle m'a dit : «Maman me tape sur les nerfs...»

MILIE *(blessée)*. — Louisa a dit cela ?

PIERRE. – Et puis, ce n'est pas encourageant de vivre avec quelqu'un qui se plaint du matin au soir... Nous sommes jeunes, nous... *(Il s'arrête et regarde Milie :)* Qu'y a-t-il... vous vous sentez mal ?

MILIE *(d'une voix toute changée)*. – Ce n'est rien...

PIERRE *(hésitant)*. – J'ai été brutal, mais il valait mieux que ce soit dit.

MILIE. – Vous êtes très cruel, Pierre.

PIERRE *(il sait qu'il a vaincu, mais ne veut pas s'avouer sa cruauté)*. – Ah ! Non ! Je vois ça d'ici. Bientôt je serai la cause de tout ! On va me faire des reproches pendant des mois !

SCÈNE IV
RAYMOND - TONY - LOUISA - PIERRE - MILIE

(Entre Raymond, joyeux, suivi de Tony et de Louisa. On la sent très préoccupée par son rendez-vous. Peut-être va-t-elle machinalement vers la fenêtre, regarde dans la rue, puis sort, peu désireuse d'assister à une dispute.)

RAYMOND *(joyeux)*. – Bonjour Milie, bonjour Pierre. Je me sens dans une forme comptable épatante.

TONY. – Simone n'est pas ici ?

RAYMOND. – Pourquoi m'avez-vous demandé de venir ? *(À Pierre :)* Un beau petit problème fiscal, je suppose ?

PIERRE *(à Raymond)*. – Non, il ne s'agit pas de l'affaire.

TONY *(à Louisa)*. – Où est Simone ?

LOUISA *(nerveuse)*. – Je lui ai demandé de faire une course.

TONY. – Elle reviendra bientôt ?

LOUISA. – Oui, je crois. *(Elle va pour sortir.)*

MILIE. – Louisa, reste ici !

PIERRE. – Non, mère, les émotions lui font du mal.

MILIE. – Les hommes sont bêtes ! Reste ici.

PIERRE *(gentiment)*. – Sors, Louisa. Je t'appellerai s'il le faut.

MILIE *(amère)*. – Je ne compte pas. On ne fait pas plus attention à moi qu'à une mouche.

(Louisa sort.)

Scène V
Raymond - Tony - Milie - Pierre - Balu

RAYMOND. – Que se passe-t-il ?

MILIE. – Ce qui se passe ! Demandez-le à Pierre.

PIERRE. – À moi ? Pourquoi à moi ? Voilà, qu'est-ce que je disais ? C'est ma faute !

(On frappe, Balu entre sans attendre. Silence.)

RAYMOND *(regardant Balu)*. – On aurait dû s'y attendre.

BALU. – J'ai vu entrer *monsieur* Raymond un peu avant l'heure, alors j'ai pensé...

PIERRE. – Voyons, Balu, laissez-nous. Nous débattons une affaire de famille.

BALU. – Justement, ça m'intéresse, les affaires de famille.

RAYMOND. – Pas du tout !

BALU. – Autant que vous !

RAYMOND *(furieux)*. – Beaucoup moins !

BALU. – Évidemment... vous, c'est la pension qui vous intéresse, moi, c'est madame Milie.

TONY. – Papa, tu m'avais promis...

MILIE. – Laissez-nous, Balu...

BALU. – Oh ! Je ne m'impose pas. Je désire simplement vous faire mon offre quotidienne. Vous l'avez toujours autorisé, madame Milie, vous ne le refuserez pas aujourd'hui. *(Il commence :)* Vous êtes veuve, je suis libre...

MILIE. – Merci, Balu. Je me passerai de votre offre aujourd'hui et demain et après-demain aussi.

RAYMOND *(bondissant de joie)*. – Milie ! C'est vrai ?... *(Profitant de son avantage :)* Laissez-nous, mon ami. Nous débattons une affaire de famille.

BALU *(se retirant)*. – Je ne suis pas votre ami, et ne triomphez pas trop vite *monsieur* Raymond. Vous n'avez pas encore la petite pension. Je reviendrai dans trois jours.

RAYMOND *(triomphant)*. – La pension ? Je m'en fiche ! Milie ! Milie ! Milie !

MILIE *(amère)*. – Tu es le seul à me remercier, Raymond, ici, dans cette maison.

RAYMOND. – Que voulez-vous dire, Milie ?

MILIE *(s'avançant toujours plus)*. – Exactement ce que je dis. On me met à la porte pour éviter des émotions à ma fille. On me reproche de manger les restes mais on paye des petits repas fins à mon gendre. On me renvoie comme une servante, mais ma fille se tourne les pouces. Au moment où le bébé vient, on s'arrange pour que la vieille maman s'en aille. D'ailleurs Louisa verra que ce n'est pas si drôle, les enfants, et quand elle sera vieille, on se débarrassera d'elle de la même manière, comme d'un paillasson sur lequel toute une génération s'est essuyé les pieds.

PIERRE *(fort)*. – Assez ! *(Silence. D'une voix calme, car il est sûr de lui :)* Louisa et moi vivrons désormais à deux. *(Se tournant vers Milie :)* Nous continuerons à vous aider. Vous ne manquerez de rien, mais vous irez ailleurs.

TONY *(gêné)*. – Viens, Papa.

MILIE *(d'abord calme)*. – Comme vous tournez les choses à votre avantage, Pierre ! Comme vous êtes habile ! *(Soudain violente :)* Ils me chassent !

TONY *(gêné et inquiet)*. – Rentrons... tout cela ne nous regarde pas.

RAYMOND *(sans entendre Tony)*. – Quoi ? C'est sérieux ?

MILIE. – Oui, les petits chéris ne supportent pas la présence d'une vieille femme. *(Silence.)*

TONY. – Papa...

MILIE *(à Raymond)*. – Eh bien ?

RAYMOND. – Oui ?

TONY. – Rentrons maintenant...

MILIE *(nerveuse)*. – Vous ne dites rien ? C'est le moment. *(Silence pénible.)*

TONY *(à mi-voix)*. – Je crois qu'il est temps de rentrer.

RAYMOND *(timidement)*. – Hum ! Milie... si vous voulez un havre...

Tony *(avec éclat)*. – Papa ! Tu avais promis de ne jamais te remarier !

Raymond *(hésitant)*. – Je t'avais promis ?

Tony *(c'est un cri du cœur)*. – Tu ne te souviens plus ? *(Silence.)*

Raymond *(feuillette distraitement son classement, mais renonce à trouver trace de la promesse)*. – ... mais... tu crois... évidemment, si j'ai promis... quand ?

Tony *(à voix basse, avec pudeur)*. – Après la mort de maman...

Raymond *(doucement)*. – Oui, mais elle est malheureuse, Tony. *(D'une voix ferme :)* Venez quand vous voulez, Milie... *(Il se lève.)*

Tony. – Papa ! Non ! Pas une autre... *(il n'ose dire femme)* dans la maison de maman.

Raymond *(souriant faiblement)*. – Mais Tony... tu n'as plus besoin d'une mère. Bientôt tu te marieras toi-même... peut-être... alors tu t'en iras... et je serai seul...

Tony *(c'est un chagrin d'enfant, un chagrin absolu)*. – Si c'est ainsi... je m'en vais tout de suite ! *(Il sort.)*

Milie *(savourant presque sa détresse)*. – On me repousse partout...

Raymond *(souriant faiblement)*. – Ne vous en faites pas Milie. Il se calmera. Venez chez moi... mais peut-être un peu plus tard. Demain. Ou après-demain. Je ne m'attendais pas à une objection de Tony... Je lui expliquerai... Je vais voir où il est... Tout à l'heure je reviendrai, Milie, et nous arrangerons tout.

Pierre *(hésitant)*. – Bien entendu... vous resterez ici jusqu'à ce qu'on ait trouvé une solution...

Milie *(éclatant)*. – Vous ! Taisez-vous !

Scène VI
Pierre - Milie - Simone

(Entre Simone.)

Simone. – Louisa est sortie ?

Milie. – Je ne sais pas. *(Allant vers Simone, avec douleur :)* Je ne suis plus chez moi, ici. *(Elle sort.)*

PIERRE *(gêné)*. – Elle doit être dans la maison. *(Il regarde l'heure pour se donner une contenance.)* Quoi ! Sept heures ! *(À Simone, sur un ton faussement enjoué :)* Je suis terriblement en retard. *(Regardant par la fenêtre :)* Et par-dessus le marché, les routes sont mouillées.

SIMONE. – Oui, il pleut un peu...

PIERRE. – Tu passes la soirée ici ?

SIMONE *(d'une voix un peu tremblante)*. – Oui, Pierre...

PIERRE. – Tâche de distraire Louisa... elle en a besoin.

SIMONE *(honteuse de tromper Pierre)*. – Oui, Pierre !

PIERRE *(ouvrant la porte de la cuisine)*. – Louisa, bonsoir, ne m'embrasse pas, je n'ai pas le temps ! Cette nuit, vers trois heures ! Je ne ferai pas de bruit pour ne pas te réveiller. *(Il sort.)*

SCÈNE VII
LOUISA - SIMONE

(À peine Pierre a-t-il fermé la porte que Louisa entre.)

LOUISA. – Eh bien ?

SIMONE. – Oui.

LOUISA. – C'est oui ?

SIMONE. – Oui.

LOUISA. – Il a hésité ?

SIMONE. – Non, il a accepté tout de suite.

LOUISA. – Tout de suite ? *(Signe de tête de Simone. Louisa, soudain confrontée à la réalité de cette rencontre, sent monter l'angoisse en elle. Les mains sur le visage et à mi-voix :)* J'ai honte, j'ai honte, j'ai honte, j'ai honte.

SIMONE. – Quoi ?

(Silence.)

LOUISA. – Pourquoi m'as-tu écoutée ?

SIMONE *(surprise)*. – Mais...

LOUISA. – Pourquoi n'as-tu pas refusé d'aller lui parler !

SIMONE. – Mais tu me l'as demandé !

LOUISA. – Il faut parfois avoir le courage de refuser.

SIMONE. – Mais tu es mon amie !

LOUISA. – Raison de plus !

SIMONE *(les larmes aux yeux)*. – Tu as insisté.

LOUISA. – Il fallait refuser ! À ta place j'aurais refusé ! refusé ! Dans quelle situation m'as-tu mise ! *(En un cri :)* Je ne veux pas le voir !

SIMONE. – N'y va pas ! Tu as raison, n'y va pas !

LOUISA. – Il est trop tard maintenant !

SIMONE. – Trop tard ? Pourquoi ? Il attendra et tu ne viendras pas ! Tant pis !

LOUISA *(à voix basse)*. – Il croira que je ne l'aime pas et il ne viendra plus jamais.

SIMONE *(avec vivacité)*. – Il croira ce qu'il voudra.

LOUISA *(du bout des lèvres)*. – Je n'irai pas.

SIMONE *(elle l'embrasse)*. – Je te retrouve ! Oublie tout cela, Louisa... pensons au petit... c'est merveilleux... *(Déjà toute à l'avenir :)* Tony et moi nous en avons parlé. *(Timidement :)* Tony croit que l'influence des éléments est très importante... Qu'en penses-tu ? Il dit qu'un enfant est comme une plante et que sa mère est comme la terre où pousse la plante... Qu'en penses-tu ? Il te faut du soleil, du vent et même de la pluie... La pluie sur les mains et la figure, c'est doux... Tu auras un beau petit, clair et frais... *(Louisa n'écoute pas le bavardage de Simone.)*

SCÈNE VIII
SIMONE - LOUISA - RAYMOND

(Entre Raymond.)

RAYMOND *(d'un air inquiet)*. – Tony n'est pas revenu ?

LOUISA. – Non.

SIMONE. – Je ne l'ai pas vu...

RAYMOND. – Il n'est pas à la maison... est-ce que... je ne sais pas... il est parti si brusquement d'ici !

SIMONE. – Il était ici ?

RAYMOND. – Je suis un peu inquiet...

SIMONE *(alarmée)*. – Il est arrivé quelque chose ?

RAYMOND. – Je crois que je lui ai fait de la peine... J'ai peur qu'il ne soit parti. Non. C'est impossible. Il reviendra.

SIMONE *(angoissée)*. – Parti ?

RAYMOND. – Oui.

SIMONE. – Pourquoi ?

RAYMOND. – Milie et moi nous allons nous marier bientôt.

(Louisa ne lève même pas la tête.)

SIMONE *(vivement)*. – Vous aviez promis à Tony de ne pas vous remarier.

RAYMOND. – Mais quand ? Quand est-ce que je le lui ai promis ? *(Il prend ses cahiers et les feuillette...)*

SIMONE. – Tony me l'a dit. Quelque temps après la mort de sa mère. Il pleurait la nuit, vous êtes allé près de son lit, vous le lui avez promis. Tony me l'a dit. Vous êtes restés longtemps sans rien dire dans l'obscurité. Le matin est venu. Tous les oiseaux ont chanté. Tony me l'a dit : ils chantaient pour sceller votre serment de respecter la mémoire de sa mère.

RAYMOND. – Mais je respecterai sa mémoire même si je me remarie... j'ai peur de la solitude, plus tard.

SIMONE. – Il est parti ! Je le devine ! Vous n'avez rien compris. Quand ?

RAYMOND. – Il y a environ un quart d'heure.

SIMONE *(s'élançant vers la porte)*. – Je sais peut-être où il est !... Pauvre Tony !

(Elle sort.)

RAYMOND *(la suivant avec un certain retard)*. – Pas si vite ! Simone ! Pas si vite ! *(Il sort.)*

SIMONE *(déjà en coulisse)*. – Attendez-moi tout à l'heure chez vous !

(Silence. Louisa va vers la fenêtre, l'ouvre, respire. Elle regarde l'heure, s'assied au bord d'un chaise, comme prête à partir, se lève à nouveau.)

Louisa. – Éric... dans quarante minutes... *(elle regarde l'heure).* Il sera là dans quarante minutes... *(Elle met son imperméable, s'assied. On comprend qu'elle attend.)*

Deuxième tableau

La rue, le soir.

Scène I
Éric - Off

Éric. – Huit heures vingt... elle devrait être là.

Off. – Simone a dit huit heures et demie.

Éric. – Tu es sûr ?

Off. – Oui.

Éric. – Elle ne viendra pas.

Off. – Il est huit heures vingt.

Éric. – Dix minutes encore.

Off *(bâillant).* – Dix minutes.

Éric. – Peut-être attend-elle qu'il soit l'heure.

(Une grande clarté blanche se fait.)

Off *(tremblant).* – Mon maître, la lune !

Éric. – Ne crains rien, Off.

Off. – Ne me laisse pas seul.

Éric. – Je suis près de toi.

Off. – J'ai peur de ce trou glacé dans le ciel...

(Leurs ombres apparaissent très nettes contre la maison de Balu.)

Éric. – La lune détourne mon ombre de la maison de Louisa.

Off. – La lune est toujours maléfique.

ÉRIC *(s'approchant de son ombre, mettant sa main contre l'ombre de sa main, puis s'écartant).* – Je voudrais que Louisa soit ici... je voudrais être dans dix minutes.

OFF *(rêveur).* – Si je sautais très haut, je passerais peut-être par-dessus le temps.

ÉRIC. – Tu te souviens, Off ?... Il y a longtemps déjà, quand je t'ai rencontré... j'étais joyeux... je venais d'aimer Louisa, de la façon la plus subtile et la plus magique.

OFF. – Oui, c'était la nuit où la lune a voulu me tuer.

ÉRIC *(rêveur).* – Cette nuit-là ?

OFF. – N'aie pas peur, mon maître, je suis près de toi...

ÉRIC *(respirant profondément).* – Tout me parle d'amour, la nuit enlève ses fourrures, les parfums d'automne font une couche au désir et le vent est frais comme un drap.

OFF *(humant).* – Je sens un jardin... les feuilles tombent une à une sur les roses...

ÉRIC. – Chaque fois que je respire, je reçois un baiser de septembre. Oh ! belle saison, tu es l'écho de mon désir...

OFF *(il hume).* – ... les roses se penchent et tombent-nues-dans-l'herbe-mouillée-de-pluie.

ÉRIC *(il regarde l'heure).* – Huit heures vingt-cinq... elle ne viendra pas !

OFF. – Tu veux savoir ?

ÉRIC. – Comment ?

OFF. – J'en ai le *pressentiment*.

ÉRIC. – Je les connais, tes pressentiments. Ils sont toujours faux.

OFF. – *Après* ! On se rend compte *après*, que mes pressentiments sont faux. Mais *avant* ils sont toujours vrais. *(Avec satisfaction :)* Je sens avec une force *indescriptible* que Louisa viendra. Et toi ?

ÉRIC. – Pourquoi viendrait-elle cette fois ?

OFF. – J'ai les sens beaucoup plus affinés que les tiens.

ÉRIC *(soudain révolté contre lui-même).* – Elle m'appelle et j'accours ! Je me méprise !

OFF. – Oui, tu es sur une mauvaise pente. Voilà trois mois que tu n'étais plus venu. Abandonne tout cela, mon vieux... allons-nous-en, bien loin, là où on est libre.

ÉRIC. – Simone a dit *devant* la maison ?

OFF. – Oui.

ÉRIC. – J'attends cinq minutes. Si elle ne vient pas, j'entre chez elle.

OFF. – Tu veux savoir ? J'ai de mauvais yeux, c'est vrai. Je vois tout dans un brouillard doré, mais *j'entends*, oh ! j'entends ! et je hume ! oui, je hume... tu veux savoir ?

ÉRIC. – Quoi ?

OFF. – Si elle vient... *(Il pose l'oreille contre le mur de la maison de Louisa. Très vite :)* Tais-toi tais-toi tais-toi tais-toi ! J'entends l'intérieur de la maison. J'entends le corridor. Tu n'as jamais entendu un corridor ? Ça ressemble à un long soupir. J'entends l'escalier *(geste de la main en spirale)* comme l'intérieur d'un coquillage... j'entends la chambre de Louisa. Tu me demandes comment on entend une chambre ? C'est un vide tapissé au milieu du bruit... *(Allant vers Éric et sur un ton un peu didactique :)* C'est ainsi qu'on entend le silence, mon maître ! Par exemple, quand quelqu'un meurt, il y a un vide, un trou au milieu du bruit des milliers de gens qui vivent, *(soudain inquiet :)* un vide glacé ! Comme la lune dans le ciel... on a envie de hurler, on...

ÉRIC *(l'interrompant)*. – Tu entends Louisa ?

(Off retourne à la maison et pose son oreille contre le mur.)

OFF. – Oui, je l'entends... *(Jubilant :)* J'entends palpiter sa vie, j'entends son cœur qui roucoule et puis qui gémit... *(Allant vers Éric et humant :)* et je sens son parfum. Son parfum de pomme, son parfum de verger, son parfum de fruit à *croquer*.

ÉRIC *(angoissé)*. – Vient-elle ? Huit heures et demie... elle ne viendra pas !

OFF *(retournant vers la maison)*. – Elle va vers la porte... sa main sur le pommeau... elle hésite... *(un silence)* la main se referme sur le pommeau... la porte s'ouvre, glisse, glisse sur la rampe, tu vois ça ? Comme un pigeon le long d'un rayon de soleil... la voilà dans le corridor... elle vient vers la porte d'entrée *(à mi-voix :)* elle est là... elle a peur... elle attend...

(D'un bond Éric est à la porte et l'ouvre violemment.)

Scène II
Éric - Off - Louisa

Éric. – Tu es venue !

Louisa. – Éric !

(Ils sont dans les bras l'un de l'autre.)

Off *(se cachant les yeux de la main)*. – Mais, mais, mais, mais, mais !

Louisa *(dans les bras d'Éric)*. – Oui ! Oui ! Oui ! Tu ne m'as serrée qu'une fois dans tes bras, mais il me semble que depuis ce jour je ne t'ai pas quitté... Je reconnais tes bras, tes mains, je retrouve la place qui m'attend... *(Déchirée :)* Pourquoi ma vie n'est-elle pas dans tes bras ?...

Éric *(parlant comme en rêve)*. – Je t'ai ! Je ne te lâcherai plus ! Tu as trouvé la place qui t'attendait. Je ne dormais plus ; la nuit, il fallait que je marche, que je fuie. La lune m'éclairait et projetait mon ombre devant moi et j'avais l'impression que mon ombre me disait : ce chemin, ce chemin est froid, j'aurais chaud dans les bras de Louisa.

Louisa *(souriant et comme un rêve)*. – Je serai un chemin et je sentirai ton poids sur moi !

Éric. – Si tu étais un chemin, les buissons seraient tes robes. Je t'ornerais de toutes les baies de septembre, je te ferais présent d'une chemise de nuit couleur de pomme ; et nous nous aimerions si fort que toutes les fleurs du jardin s'épanouiraient... Mais mon angoisse me chassait toujours plus loin dans la plaine, mon ombre me disait : les prairies, les prairies sont moins douces et moins chaudes que les bras de Louisa.

Louisa. – Je serai prairie et je garderai ton empreinte sur moi toute ma vie.

Éric. – Ah ! Combien de fois je me suis jeté sur l'herbe en t'appelant, en cherchant ton parfum dans le parfum de la terre. Seul le ramier gémissait dans les bois.

Louisa *(avec une douce angoisse)*. – Ah ! Pourquoi n'étais-je pas ce ramier ?

Éric. – J'allais plus loin, et mon ombre me disait en frôlant un mur : «Arrête-toi... regarde la mousse entre ces deux pierres.» Et je touchais la mousse, doucement... doucement... Mon ombre me disait : «L'épaule de Louisa est plus ronde et meilleure à toucher !» *(Silence.)* Et maintenant tu es là, dans mes bras... Seuls nos vêtements nous séparent encore.

LOUISA. – Je t'attendais à la fenêtre. Quand il y avait du vent, j'ouvrais ma robe pour recevoir ton haleine sur moi. Quand il y avait du soleil, je me penchais pour sentir ta main dorée plier ma nuque...

ÉRIC *(avec un brusque élan)*. – Ah ! Louisa !

LOUISA *(angoissée)*. – Oui...

ÉRIC. – Tu sens bon, tu sens comme une rose qui tombe dans l'herbe mouillée de rosée... *(À voix basse :)* Viens ! *(Silence.)*

LOUISA *(angoissée)*. – Où ?

ÉRIC *(à voix basse)*. – Viens !

LOUISA *(volupté angoissée ; elle fait un pas)*. – Où ?

ÉRIC. – Partons ensemble !

LOUISA *(à voix basse)*. – Non... c'est...

ÉRIC. – Oui. Tout de suite... *(Elle hésite. Silence.)*

LOUISA *(en un cri)*. – Ah ! Pourquoi m'as-tu abandonnée pendant si longtemps !

ÉRIC. – Abandonnée ?

LOUISA. – Oui, depuis trois mois !

ÉRIC. – C'est toi !

LOUISA. – Moi ?

ÉRIC *(presque brutal)*. – Le soir où je suis venu, la maison était vide. J'ai poursuivi le camion en auto. Je vous ai perdus de vue. J'ai cherché sur les routes toute la nuit.

LOUISA. – Tu ne m'aimes pas ! Si tu m'aimais, tu m'aurais trouvée, tu m'aurais attendue ici jusqu'à mon retour.

ÉRIC *(surpris)*. – Tu m'as renvoyé et tu me reproches d'être parti ! Quand le jour est venu, je me suis arrêté et j'ai pensé : je suis fou. Elle ne veut pas de moi. Il vaut mieux l'oublier.

LOUISA. – Je t'ai attendu chaque jour, là, à cette fenêtre. Je n'oubliais pas, moi.

ÉRIC. – Tu as écrit : «Inutile de m'attendre, laissez-moi en paix.»

LOUISA. – Parce que je ne me rendais pas compte. Mais le matin, quand je suis revenue en camion avec Pierre... j'ai compris... j'ai regardé par la fenêtre... j'ai pensé : s'il est là, je le suis.

ÉRIC *(assez piteusement).* – Ah ! Si j'avais su !

LOUISA *(prenant l'avantage).* – Quand on aime, on sait. Et maintenant, il est trop tard.

ÉRIC. – Trop tard ? *(Silence.)* Louisa, mon chemin, mon ramier, pendant ces trois mois, j'ai pensé à tes bras... le souvenir en palpitait autour de mon cou.

LOUISA *(amère).* – Tu ne les auras qu'une fois, mes bras.

ÉRIC. – Toujours ! Et je t'embrasserai aussi dru que le soleil qui te faisait ployer la tête.

LOUISA. – Ma tête ne ploiera jamais sous tes baisers.

ÉRIC. – Viens !

LOUISA. – Non.

ÉRIC. – Pourquoi ? *(Silence.)* Tu as peur ? Oui, je vois ! Tu as encore peur de moi... Louisa, je serai violent et doux à la fois. J'imagine notre vie comme si nous nagions côte à côte, le soir, quand le soleil jette un tapis d'or sur la mer, nous serons soulevés doucement par la respiration de l'eau... il n'y aura de sauvage que le cri des mouettes.

LOUISA *(à voix basse).* – Je ne crierai jamais dans tes bras...

ÉRIC. – Pourquoi ?

LOUISA. – Je n'ose pas te le dire.

ÉRIC. – Je n'ai pas peur. Je sais que rien désormais ne peut nous séparer.

LOUISA. – Quelque chose nous sépare.

ÉRIC. – Quoi ? Je te déplais. Tu ne m'aimes pas ?

LOUISA *(se décidant et s'écartant un peu d'Éric).* – J'attends un enfant.

ÉRIC *(ne voulant pas comprendre).* – Un enfant ?

LOUISA *(cruelle, aussi bien pour elle-même que pour Éric).* – Oui, un enfant. De Pierre.

ÉRIC *(violent).* – Ce n'est pas vrai.

LOUISA *(emportée).* – Oui, c'est vrai. Et c'est ta faute ! Tu n'as pas été capable de m'emmener. Tu n'avais qu'à demander ! Je t'aurais suivi !

Immédiatement ! *J'attendais* que tu le demandes, j'attendais de te suivre ! Tu n'avais qu'à prendre !

Éric *(entre le doute et la colère).* – Je l'ai demandé !

Louisa *(vivement).* – Une seule fois ! Ça ne suffit pas.

Éric *(en colère).* – Une seule fois ? Je t'ai guettée ici, soir après soir, je t'ai poursuivie sur les routes. J'ai essayé de te voir...

Louisa *(dure).* – Mal essayé ! *(Non sans mépris :)* Tu m'as laissée dans le lit d'un autre homme.

Éric *(emporté).* – C'est ta faute ! Tu as refusé de me suivre. Je suis venu *tous les jours.* Tu envoyais ta mère ou Simone quand tu soupçonnais que j'étais là. J'ai chargé Off de te supplier de venir.

Louisa. – Il ne fallait pas supplier, il fallait exiger.

Éric *(emporté).* – Je t'ai épiée quand tu sortais de la maison, quand tu venais à la fenêtre. J'étais là tout le temps, si tu avais appelé, j'accourais !

Louisa. – Mais au moment où j'allais te suivre, tu es parti. Trois mois ! Trois mois sans venir ! Trois mois sans un signe ! Tu m'as abandonnée au moment où j'avais besoin de toi. *(Silence.)*

Éric *(hésitant).* – Cet enfant... tu ne l'as pas voulu ?

Louisa *(dure).* – Pas voulu ? Justement, je l'ai voulu, tu entends. Et je le veux encore ! Contre toi ! Parce que je te déteste ! Tu n'as pas su m'emmener ! Tu n'as pas été assez fort ! Je l'ai voulu.

Éric *(furieux).* – Tu mens...

Louisa *(à voix basse, la colère est tombée).* – Non, je ne mens pas.

Éric *(abattu).* – Ah !

Louisa *(se retenant de pleurer, très humble).* – Je ne sais plus pourquoi j'ai voulu cet enfant... Oui, je le sais... J'ai eu peur. J'ai eu peur de te suivre... Je te demande pardon... Oui, je t'ai vu. Tu étais là, prêt à m'emmener. À chaque instant, je courais à la fenêtre. Quand je ne te voyais pas, je sentais une morsure à la gorge, mais bientôt je te voyais et j'étais heureuse... Pardon, Éric, je n'ai pas osé venir... J'ai voulu te revoir une dernière fois, ce soir... J'ai voulu revoir tes lèvres. *(Elle prend la tête d'Éric entre ses mains.)* Depuis le premier soir, je pense à ta bouche... je la vois devant moi, qui me dit : «Suis-moi.» *(Honteuse et bouleversée :)* Je désire... tes lèvres... ta bouche... sur ma bouche... et sur mon corps... Oh ! oui ! embrasse-moi une dernière fois ! Une fois !

(*Le dialogue va se poursuivre en toute simplicité, sur le ton de l'acceptation.*)

ÉRIC (*s'écartant d'elle, mais sans brutalité*). – Il est trop tard, maintenant.

LOUISA (*baissant la tête*). – Oui, il est trop tard.

ÉRIC (*avec chagrin, doucement*). – Tu as tout abîmé...

LOUISA. – Oui.

ÉRIC. – Tout est perdu, par ta faute.

LOUISA. – Oui.

ÉRIC. – Nous aurions été merveilleusement heureux...

LOUISA. – Comme des mouettes sur la mer.

ÉRIC. – Une vie libre...

LOUISA. – Libre...

ÉRIC. – Seuls dans l'arche.

LOUISA. – Oui.

ÉRIC. – Mais après... cela... ce n'est plus possible.

LOUISA. – Non.

ÉRIC (*sans élever la voix, constatant l'effondrement de son espoir*). – Je ne veux plus de toi.

LOUISA (*on l'entend à peine*). – Non.

ÉRIC. – Je te voulais comme tu étais, le premier soir à la fenêtre. Tu souriais.

LOUISA. – Oui.

ÉRIC. – Maintenant tu portes l'enfant d'un autre.

LOUISA. – Oui.

ÉRIC (*toujours calme en apparence*). – Adieu, Louisa.

LOUISA (*sans rien de pathétique dans la voix, mettant tout son amour dans cet adieu*). – Adieu, mon Éric.

(*Un silence. Éric se dirige lentement vers la sortie, suivi par Off.*)

Louisa *(avec intensité).* – Éric ! *(Il ne se retourne pas.)*

Off *(avec une sorte de dédain superbe et négligent).* – Nous allons à la mer. N'est-ce pas, mon maître ? La mer ! Elle est si belle, la mer ! Tellement plus belle qu'une femme.

Éric *(tout son chagrin éclate dans sa colère).* – Toi ! Va-t'en !

Off *(s'approchant d'Éric).* – Mais tu es mon maître... je suis ton chien.

Éric. – Tu me rappelles des souvenirs trop cruels ! *(Il le repousse avec violence.)* Va-t'en ! *(Off perd l'équilibre et vient, après trois bonds désordonnés, buter contre Louisa. Éric sort.)*

Off *(se tournant du côté où Éric a disparu).* – Qu'est-ce qu'il a ? Il m'abandonne... *(Silence.)* À moins que... *(Timidement :)* Si tu veux, nous l'attendrons ensemble. Il reviendra.

(Louisa, qui jusqu'ici n'a pas bougé, regarde Off.)

Louisa *(durement).* – Je ne veux plus te voir. Maintenant, c'est Pierre que je verrai toute ma vie.

(Elle rentre chez elle, d'un pas décidé, mais mécanique. Off hésite, fait trois pas dans la direction où Éric a disparu, trois pas vers la maison de Louisa, puis s'assied, l'air triste et absent.)

Scène III
Off - Tony - Simone

(Simone tient Tony par la main et le mène vers la maison de Raymond.)

Simone *(presque à voix basse).* – Tu n'as pas bien agi, Tony...

Tony. – C'est une insulte à la mémoire de maman...

Simone. – Non, Tony, ton père devient vieux.

Tony. – Il n'est pas encore vieux !

Simone. – Il a peur d'être seul.

Tony. – Il ne sera pas seul ! Nous serons là !

Simone. – Oui, mais nous aurons nos occupations, les enfants...

Tony. – Tout dans la maison rappelle maman, pour moi, elle est encore là...

SIMONE. – La présence de Milie ne la chassera pas.

TONY. – Si Milie vit chez nous, je m'en irai.

SIMONE *(vivement)*. – Tais-toi, tu parles comme un enfant !

TONY. – Elle va tout changer !

SIMONE. – Qu'importe le passé. C'est notre avenir à nous qui compte. *(Changeant de ton :)* Tu parles de partir, et tu crois que je te laisserais partir tout seul, tout malheureux ?... *(Elle regarde la maison.)* Viens !

TONY. – Oui... parle la première... *(Faisant un effort sur lui-même :)* J'ai un peu honte.

(Ils frappent, Raymond ouvre.)

SCÈNE IV
OFF - SIMONE - TONY - RAYMOND - MILIE

RAYMOND *(simplement)*. – Ah ! Te voilà ! J'ai eu peur...

TONY. – Pardon, Papa.

RAYMOND. – Entre aussi, petite Simone... prépare-nous un peu de café... *(Milie sort de chez elle.)* Entrez. Je viens.

(Tony et Simone entrent chez Raymond.)

SCÈNE V
OFF - MILIE - RAYMOND - BALU

(Milie traverse la scène et va chez Balu.)

RAYMOND *(gêné)*. – Bonsoir, Milie !... tu sors ?... si tard ? Tony est revenu... je suis heureux. Sa réaction était tellement inattendue, n'est-ce pas ? *(Milie ne répond pas.)* Il faut maintenant que je lui parle... et demain, au plus tard après-demain, je suis sûr que nous pourrons prendre une décision...

(Milie entre chez Balu sans frapper. Raymond hésite, traverse lentement la scène, essaye de regarder par la fenêtre dans la maison de Balu. Un instant après, Balu sort de chez lui et ferme ses volets. Raymond s'éloigne, les yeux fixés sur lui.)

BALU *(monologue triomphal, blessant pour Raymond)*. – Titre : Patience et longueur de temps font plus que force et que rage. Argument : Une goutte d'eau finit par trouer la pierre mais un grand rocher en tombant ne fait pas de trou dans la mer. Exemple : Raconter la longue patience de monsieur Balu. Conclusion : Monsieur Balu a trouvé une femme qui fera le ménage, lui tiendra compagnie et lui apportera une petite pension. Voilà. La maison est fermée. Je vais boire une tasse de café en compagnie de ma future épouse. Deux fauteuils de peluche, la chronique de la pêche à la radio, moi à mes comptes, Milie aux chaussettes.

(Il entre chez lui. On entend qu'il ferme la porte à clé. Raymond, désemparé, reste au milieu de la scène.)

Scène VI
Raymond - Off

RAYMOND *(à mi-voix, mais avec haine)*. – Salaud !

OFF *(s'approchant de lui)*. – Qu'est-ce qui se passe ?

RAYMOND. – Ah ! C'est toi, Off ?...

OFF. – Oui, c'est moi.

RAYMOND. – Tu as vu ça ? Elle est chez Balu !

OFF. – Oui.

RAYMOND. – ... bien sûr, je n'ai pas le droit de me fâcher.

OFF. – Non.

RAYMOND. – Elle a failli venir chez moi.

OFF. – Oui.

RAYMOND. – Mais c'était impossible.

OFF. – Oui.

RAYMOND. – À cause de Tony.

OFF. – C'est vrai.

RAYMOND. – Ça me bouleverse le cœur quand mon garçon souffre...

OFF. – Il est gentil, Tony.

RAYMOND. – Il est épatant... *(Il s'arrête brusquement.)*

OFF. – Quoi ?

RAYMOND. – Est-ce que tu le comprends ? Pourquoi ne veut-il pas que j'épouse Milie ? J'aurais aimé refaire ma vie et Milie voulait bien. Je la connaissais depuis toujours. Une brave femme et ses bavardages sont même amusants, cela empêche d'être seul... J'ai peur d'être seul, plus tard...

OFF. – Dis ?

RAYMOND. – Mais j'ai senti que je faisais un grand chagrin à Tony.

OFF. – Dis ?

RAYMOND. – Quoi ?

OFF. – Moi, je suis seul. Je n'ai plus de maître.

RAYMOND *(désabusé)*. – Tout le monde est seul, tôt ou tard.

OFF. – Je t'adopte.

RAYMOND *(surpris)*. – Quoi ?

OFF. – Je t'adopte comme maître, tu verras, c'est épatant.

RAYMOND *(las)*. – Si tu veux.

OFF *(il jubile)*. – Mon vieux, écoute ! C'est entendu. Tu ne penses plus à Milie. Et nous deux, dis, on va chasser le lapin, je connais des endroits aux environs de la ville... *(il hume)*... j'en sens le parfum d'ici... ça vient, ça vient, au-dessus des toits un petit terrain sablonneux, trois genêts, de la bruyère, un bois de sapin... bon, bon, bon parfum. Il y a même un étang où pêcher. Dis ? Tu nous vois, tous les deux, là, toute la journée ?

RAYMOND *(souriant malgré lui)*. – Si tu veux...

OFF. – Toi pêchant, et moi chassant ? *(Prenant aussitôt ses aises :)* Et, tu sais, un maître obéit toujours à son chien... Demain matin, nous prenons le premier tram à cinq heures !

RAYMOND. – En attendant, viens chez moi.

OFF *(s'arrêtant)*. – Les voilà tous prisonniers. Mais nous, mon vieux... on va vivre la vraie vie, un homme et son chien dans les bois et les champs, et peut-être, un jour, nous irons à la mer.

RIDEAU

À PROPOS DE LA MISE EN SCÈNE DE *OFF ET LA LUNE* [1]

---

1. Ces remarques figurent en tête de la traduction de Maria Sommer, *Of und der Mond*, Berlin, Kiepenheuer-Bühnenverlag, 1955, pp. I-VIII.

Il est des pièces au dialogue parfaitement explicite. Tout est dit dans les paroles échangées, qui dictent aux comédiens et leur jeu et leurs gestes. Dans *Off et la lune,* le mot n'est pas tout : les gestes, le jeu, les pauses comptent tout autant, sinon plus. Souvent la parole se contente d'accompagner, de soutenir des silences qui permettent aux pensées, aux sentiments des personnages de se déployer. Le comédien devra donc suppléer par son jeu à cette part non dite de son personnage. Ainsi le dialogue de Louise et de Simone se double-t-il d'un autre dialogue, non exprimé :

SIMONE. – Combien de temps attendras-tu avant d'avoir des enfants ?

Simone. – Pourquoi n'a-telle pas fait un enfant tout de suite ? Elle va sûrement me l'expliquer. Je l'admire tellement. Je voudrais être comme elle. Je ne puis comprendre qu'elle n'ait pas encore d'enfant.

LOUISA. – Pierre dit deux ou trois ans.

Louisa. – Oh ! j'aurais voulu en avoir un tout de suite. Mais Pierre est beaucoup plus raisonnable que moi. Je suis si impulsive. Il a toujours une idée très précise de ce qu'il faut faire et ne pas faire. Je puis lui faire entièrement confiance.

SIMONE. – C'est long.

Simone. – Deux ou trois ans ! C'est de la folie. Je ne le supporterais pas. Un si long délai, on n'en voit pas la fin. C'est tout simplement abominable !

LOUISA (*très calme*). – Oh ! le temps passe vite.

Louisa. – Simone se fait les mêmes illusions que moi à son âge. Ce que l'on change ! C'est triste au fond, mais il faut prendre la vie comme elle est. Quand on est jeune, on se fait toujours des illusions, et puis l'on découvre que la vie est tout autre. Dieu merci, Pierre contrôle tout et prend toujours la bonne décision.

Simone. – Étrange. Elle trouve donc que le temps passe vite. Peut-être devient-on une autre femme quand on vit avec un homme. Avec un homme : parfois, je sais ce que cela veut dire - et puis je ne le sais plus. J'en ai si sou-

vent rêvé, que je puis me représenter très précisément cette vie à deux. C'est beau, c'est chaud, c'est bon - c'est merveilleux, tout simplement. Est-ce que je puis l'interroger à ce sujet ?

SIMONE. – Louisa ?

(Louisa a l'esprit ailleurs. Elle pense à ses travaux de couture, vagues images suscitées par le contact de la veste de cuir de Pierre qui est posée sur ses genoux.)

LOUISA. – Oui, Simone.

Simone. – Vais-je vraiment lui poser la question ? Non, je n'ose pas. Que penserait-elle de moi ? Mais je voudrais bien savoir ce que c'est que de vivre aux côtés d'un homme. C'est tout autre chose que de le voir et de lui parler. Un homme qui est là, qui passe la nuit à côté de moi, que cela doit être beau. Avec les autres, on parle, avec lui, je vivrais, et ce serait merveilleux.

SIMONE. – Comment est-ce ?

LOUISA. – Quoi ?

SIMONE. – Vivre à deux.

LOUISA. – On s'habitue vite.

Louisa. – Oui, je m'en souviens encore : au début cela faisait tout drôle, mais très vite j'ai eu le sentiment de n'avoir jamais vécu autrement.

Bien comprise, la scène prendra la forme d'un adagio, tendre et retenu. Le sourire étonné de Simone, ses yeux rêveurs, qui reflètent sa joie d'imaginer la vie qui l'attend, la sérénité de Louisa permettront au public de deviner les pensées de la jeune fille et de la jeune femme. Cet élément de rêverie, cette vibration ne seront perceptibles, faut-il le souligner, que si le style de la représentation reste parfaitement simple et naturel. Il faut veiller à ce que le jeu du comédien, pendant ces scènes de «rêverie», apparaisse toujours comme le simple reflet d'une pensée, il n'y aura donc jamais rien de trop marqué dans ses gestes. Le geste, ici, n'exprime pas une volonté d'agir. Une telle volonté est tout à fait absente de ces «adagios». Lorsqu'elle se manifeste ensuite, il faudra veiller à modifier le rythme du jeu. Ainsi le jeu de Simone sera-t-il tour à tour plein de douceur, de retenue et d'apaisement, puis à nouveau et sans transition, vif, alerte et rapide - parce que, justement, le personnage se met à agir.

Le ton

On évitera le pathos, les cris et les pleurs ; on évitera d'introduire des symboles, un «message». Il n'y a dans cette pièce, ni message, ni symbole. Et il ne faudrait jamais chercher à susciter délibérément l'émotion. Celle-ci devrait naître d'elle-même, devant le chagrin de Louisa, ou la sincérité sans faille de Simone et de Tony. Se méfier des effets. Ce n'est pas une pièce à effets. Tout se développe lentement, pas à pas, dans la plus grande simplicité. Le public sera peu à peu amené à suivre l'autre pièce, celle qui se joue en silence, sous les paroles échangées.

Les personnages

LOUISA : toute femme jeune, un peu sensible et qui a rêvé d'une vie de tendresse et d'amour, d'une vie dont le cours imprévisible déjouerait tous les calculs - toute jeune femme qui a rêvé cela est une Louisa. Elle est féminine, toute à la vérité de son sentiment, mais sa volonté peut à chaque instant plier devant celle de l'homme. L'apparition inattendue d'Éric a rouvert les portes du rêve, de l'espoir, que le mariage avait fermées.

SIMONE : il est indispensable que ce rôle soit confié à une très jeune comédienne. – Immédiateté, fraîcheur, innocence vraie. Absence de toute coquetterie. Chez elle, rien qui ne soit dicté par le cœur. Encore une enfant, elle est femme de part en part, et ne cessera d'évoluer tout au long de la pièce. La tragédie de Louisa et les difficultés de Tony révéleront sa belle nature de femme.

TONY : vif, intelligent, charmant sans être vraiment sorti de l'enfance. Plus jeune, au fond, que Simone, car souvent la jeune fille se comporte avec une maturité que l'homme atteint plus tardivement. Jeu d'un grand naturel, dépourvu d'accents pathétiques ou lyriques. Éviter surtout de lui donner des allures d'intellectuel, éviter qu'il ne dégage une impression de sécheresse.

PIERRE : ne pas en faire un mari bourru et rebutant. C'est un brave garçon tout à fait digne de l'amour de Louisa, mais par trop dépourvu de complexité. Il va son chemin, sans prendre le temps de rêver. Il ne se pose pas de questions. Il est heureux et se donne tout entier à son travail.

MILIE : elle grogne, elle peste, mais n'a rien perdu de sa bonté de cœur. Elle est incapable de se mettre à la place des autres personnages. Elle a mené une vie de sacrifices et ne manque pas une occasion de le rappeler pour s'en plaindre. Les demandes en mariage de Raymond et de Balu la flattent et la remplissent de bonheur.

ÉRIC : le type même de l'homme qui vit dans une quête perpétuelle. Que cherche-t-il ? Un sourire, croit-il, qu'il aurait jadis surpris sur les lèvres de sa mère et n'aurait jamais retrouvé. Cette quête mène d'autres hommes à la religion, à la science, à la beauté – la quête d'Éric est celle de ce sourire. Il croit avoir trouvé une réponse en Louisa. Il n'a rien d'un don Juan, qui voudrait la possession à tout prix. C'est tout le contraire d'un don Juan, malgré l'amour qu'il porte aux femmes. – Éric représente aussi le rêve de Louisa. Et l'on doit deviner qu'il incarne pour elle l'espace et les horizons lointains.

BALU ET RAYMOND : se passent de commentaires. Il faut éviter de faire du second un vieux professeur bêtifiant et du premier quelque méchant usurier.

OFF : le comédien qui interprète ce rôle doit observer avec la plus grande attention les habitudes et le comportement des chiens : leur façon de respirer, de flairer, d'éternuer, de bâiller. L'important, dans son monde, ce sont les bruits et les odeurs. Cela doit ressortir très nettement. Ce n'est pas le jeu d'un être qui voit, mais celui d'une créature qui, avant de voir les choses, les connaît par l'ouïe et l'odorat. Il y a dans ce personnage une part de comique, que le comédien ne devrait pas souligner au détriment de la fonction poétique du personnage : deux aspects qu'il aura quelque peine à rendre sensibles en même temps. Le rôle exige beaucoup de discrétion de la part du comédien, surtout dans les premières scènes qui mettent en présence Éric et Louisa. Celles-ci perdraient leur efficacité si Off ne restait parfaitement immobile et ne réussissait à se faire oublier. C'est à Off que revient aussi le rôle du messager. Il tisse entre les personnages des liens assez mystérieux et par sa seule présence renverse le mouvement de la pièce et la fait repartir en sens inverse.

Les scènes où interviennent les ombres des personnages

Lorsque Balu rentre chez lui et que sa vitrine s'illumine, Éric reste planté là à ne rien faire. Il aperçoit tout à coup son ombre projetée sur le mur de la maison de Louisa. Il fait un mouvement, joue avec cette ombre, comme s'il la saluait et engageait avec elle un dialogue muet : «*C'est mon ombre*, semble-t-il penser, *et elle doit m'obéir. Qui sait. Peut-être vit-elle dans un autre monde que le mien, peut-être traduit-elle dans son rêve le moindre de mes mouvements.*» Il finit par se fatiguer de ce jeu et s'assied ou s'écarte. C'est alors seulement que Louisa paraît à la fenêtre, c'est alors seulement qu'Éric l'aperçoit et pense à approcher l'ombre de sa main du bras ou de la main de Louisa.

La Plage aux anguilles

Pièce en trois actes

La Plage aux anguilles fut créée à Bruxelles, au Palais des Beaux-Arts, le 12 octobre 1959, par le Théâtre du Rideau de Bruxelles, avec la distribution suivante :

Phébus	André Gevrey
Laurent	Jules-Henri Marchant
Delphine	Suzanne Gohy
Bustier	Serge Darlon
Xury	Michel Rochat
Korr	Raymond Peira
Léon Veste	Paul Dumont
Le Bigame	Jean Rovis
Le Bon-Dieu	Georges Mony

Mise en scène et décor d'Émile Lanc.

Publié dans *Théâtre de Belgique, automne-hiver 1963-1964, n°19.*

PERSONNAGES

Phébus	un vieux vagabond.
Laurent	un adolescent, fils d'armateur.
Delphine	
Bustier	
Léon Veste	petits truands du port d'Anvers.
Korr	
Xury	
Le Bigame	
Le Bon-Dieu	autre vieux vagabond.

Acte I

Un coude de l'Escaut en aval d'Anvers et non loin de la ville. Plage de limon enserrée par la digue.

Au premier plan, à gauche, une barquette retournée et éventrée. Dans le fond, la «maison» de Phébus, installée dans une épave. Le spectateur devine la présence immense de l'Escaut, caché, à gauche, par les barques échouées. Marées, mouvements de navires, cloches de bouées, appels de sirènes, soleils tumultueux, odeur de l'eau, brouillards et vents marins.

Phébus, le vieux marin, tel un gardien des portes de la réalité, recueille les épaves, signes venus d'un monde rêvé.

Scène I
Phébus - Laurent

(Phébus n'a pas d'âge. Glabre, le visage rouge brique, il a le type d'un vieux marin hollandais. Laurent, adolescent, élève de la classe de poésie, vient tous les jours retrouver Phébus à la plage aux anguilles.)

PHÉBUS. – Eh bien ! Laurent, dépêche-toi ! La marée a dépassé le mètre six. C'est bientôt l'heure des épaves.

LAURENT. – Tiens, Phébus. *(Il lui donne un paquet contenant des tartines.)*

PHÉBUS. – Donne... *(Il ouvre le paquet.)* Blanc ! Blanc ! Blanc ! qu'il est ce pain !

LAURENT. – Oui, entre tes mains le pain est très blanc, Phébus.

PHÉBUS *(il mange)*. – Bien sûr, chez toi... ça ne se remarque pas ! Tu es si riche ! Riches ! Riches qu'ils sont tes parents. Propriétaires de «biens immeubles», de firmes «limited and son» et companie. Ton père est dans la navigation ! Bien sûr ! La navigation ! Il y a deux sortes de «navigation». «Dans» les bateaux, ou «hors» des bateaux, comme ton père. *(Il soupire.)*

Laurent. – Je n'y puis rien, si mes parents sont riches.

Phébus. – Est-ce que je dis que t'y peux ? Pas d'histoires.

Laurent. – Oui, mon père est armateur ! Mais moi, je suis libre. Je n'ai rien. Dès que je serai majeur, je partirai.

Phébus. – Tu es le fils d'un armateur, rien à faire.

Laurent. – Non ! Je n'aime pas l'argent.

Phébus *(mangeant)*. – Tu prends le thé dans un salon, et tu regardes les belles mains de ta maman qui beurrent les «toasts»... *(Il prononce : to-asts.)*

Laurent. – Après, je viens ici, chez toi.

Phébus. – ... mais moi, je mange tout cela. *(Il fait un geste embrassant l'espace.)* Par mes narines et par ma bouche et par mes oreilles. L'Escaut. L'eau. Tu sais ce que c'est, l'eau ? Pas l'eau en bouteille. Non. L'eau. *(Geste horizontal de la main.)* Ça. Et l'œil qui glisse jusqu'où le ciel tombe à pic derrière l'Escaut. L'odeur de l'eau... et j'en ai tous les jours une couche comme ça sur mon pain...

Laurent. – C'est bon ?

Phébus. – Tiens. *(Il lui donne un morceau de pain.)* Aspire... là... fort... ferme les yeux...

Laurent. – Oui.

Phébus. – Aspire encore... tu sens ? Tout l'Escaut entre par le nez.

Laurent *(les yeux fermés)*. – Oui, je sens. *(Il respire profondément.)*

Phébus. – L'odeur de l'eau qui vient de très loin... depuis les bancs de sable.

Laurent. – Je sens ! Oui, Phébus.

Phébus. – Mange un morceau de pain... c'est bon ensemble...

Laurent *(mangeant un bout de pain)*. – C'est bon, oui, c'est bon. *(Silence.)* Phébus... je voudrais habiter ici. Chez moi, le soir dans mon lit, j'entends les sirènes des bateaux à travers les rideaux. C'est comme en rêve. Ici, tout est vrai.

Phébus. – Oui. Ce n'est pas mal, ici. *(Sur un ton de confidence :)* Hier soir, il est venu quelqu'un.

LAURENT *(incrédule et amusé).* – Le Boznak ? Ça te reprend ?

PHÉBUS. – Non. Pas le Boznak. Cette fois, c'était le Bon-Dieu. *(Rire gêné de Laurent.)* Vrai.

LAURENT *(moqueur).* – Tu as dit : le Bon-Dieu ?

PHÉBUS. – Il revient chaque année avec l'automne et les canards sauvages.

LAURENT. – Raconte, Phébus.

PHÉBUS. – Je parie qu'il passera ici tous les soirs. J'aime autant. À cause... *(Il regarde autour de lui)* ... du Boznak. Il faisait déjà noir. Quelqu'un frappe à la porte. Je ne bouge pas. Je pense : ... *(Il regarde autour de lui d'un air finaud et craintif :)* ... c'est le Boznak. Je ferme les yeux et je prononce trois fois... *(Phébus, sur le point de dire la formule magique, s'arrête. À Laurent :)* Il se cache peut-être derrière le bateau... va voir.

LAURENT *(prudent).* – Mais ?... je ne le reconnaîtrais pas...

PHÉBUS. – On le reconnaît toujours, même sous la forme de lorgnons, d'une caisse ou d'une boîte d'ananas. *(Laurent rit.)* Il ne te fera rien... il n'a aucun pouvoir sur toi.

LAURENT. – Oh ! D'ailleurs, je n'y crois pas. *(Il va vers la vieille barque.)*

PHÉBUS. – Tu es fils d'armateur. Va voir.

LAURENT. – Fils d'armateur ou non, je n'y crois pas. *(Regardant derrière la proue de la barque.)* Il n'est pas là.

PHÉBUS. – Qu'est-ce que je te disais ! *(Laurent revient.)* Je suis sur mes gardes. Et toi, tu y crois.

LAURENT. – Non.

PHÉBUS. – Tu as dit : «Il n'est pas là.» S'il n'est pas là, il est ailleurs. S'il est ailleurs, il existe. Donc, tu y crois.

LAURENT. – Non... Phébus, j'ai simplement voulu dire...

PHÉBUS. – Il faut l'œil ! Mais j'ai la technique. *(Reprenant son récit.)* Et je prononce trois fois... *(Silence.)* Et puis je dis : «Entrez.» Qu'est-ce que je vois ? Un vieil homme avec une casquette à carreaux et tout... *(Phébus mime et dit seul le dialogue. La voix du «Bon-Dieu» sera lointaine, sans expression, mécanique, tandis que les répliques de Phébus seront dites avec des intonations variées.)* Le Bon-Dieu : «J'ai sommeil. Je dors ici ?» Phébus : «Tu es à Anvers. Il y a des hôtels sur le port.» Le Bon-Dieu : «Je n'ai pas d'argent. Est-ce que dans un hôtel on me donnera un lit sans argent ?...» qu'il me dit de sa voix de paradis... *(Phébus a l'œil amusé.)* Je dis : «Ni un lit sans argent, ni l'argent sans lit.» Le Bon-Dieu : «Où dors-tu quand tu n'as pas d'argent ?» Phébus : «Moi, quand je voyageais à pied, je dormais dans une haie, entre l'ortie et la violette.» Le Bon-Dieu : «C'est loin d'ici ?» Phébus : «Très loin. C'est en avril et nous sommes en octobre.» Le Bon-Dieu : «Je suis fatigué et il pleut.» Phébus : «Ça va, reste, tu dormiras sur la table, tu auras des journaux pour couverture.» ... Il s'étend sur la table comme un grand mort avec ses grands pieds et sa casquette à carreaux... Phébus : «Enlève ta casquette pour dormir.» Le Bon-Dieu : «Jamais,» dit-il, «pour dormir, jamais !» ... Et il s'endort. Et moi, je déplie des journaux sur lui en guise de couverture.

Scène II
Phébus - Laurent - Delphine - Bustier

(Entre Delphine, habillée d'un imperméable raide et luisant. Elle porte au bras un sac de toile cirée noire dans lequel est enfermé un lapin apprivoisé. Delphine a une expression dure de quarante ans.)

Phébus *(ennuyé).* – Delphine ! Celle-là...

Delphine *(elle s'arrête au milieu de la scène et regarde l'Escaut ; elle appelle Bustier).* – Bustier !

Voix de Bustier. – Je viens !

Delphine. – Toujours à flânocher, à lire des romans, à traînailler. Il est né cinquante mètres en retard.

(Bustier entre.)

Bustier. – Je viens ! *(Son rire, râle asthmatique, sort d'une bouche figée.)*

Delphine *(elle se penche vers le sac, l'entrouvre et parle au lapin qu'elle emporte toujours avec elle).* – Allons, mon coco, ne remue pas tant, là-dedans.

Bustier *(à mi-voix, pour lui-même, mais avec une rage intense).* – J'aurais pas dû dire : «Je viens.» J'aurais dû dire : «Pourquoi accables-tu un innocent de ta pestilence !» Celle-là ! Ce qu'elle me, ce qu'elle me, oui ! Ce qu'elle me !

Delphine. – Qu'est-ce que tu radotes ?

Bustier *(il ouvre un roman populaire à couverture crasseuse et lit).* – Je dis :

«Ô fleuve ! Éternel symbole de la destinée !» *(Sous le regard de Delphine, il se trouble.)* «Ô fleuve...»

DELPHINE. – Ferme.

BUSTIER. – Oui. *(Il ferme le livre.)*

DELPHINE *(se penchant sur son lapin).* – Je ne sais pas ce qu'il a aujourd'hui : il saute tout le temps.

PHÉBUS. – Les lapins, ça saute.

DELPHINE. – Je crois qu'il a mal. *(Elle se penche vers le sac.)* N'est-ce pas, mon chou ?

PHÉBUS. – Elle appelle un lapin un chou ! *(Il donne une tape dans le dos de Bustier, qui ne bronche pas.)*

DELPHINE. – Hier soir, je lui ai pris les poils dans la fermeture éclair. N'est-ce pas, mon petit loup ? *(Phébus donne une tape dans le dos de Bustier qui ne bronche pas.)* J'ai dû couper. Je crois que j'ai un peu entamé la peau. N'est-ce pas, mon gros toto ?

BUSTIER *(qui réagit toujours avec retard, éclate de rire).* – Elle appelle un lapin un chou !

DELPHINE. – Eh bien !

BUSTIER. – Un chou ! Mais tu ne comprends pas ? «Le chou, Altesse, est la nourriture basique du Russe et du lapin.» J'ai lu ça dans «Patsy et le Duc».

DELPHINE. – Quoi ?

BUSTIER. – Un lapin... un chou !

DELPHINE. – Et alors ?

BUSTIER *(il rit, puis se trouble sous le regard de Delphine).* – Ah ?... bien !... oui, Delphine. *(Le visage morne, il ouvre son livre.)*

DELPHINE *(parlant du lapin).* – Il retroussait les lèvres. Il ressemblait à un Anglais avec ses dents jaunes. N'est-ce pas, vieux dégoûtant ?

BUSTIER *(pour lui-même).* – On devrait toutes les étrangler avec un lacet.

DELPHINE. – Qu'est-ce que tu radotes ?

BUSTIER. – Je dis que c'est l'automne. *(Avec fureur :)* C'est l'automne !

DELPHINE. – Qu'est-ce qui te prend ? Tu me casses les oreilles. Répète ?

BUSTIER *(morne)*. – C'est l'automne... je suis sûr que le Bon-Dieu est déjà revenu.

PHÉBUS. – Hier soir. Il a dormi ici. Couché sur ma table, couvert de journaux. À un bout, ses grands pieds, et à l'autre bout, sa tête et ses lèvres gercées de mille ans.

LAURENT *(joyeux)*. – Et ce matin, il est remonté au ciel ?

PHÉBUS *(tout en regardant l'eau attentivement)*. – Ce matin ? Il est parti dans la pluie avec ses souliers troués. C'est un vagabond, le Bon-Dieu.

BUSTIER. – Un lacet. Serrer. Serrer. Serrer.

DELPHINE *(à Bustier)*. – Qu'est-ce que tu radotes ?

BUSTIER *(morne)*. – Je disais : c'est un vieux vagabond qui revient chaque année en automne, parce qu'ici, il parvient à se loger au chaud.

DELPHINE *(à Phébus)*. – Tu as trouvé quelque chose, aujourd'hui ?

PHÉBUS. – Non. Trop tôt.

(On sent que Phébus, qui regarde à chaque instant vers l'Escaut, est impatient du départ de Bustier et Delphine.)

DELPHINE. – Tu n'as pas vu entrer l'"Amélia" ?

PHÉBUS. – L'"Amélia" ?

DELPHINE. – Un chaland, qui vient de Cologne.

PHÉBUS. – J'ai rien vu.

DELPHINE. – J'ai des cigarettes américaines...

PHÉBUS. – M'occupe pas de ça.

DELPHINE. – Facile à écouler.

PHÉBUS. – Non. Moi, j'attends. J'attends les épaves... J'aime.

DELPHINE. – Tu n'as pas vu Xury ?

PHÉBUS. – J'ai pas vu.

DELPHINE. – Et tu n'as pas vu Korr ?

PHÉBUS. – J'ai pas vu.

DELPHINE *(au lapin)*. – Du calme, mon petit coco, du calme... lui déteste attendre. *(À Bustier :)* Ferme.

BUSTIER. – Oui. *(Il ferme son livre.)*

DELPHINE. – Va voir si le bateau est à flot et mets le moteur en marche. Il est temps d'aller à la rencontre de l'"Amélia". Et ne prends pas cet air-là ! Tu me rends malade. *(Bustier va vers la grève. Delphine introduit une carotte dans le sac.)* Une grande carotte, il vous expédie ça en quelques minutes, et après, il salit sa petite maison, n'est-ce pas, mon gros vilain ? Alors, t'as pas vu Xury ? Tu es sûr ?

(On entend le bruit du bateau.)

PHÉBUS. – Non, je ne l'ai pas vu.

DELPHINE. – Je le cherche partout depuis ce matin. *(Bustier revient.)* Eh bien ! C'est prêt ?

BUSTIER. – T'entends pas le moteur ? *(Avec violence :)* T'entends pas le moteur ? *(Delphine le regarde, Bustier change de ton et répète, morne :)* T'entends pas le moteur ? *(Delphine descend vers la grève.)* Non, mais ce qu'elle me !... Non, mais ce qu'elle me !

VOIX DE DELPHINE. – Bustier !

BUSTIER *(morne)*. – Je viens ! *(Il va pour sortir.)* «Tyran, tu opprimes le peuple innocent !»

(Il sort. Quelques instants après, on entend le moteur s'éloigner.)

PHÉBUS. – J'attends qu'ils soient partis.

LAURENT. – Pourquoi ?

PHÉBUS. – J'ai vu quelque chose... *(Silence.)* Si elle se contentait de faire des combines avec des skippers hollandais et allemands. Mais elle fouine partout ! Elle renifle. Elle s'insinue et puis elle s'incruste. Il lui suffit d'une pierre pour amener toute la cathédrale. Pas d'histoires. Je me demande ce qu'elle veut à Xury. Moi, je ne me pose pas de questions. Jamais. Mais je me demande si elle travaille avec Xury ? *(Le bruit du moteur s'est éloigné.)* Tiens ! Regarde ! Je crois que nous aurons de la chance, aujourd'hui. *(Il prend une gaffe et disparaît derrière la vieille barque. Laurent observe.)*

LAURENT. – Qu'est-ce que c'est ?

VOIX DE PHÉBUS. – Une caisse. Pleine. Pourvu que l'eau n'ait pas tout gâté... aide-moi.

(Laurent sort à son tour.)

Scène III
Léon Veste - Laurent - Phébus

(Un personnage, coiffé d'une casquette de marin, apparaît sans faire de bruit. Il était caché derrière la maison-bateau de Phébus. Il observe, sans être vu. Il s'éloigne lorsque Laurent et Phébus entrent en portant une caisse.)

Laurent. – Elle est lourde.

Phébus. – Amène mon camion.

(Laurent disparaît derrière le bateau-maison de Phébus et revient aussitôt en tirant derrière lui une voiture d'enfant. Phébus, pendant ce temps, se redresse avec peine, les mains aux reins. Il regarde l'Escaut. On entend un grand navire qui descend le fleuve dans une rumeur de chaînes, d'eau, de lumières, de fumée, de sourds battements de moteurs, comme une ville à la dérive. Laurent s'est approché vivement. Immobiles, ils suivent d'un même mouvement de la tête ce lent et somptueux cortège marin. On lit l'émerveillement sur leurs figures éclairées par la lueur des hublots et les reflets de l'eau.)

Laurent. – Il est grand.

Phébus. – Britannique.

Laurent. – Où va-t-il ?

Phébus. – Japon.

Laurent *(avec envie)*. – Japon...

Phébus *(dégoûté)*. – J'ai été. *(Il crache.)*

Laurent. – Oui ?

Phébus. – Mon premier voyage. Première surprise : les poissons volants.

Laurent. – Tu en as vu ?

Phébus. – On se dit : attention ! Si les poissons ne se contentent plus de nager, si les poissons volent !... On attend quelque chose... Mais toujours les vagues, toujours les vagues, et les poissons qui volent. Pour le reste, ils n'en foutent pas une datte, ces poissons ! Ça non ! Tu penses : s'ils volent, ils chantent aussi, peut-être ? *(Laurent rit.)* Non. Ils ne chantent jamais. Tu leur crèverais les yeux, qu'ils ne chantcraient pas.

Laurent. – Regarde l'écume des remorqueurs, et quelle fumée !

Phébus. – Autre surprise : le caractère du capitaine. Un foutu caractère.

Moi, j'aime les gens comme moi. Alors, ça va. Pas d'histoires ! Voilà ce que je dis. Mais les poissons volaient, le capitaine gueulait, et nous, on travaillait. *(Dégoûté :)* C'est ça, le Japon ! *(Il crache.)*

LAURENT. – Regarde, Phébus, les traînées de rouille le long de la coque... Il vient de loin... il va loin...

PHÉBUS. – Quel est le nom ?

LAURENT *(avec délices)*. – "John Snowdon, Liverpool."

PHÉBUS. – Mon bateau, c'était le "Phébus". Le capitaine a crevé au bout de deux ans. D'avoir bouffé du crabe en boîte. On l'a jeté à la mer. Mais moi, j'ai navigué vingt ans sur le "Phébus". Après, il est allé à la ferraille. Moi, je suis resté avec son nom... marié quoi, marié avec ce sale rafiot.

LAURENT. – Il s'éloigne. Je voudrais être à bord...

PHÉBUS. – Vas-y ! Navigue ! Mais tu es trop riche ! Tu navigueras comme ton père, hors des bateaux. Pas d'histoires.

LAURENT. – Moi ! Dès que je serai majeur...

PHÉBUS *(il se baisse)*. – Aide-moi !

(On entend les vagues déferler sur la plage.)

LAURENT *(ravi)*. – Phébus ! Les vagues !

PHÉBUS *(il se redresse)*. – Les vagues, oui. Chaque fois qu'un bateau passe, il y a des vagues.

LAURENT. – Les vagues sont comme la voix du bateau. Il dit, tu entends ? «Viens, viens, viens.» *(Laurent dit «viens» chaque fois qu'une vague déferle.)*

PHÉBUS *(levant les épaules)*. – Les bateaux ne parlent pas.

(Ils déposent la caisse dans la voiture.)

LAURENT. – Je me demande ce qu'il y a dans cette caisse. On ouvre ?

PHÉBUS *(il renifle)*. – Hum ! Je ne sens rien. On est toujours surpris en ouvrant des caisses... La dernière fois, c'étaient des lorgnons. Pleine de lorgnons. Comment liquider cinq mille lorgnons ? Hein ? Pousse... là... *(À ce moment, on entend derrière la digue, c'est-à-dire à droite, claquer les portières d'une auto. Phébus lève la tête et puis, d'un geste rapide, recouvre la voiture d'enfant d'un vieux sac.)* Pousse... pousse... aide-moi...

(Il range la voiture près de son bateau-maison, entraîne Laurent vers la vieille

barquette qui lui sert de banc et s'assied d'un air trop indifférent pour être naturel. Tout cela en l'espace d'un moment.)

Scène IV
Phébus - Laurent - Korr - Xury

(Korr et Xury viennent de la droite. Ils descendent la digue glissante en jurant. Korr est grand et gros, haut en couleur, vêtu d'un cuir noir et d'une casquette de marin. Xury, plus petit, le teint blafard, porte un imperméable sur une chemise rouge et un feutre rond à cordelière.)

Xury. – Regarde, Korr ! Phébus ! On aurait dû y penser.

Korr. – Attends, Xury, je vais voir...

(Korr descend vers la grève. Xury, les mains dans les poches, le feutre sur la nuque, regarde autour de lui. Phébus siffle doucement un petit air de son invention. Un tic, battement du pied ou frottement de la main contre la poche, trahit la nervosité de Xury. Laurent, mal à l'aise, est assis loin de Phébus. Il jette de temps en temps un regard timide vers Xury.)

Voix de Korr. – Il n'y a rien !

Xury. – Regarde bien, Korr !

Voix de Korr. – Rien, Xury, rien !

Xury *(à Phébus)*. – Que fais-tu ici ? *(Phébus ne sourcille pas.)* Je te parle !

Phébus. – Beh... je...

Xury. – Que fais-tu ici ?

Phébus. – J'habite ici.

Xury. – Je sais. Je te demande ce que tu fais ici ?

Phébus. – Beh... je...

Xury. – Je te parle !

Phébus. – Beh... je... j'attends.

Xury. – Tu attends quoi ?

Phébus. – J'attends, quoi...

Xury. – Je te préviens : ne te mêle pas de mes affaires.

Voix de Korr. – Xury ! Viens voir, Xury ! Il y a quelque chose de pas clair ici, Xury !

(Xury descend vers la plage en contournant la vieille barquette.)

Laurent *(à mi-voix, tremblant un peu).* – Qu'est-ce qu'ils cherchent ?

Phébus. – Chut !

Laurent. – La caisse, tu crois ?

Phébus. – Moi, je ne me pose pas de questions. *(Il cligne de l'œil.)* Jamais de questions. Jamais. Je ne sais pas pourquoi ils viennent. *(Korr et Xury entrent.)* Pas d'histoires !

Xury *(à Phébus).* – On a traîné un objet lourd, ici.

Phébus *(candide).* – Oui ?

Korr. – Il y a des traces dans le limon.

Phébus. – On traîne beaucoup de choses dans le limon.

Korr. – Qu'est-ce que tu as trouvé sur la plage, aujourd'hui ? Qu'est-ce que tu as traîné dans le limon ?

Phébus. – On traîne tout ici... je traîne ma vie ici...

Xury. – La ferme. Où est-ce que tu l'as cachée ? Je t'avertis. Je ne me laisserai pas mettre les ventouses. Où est-ce qu'elle est ?

Phébus. – Quoi ?

Korr. – La caisse.

Phébus. – Quelle caisse ?

Xury. – Réponds ! Ça vaut mieux pour toi.

Phébus. – La dernière caisse que j'ai trouvée, elle était pleine de lorgnons.

Xury *(s'approche lentement et menaçant).* – Où as-tu mis ma caisse ?

Phébus. – Je n'ai pas vu de caisse !

Korr. – Tu mens !

Laurent *(avec violence).* – Il n'y a pas de caisse ici, puisque Phébus le dit !

Korr. – Toi, va faire tes devoirs. *(Il l'écarte du revers de la main.)*

Xury *(à Phébus).* – Parle !

Phébus. – Je n'ai pas vu de caisse !

Korr. – Tu mens !

Phébus *(angoissé)*. – Je n'ai pas vu de caisse !

Xury *(qui furète partout, voit la gaffe)*. – Qu'est-ce que c'est ?

Phébus. – Une gaffe.

Xury. – Pour quoi faire ?

Phébus. – Pour repêcher des choses.

Korr. – Où est la caisse ?

Xury. – Pour repêcher quoi ? Je te parle.

Korr. – Hein ! Où est la caisse ?

Xury *(tenant la gaffe)*. – Tu as repêché ma caisse avec ceci !

Phébus *(sans salive)*. – Non.

Korr. – Avec quoi est-ce que tu l'as pêchée, la caisse ?

Phébus *(faible)*. – Non. Je réponds non.

Korr. – Je te demande où elle est ?

(Xury voit la voiture d'enfant, il écarte le sac.)

Xury. – Et ça ?

Korr *(furieux, il prend Phébus par le collet et le secoue avec violence)*. – Et ça ?

Xury. – C'est pas une caisse, ça ?

Korr *(secouant Phébus)*. – C'est pas une caisse, ça ? C'est quoi, alors ? C'est un bordel ? C'est une écluse ? Ou c'est une caisse ?

Phébus. – Ah ! Ça ! Oui ! Je vois ! Bien sûr ! C'est une caisse...

(Korr lâche Phébus.)

Xury *(examinant la caisse)*. – C'est ma caisse, oui.

Korr. – Elle est tombée d'un bateau.

Phébus *(encore tremblant)*. – Elle n'est pas tombée d'un bateau, puisque je ne l'ai pas trouvée dans l'eau.

Korr. – Tu mens, elle est mouillée.

PHÉBUS. – C'est la pluie.

XURY. – Tu mens ! Je te parle.

PHÉBUS. – Elle est pleine d'ananas, cette caisse.

KORR *(retour offensif vers Phébus).* – Je t'en donnerai, des ananas. *(Korr dit «ananas» avec férocité, presque «ah ! ah ! ah !». Silence. Korr va vers la voiture et met la caisse sur son épaule, sans peine apparente.)*

LAURENT *(s'élançant vers Korr).* – Cette caisse appartient à Phébus, lâchez-la !

KORR. – Toi ! Va faire tes devoirs ! *(Du revers de la main, il envoie Laurent rouler à l'autre bout de la scène. Xury revient vers Phébus qui se lève d'un air inquiet.)*

PHÉBUS *(pour couper court).* – Tu l'as maintenant... ta caisse...

XURY. – Je l'ai. Oui. Heureusement. *(Silence. Puis avec un calme inquiétant :)* Heureusement... *(Silence. Il pointe l'index contre la poitrine de Phébus.)* ... pour toi.

(Korr et Xury sortent. On entend les portières qui claquent.)

SCÈNE V
LAURENT - PHÉBUS

(Laurent se relève et vient vers Phébus.)

LAURENT. – Les salauds ! Les salauds ! Car ce n'est pas vrai ? N'est-ce pas, Phébus ? Ce n'est pas leur caisse ? Mais ne t'en fais pas...

PHÉBUS *(se redressant et se secouant avec assurance).* – Je ne m'en fais pas.

LAURENT. – Nous la leur reprendrons. Je te le jure ! Les salauds ! Tu n'as pas mal ?

PHÉBUS *(retrouvant toute son aisance).* – Mal ? Moi ? Eux, oui. Ils ont très mal.

LAURENT *(surpris).* – Eux ?

PHÉBUS. – Eux, oui ! On peut le dire. Je les ai bien eus ! *(Il rit.)* Je les ai eus jusqu'au trognon. T'as pas vu ça ?

LAURENT *(surpris)*. – Non ! Je n'ai pas vu. *(Hésitant :)* J'ai eu peur.

PHÉBUS. – Peur ? Toi ! Tu n'as pas eu la moindre peur. Peur ? Tu ne connais pas ça ! Eux, oui, ils avaient peur. T'as pas vu ça ? Lorsque j'ai sorti ma petite musique à pointe... ma petite musique à sang ? Comme ils tremblaient !

LAURENT *(étonné)*. – Non, je n'ai pas vu. *(Silence.)* Qu'est-ce qu'il y avait dans la caisse ? Pas des ananas, non ?

PHÉBUS *(ricanant)*. – Des ananas ! Penses-tu !

LAURENT. – Nous irons la leur reprendre, cette nuit... je m'échapperai de chez moi. C'est facile. Phébus... dis... tu sais où ils l'ont cachée ?

PHÉBUS *(prudent)*. – Pas d'histoires !

LAURENT. – Mais pourquoi sont-ils venus ?... C'est peut-être vrai, ce qu'ils disaient, qu'elle était tombée de leur bateau...

PHÉBUS *(il ricane)*. – Leur bateau ! Xury et Korr n'ont jamais eu de bateau. Des navigateurs, eux ? *(Il crache.)*

LAURENT. – Moi, je crois que tout était combiné avec Delphine. Elle va à bord des bateaux, Xury et Korr, eux, se promènent en voiture le long des rives pour ramasser la marchandise. Cette fois, il y a eu un accident, la caisse est tombée à l'eau, alors...

PHÉBUS *(prudent)*. – Tais-toi...

LAURENT. – Quoi ?

PHÉBUS. – Parle pas...

LAURENT. – Pourquoi ?

PHÉBUS. – Le Boznak...

LAURENT *(à voix basse)*. – Il n'y a personne ici...

(Phébus regarde autour de lui avec angoisse. Silence.)

PHÉBUS *(soulagé)*. – Non... personne... personne... écoute... Je les connais, ces deux-là : Xury et Korr. Ils ont une cachette. Près de l'entrepôt soixante-six. Il y a là une vieille barque.

LAURENT. – L'entrepôt est gardé ?

PHÉBUS. – La police fait sa ronde. Toujours à la même heure. Facile.

LAURENT. – On y va cette nuit ?

PHÉBUS. – Oui ! On y va ! *(Hésitant :)* Non, on n'y va pas.

LAURENT. – Tu dis que c'est facile ?...

PHÉBUS. – Très facile.

LAURENT. – Alors ?

PHÉBUS. – Pas d'histoires. Tu comprends. Pas d'histoires !

(On entend le bruit grandissant d'un navire.)

LAURENT. – Un petit cargo...

PHÉBUS. – Je le connais. Il vient de Hull.

LAURENT. – Qu'est-ce qu'il transporte ?

PHÉBUS. – Charbonnier.

LAURENT. – Il n'est pas grand.

PHÉBUS. – On les rencontre parfois en haute mer, ces petits-là... Par gros temps, ils ressemblent à des chiens qui sautent dans l'herbe... *(Changeant de ton :)* Il est là... le Boznak.

LAURENT *(à voix basse)*. – Je ne vois rien.

PHÉBUS. – Rien ? Derrière la barque... *(Il pousse Laurent vers la barque.)*

LAURENT *(prudent)*. – Rien.

PHÉBUS. – Je l'entends qui rampe... là... va voir... va. Il n'a aucun pouvoir sur toi... va ! J'entends quelqu'un qui respire...

(Laurent regarde avec prudence. Derrière la petite barquette, au premier plan. Près de la digue. Il ne s'aventure pas derrière le bateau-maison. Puis, il va vers la plage.)

LAURENT. – Rien... personne... il n'y a rien... l'eau. La marée monte encore.

PHÉBUS. – Rien ? *(Il rit.)*

LAURENT. – Non, il n'y a rien... *(Il rit à son tour.)* Il y a l'Escaut. Tu entends ? L'Escaut respire...

PHÉBUS *(délivré)*. – L'Escaut. Oui. Il respire comme un homme couché. *(Il regarde l'Escaut.)* Les mouettes plongent aux lumières. Elles voient les reflets dans l'eau, comme des poissons d'or, et elles plongent pour les prendre...

LAURENT. – Je ne vois pas de mouettes...

PHÉBUS. – Si, si, regarde là... Ça les rend folles ! Complètement folles !

LAURENT. – Phébus !

PHÉBUS. – Quoi ?

LAURENT *(désignant quelque chose du côté de la plage)*. – Là...

PHÉBUS *(effrayé)*. – Quoi ?

LAURENT. – Je crois... Une caisse ! *(Il court vers la plage.)*

PHÉBUS *(rassuré)*. – Une caisse ! Une autre caisse ! On va la sortir de l'eau... Je viens t'aider.

(Laurent revient. Phébus va l'aider.)

PHÉBUS. – Pas trop lourd ? Attention. Glissant. Ils l'ont lestée afin qu'elle affleure à peine. Tu comprends, Laurent ? Le bateau passe, on jette la caisse par-dessus bord, et puis le courant l'amène ici. Alors, ni vu, ni connu. Douane, police, rien. C'est un vieux truc. Il y a quelqu'un qui connaît diablement bien les courants du fleuve... diablement bien, oui. *(Ils déposent la caisse.)* Pour savoir que le courant drossera la caisse par ici. Pour savoir cela ! *(Il siffle d'admiration et reprend la caisse.)* Deux caisses en une heure. On aura de la visite, ce soir, ou je me trompe fort. Mais je saurai les recevoir ! *(Il pose la caisse.)* Oui. Ici. La toile à voile. *(Laurent va chercher un bout de toile.)* Oui ! je saurai les recevoir ! Je les aurai jusqu'au trognon. La toile ici. Dessus.

LAURENT. – On la cache où ?

(Ils la posent bien en vue, au milieu de la scène et la recouvrent de la toile à voile.)

PHÉBUS. – Non. Pas cacher. Vaut mieux pas cacher... tu verras. *(Il s'assied sur la caisse.)*

LAURENT. – On ouvre, Phébus ?

PHÉBUS. – Ouvrir ? Tu es jeune. On ouvre des caisses à lorgnons, des caisses à cigares, des caisses à rasoirs, des caisses à biscuits. On n'ouvre pas des caisses comme celle-ci.

LAURENT. – Pourquoi pas, Phébus ?

PHÉBUS. – Tu n'y connais rien ! Avec ceci, je m'achèterai un bateau. Un grand. Un vrai. Un cargo de vingt mille tonnes. Et j'engagerai pour me servir des capitaines. Des capitaines ! Rien que des capitaines ! Des capitaines aux soutes, des capitaines aux machines, des capitaines à la cuisine, et dix capitaines en guise de matelots. Rien que des capitaines. Suffit de payer pour les avoir. Je t'emmènerai, Laurent, comme passager de première. Où veux-tu aller ?

LAURENT. – Au Japon.

PHÉBUS *(déçu)*. – Au Japon ?

LAURENT. – Oui.

PHÉBUS. – Tu n'aimerais pas mieux Monaco ? Je n'ai jamais été à Monaco !

LAURENT. – Au Japon, Phébus !

PHÉBUS. – Bien. Comme tu voudras. Mais je t'avertis, le Japon, ce n'est pas comme on pense.

LAURENT *(découragé)*. – On viendra te prendre cette caisse, comme on a pris l'autre, et nous n'irons jamais au Japon.

PHÉBUS *(indigné)*. – Me prendre cette caisse ? Me la prendre ? *(Il se lève comme s'adressant à Xury :)* Phébus : «Que viens-tu faire ici ?» Xury : «Excuses. N'as-tu pas vu une caisse ?» Phébus : «Occupe-toi de tes affaires.» Xury : «Excuses. On jette un simple coup d'œil sur la plage.» Phébus : «Ce sera plutôt un simple coup de pied au cul.» Xury : «Excuses. On ne voulait pas t'importuner.» Phébus : «Et puis, tu ne me plais pas.» Xury : «Excuses. On fait ce qu'on peut.» Phébus : «Tu ressembles à un mur de prison sans ouvertures.» *(Il sort son couteau de sa poche et l'ouvre d'un coup sec.)* Xury : «Excuses. Je ne savais pas.» Phébus : «Je n'aime pas les murs de prison, et je m'en vais pratiquer de petites fenêtres dans ce mur de prison. De belles petites fenêtres dans un mur pâle.» *(Il passe la lame de son couteau sur l'ongle, comme pour en éprouver le tranchant...)* Tu les as vus trembler, dis, Laurent ? *(Soudain, il prend un air pensif :)* En somme, je me demande si je vais me mêler de cette affaire.

LAURENT *(surpris)*. – Que veux-tu dire, Phébus ?

PHÉBUS. – Pas d'histoires. J'ai une vie épatante. Le Boznak ne parvient pas à m'avoir. Pas d'histoires ! J'attends. L'Escaut m'apporte des épaves. J'attends. Je ramasse à gauche et à droite... Je travaille parfois, tu m'apportes des tartines... Mais quand il y a une caisse qui contient quelque chose... je sais pas quoi... mais quelque chose qui va m'entraîner loin du bord...

Laurent. – Phébus ! Ne te laisse pas faire ! Je les hais, Korr et Xury !

Phébus. – Pas d'histoires.

Laurent. – J'irai seul. Cette nuit. Tu auras les deux caisses !

Scène VI

Laurent - Phébus - Korr - Xury

(À ce moment, une caisse vide, lancée à toute volée, vient s'écraser au milieu de la scène. Korr et Xury descendent de la berge en jurant.)

Korr. – Ce n'était pas la vraie caisse.

Xury. – Elle était pleine de conserves d'ananas.

Phébus. – Qu'est-ce que j'avais dit ?

Korr. – Je me passe de ton opinion.

Xury. – Où est la vraie caisse ?

Korr. – Tu nous as eus.

Xury. – Où est la vraie caisse ?

Phébus *(il a peur)*. – Quelle caisse ?

Korr *(l'imitant méchamment)*. – Quelle caisse ?

Xury. – La vraie caisse. Où l'as-tu cachée ?

(Korr prend Phébus par le col de sa veste et le secoue.)

Korr. – Réponds !

Xury *(enchaînant sans laisser à Phébus le temps de répondre)*. – Tu nous as refilé la fausse et tu as gardé la bonne.

Korr *(le secouant toujours)*. – Réponds !

Xury. – Ah ! Tu as voulu nous mettre les ventouses ? Où est la caisse ? Je te parle !

Korr *(secouant avec brutalité)*. – Réponds ! *(Il repousse Phébus qui tombe assis sur la caisse et ne dit rien.)*

Laurent *(violent)*. – Il n'y a pas de caisse ici ! D'ailleurs, tu me déplais.

XURY *(à Korr)*. – Je lui déplais ! *(Il sourit avec méchanceté.)*

LAURENT. – Tu ressembles à un mur de prison.

XURY *(s'approchant de Laurent, l'index pointé)*. – Répète. Qu'est-ce que tu as dit à propos d'un mur ?

KORR. – Réponds. Xury te parle.

XURY. – À quoi est-ce que je ressemble ?

LAURENT *(d'une voix blanche)*. – Tu ressembles à un mur de prison.

PHÉBUS. – Pas d'histoires, Laurent.

XURY. – Répète.

LAURENT. – Tu ressembles à un...

XURY. – À quoi ?

LAURENT. – ... à... tu...

XURY. – À quoi ?... Je te parle !

LAURENT. – Tu...

XURY. – À quoi ? *(Silence.)* Où est la caisse ?

LAURENT *(d'une voix blanche)*. – Il n'y a pas de caisse ici...

XURY *(à Laurent)*. – Je ne te demande pas ton avis. *(À Korr :)* Va voir sur la plage.

(Korr descend vers la plage.)

PHÉBUS *(à mi-voix)*. – Pas d'histoires, Laurent.

XURY *(à Phébus)*. – Je te parle.

PHÉBUS. – Oui.

XURY. – S'il y a une caisse qui échoue ici...

PHÉBUS *(les yeux candides)*. – Oui ?

XURY. – Tu la caches jusqu'à ce que je vienne. Compris ?

(Korr revient.)

PHÉBUS. – Oui.

KORR. – Il n'y a rien sur la plage !

XURY *(d'une voix douce)*. – Tu auras cent balles... Mais si tu ne me donnes pas la caisse, tu n'auras que cinq balles... dans la peau...

PHÉBUS. – Oui...

KORR. – Qu'est-ce qu'il y a sous le bateau ? *(Il montre une vieille malle.)*

PHÉBUS. – Il n'y a rien sous le bateau.

XURY. – Tu es nerveux.

PHÉBUS. – Je dis qu'il n'y a rien.

XURY. – Tu pues le mensonge.

PHÉBUS. – Je n'ai pas de caisse. Vous l'avez eue, ma caisse. La voilà, ma caisse. *(Il montre la caisse vide.)*

XURY. – Tu pues... et ça ?

KORR *(il s'est penché sous le bateau, il a soulevé le couvercle d'une vieille malle et en retire un objet)*. – Qu'est-ce que c'est ?

PHÉBUS *(avec crainte)*. – C'est mon avalon.

XURY. – Qu'est-ce que c'est, un avalon ?

PHÉBUS. – Ma musique.

KORR. – Joue.

PHÉBUS. – Non.

XURY. – Joue. Je te parle.

PHÉBUS. – J'ai les cordes vocales embuées.

KORR. – On s'en fout, de tes cordes vocales ! Joue.

(On entend la portière d'une auto.)

PHÉBUS. – Ma fibre musicale a pété.

XURY. – Ne me regarde pas comme ça.

KORR. – Tu es sourd ? Ne le regarde pas comme ça !

XURY. – Je te parle.

Scène VII
LAURENT - PHÉBUS - KORR - XURY - LÉON VESTE - LE BIGAME

(Entre Léon Veste, suivi du Bigame.)

KORR. – Xury ?

XURY. – Quoi ?

KORR. – Regarde... Léon Veste !

XURY. – Léon Veste ?

KORR. – Et quelqu'un d'autre.

XURY *(contrarié)*. – C'est le Bigame.

(Korr dépose l'avalon contre la caisse. Il s'approche de Xury.)

PHÉBUS *(à Laurent)*. – Léon Veste... il a averti le Bigame...

LAURENT. – Pourquoi viennent-ils ?

(Phébus, découragé, s'assied sur la caisse. Xury et Korr se sont rapprochés de Phébus et de Laurent. Ils forment un groupe attentif aux nouveaux arrivants.)

XURY *(à Phébus)*. – Pas un mot de la caisse. Debout.

PHÉBUS *(il se lève)*. – Quoi ?

XURY. – Tu ne sais rien concernant une caisse. Assis.

PHÉBUS. – Quelle caisse ?

KORR. – Debout.

XURY. – Je te parle. Assis !

(Le Bigame, voyant Korr et Xury, s'est arrêté d'un air mécontent. Le Bigame est un homme sec, petit, habillé d'un costume trop bien repassé. Il a l'air de sortir de la vitrine d'un grand magasin. Il porte un chapeau clair. Il allume, non sans préciosité, un long et mince cigare.)

LE BIGAME *(à Léon Veste)*. – Tu ne m'avais pas dit...

LÉON VESTE *(avec précipitation)*. – J'ai tout dit.

LE BIGAME. – ... que Korr et Xury étaient sur l'affaire.

LÉON VESTE. – J'ai pourtant bien regardé.

Le Bigame. – Tu as mal regardé.

Léon Veste *(avec angoisse)*. – J'ai tout dit. Je t'ai dit que Delphine était ici et qu'elle doit avoir une combine avec Xury, mais Delphine était déjà partie quand la caisse est arrivée.

Le Bigame *(son bavardage, parfois extravagant, est coupé de phrases sèches et hachées qui révèlent une volonté destructrice)*. – Je me demande. Oui. Je me demande. Non. Ah ! Le vent se réveille un peu. Un courant d'air sur l'eau. Dans les rues d'Anvers, aujourd'hui, l'air est mort comme du sable. *(Sec et dur :)* Va dire à Xury de soulager ma vue.

Léon Veste *(ennuyé)*. – Écoute, le Bigame...

(Le Bigame le regarde en silence. Léon Veste va lentement vers Korr et Xury.)

Le Bigame. – Le cigare. En octobre. Au bord de l'eau. Le havane. Quel parfum ! Le vent ne tiendra pas. La fumée a des rondeurs ! Des rondeurs. Rondeurs... *(Avec violence, à Léon Veste :)* Eh bien ! Qu'est-ce que tu attends ?

Léon Veste *(embarrassé, à Korr et Xury)*. – Ce n'est pas moi qui le dis. Je n'y suis pour rien. J'ai rencontré le Bigame tout à fait par hasard. Et maintenant il me dit, comme ça, qu'il aimerait être tout seul sur cette plage en compagnie de Phébus. Je n'ai pas demandé au Bigame de venir ici, ce n'est pas moi qui vous demande de partir, c'est lui qui veut être seul...

Xury *(s'approchant du Bigame)*. – Écoute, le Bigame, pas besoin de cachotteries. Il n'y a pas de caisse ici.

Le Bigame *(examinant son cigare)*. – Qui parle de caisse ?

Korr *(maladroit)*. – Puisque Xury te dit qu'il n'y a pas de caisse !

(Xury lui donne un coup de coude pour le faire taire.)

Le Bigame. – Qui parle de caisse ?

Xury. – Ne joue pas. Tu es venu pour nous voler cette affaire. Léon t'a averti. Léon Veste est ton indicateur ; oui, nous attendions une caisse, mais elle n'est pas arrivée.

Léon Veste *(ravi)*. – Moi, un indicateur ?

Le Bigame. – Le vent ne tiendra pas. Nous aurons du brouillard, cette nuit. *(Sec :)* Tu parles trop.

(On entend le bruit d'un moteur de bateau.)

XURY. – Je n'ai pas peur. Nous voler notre caisse ! Une petite affaire. Du tabac. Tu ne t'occupes jamais de petites affaires.

LE BIGAME *(pensif)*. – Du tabac. Je ne crois pas.

KORR *(colère maladroite)*. – Puisque Xury te dit : du tabac !

XURY. – Tais-toi. Tu n'as pas le ton pour le Bigame.

(Le moteur s'arrête.)

LE BIGAME *(à Xury)*. – Tu es trop nerveux. Pas de tabac.

XURY. – La caisse n'est pas arrivée.

SCÈNE VIII
LAURENT - PHÉBUS - KORR - XURY
LÉON VESTE - LE BIGAME - DELPHINE - BUSTIER

(Entre Delphine, suivie de Bustier.)

XURY. – Eh ! Delphine ! Viens ici ! Dis au Bigame ce qu'il y a dans la caisse que nous attendons ?

DELPHINE *(sans hésiter, mais un peu trop vite)*. – Du tabac.

LE BIGAME *(ironique)*. – Ah ! du tabac.

DELPHINE. – Voyons, le Bigame ! Du tabac ! C'est une toute petite combine, hein, Bustier. Des cigarettes américaines et du tabac. Je l'ai eue, je ne dirai pas comment.

LE BIGAME. – Voire.

DELPHINE. – Bustier ! Parle !

BUSTIER *(morne)*. – Du tabac.

DELPHINE. – Plus fort.

BUSTIER. – Tabac.

DELPHINE. – Plus fort !

BUSTIER. – Nom de Dieu, du tabac !

XURY. – Tu entends, le Bigame ? Du tabac ! Mais la caisse n'est pas arrivée, sinon on te le montrerait, ce tabac !

Le Bigame. – Alors vous travaillez ensemble ?

Delphine. – Non. Sauf cette petite affaire de tabac.

Le Bigame *(à Delphine)*. – Et tu as choisi Xury ?

Bustier *(à lui-même)*. – Je voudrais qu'elle crève !

Delphine *(à Bustier)*. – Hein ?

Bustier. – Je disais : «L'automne est là avec son cortège de pluies et de frimas.»

Delphine. – Ferme !

Bustier. – Oui.

Delphine. – Écoute, le Bigame, je travaille à la commission. Si tu veux la caisse, je te la donne...

Xury. – Alors, tu me laisses tomber ?

Delphine *(au Bigame)*. – Qu'est-ce que tu en penses ?

Le Bigame *(sec)*. – Je n'ai pas besoin de toi. *(Sans plus s'occuper de Delphine ni de Xury, il va vers Phébus.)*

Xury *(à Delphine)*. – Ça ne se passera pas comme ça !

Delphine *(ironique)*. – Non ?

Le Bigame *(à Phébus)*. – Où est la caisse ?

Léon Veste. – Lève-toi quand le Bigame te parle.

(Phébus se lève, très inquiet.)

Phébus. – La caisse ? Eh bien...

Laurent *(ferme)*. – Il n'y a pas de caisse. Rien.

Le Bigame *(menaçant)*. – Rien ?

Korr. – Puisque Xury te dit... *(Un coup de coude de Xury le fait taire.)*

Le Bigame *(s'avançant vers Phébus)*. – Rien ?

Laurent. – Rien.

Le Bigame *(il s'assied sur la caisse jouant la surprise)*. – Étonnant ! Étonnant ! Étonnant ! *(Fumant :)* Rondeur. Octobre. *(Humant sa fumée :)* Odeur bleue du havane. *(À Phébus :)* À propos, as-tu une autorisation de séjour ?

PHÉBUS *(inquiet).* – Une quoi ?

LE BIGAME. – As-tu demandé à la police du port l'autorisation d'habiter ici ?

PHÉBUS *(inquiet).* – Il faut une autorisation ?

LE BIGAME. – Oui. *(Silence.)* Faut un papier. *(Silence.)* Signé, estampillé.

PHÉBUS *(se grattant les cheveux).* – Il y a bien une petite caisse de rien du tout qui est arrivée cet après-midi.

LE BIGAME. – Où est-elle ?

XURY. – Elle était pleine d'ananas ! *(Montrant la caisse vide.)* La voilà, tiens. Si ça t'intéresse, t'auras les ananas.

LE BIGAME. – Je ne te demande pas ton avis. *(À Phébus :)* Où est-elle ?

LAURENT *(avec angoisse).* – Phébus !

PHÉBUS. – Pas d'histoires... Oui, quelque chose a été apporté par la marée, quelque chose sans importance sur quoi tu es assis.

LE BIGAME *(prévenant une intervention violente de Xury et de Korr).* – Eh ! Pas bouger ! *(Il se lève et découvre la caisse.)* Va porter cette caisse dans ma voiture.

KORR. – Nom de Dieu ! Moi ! Il nous fauche notre caisse et je devrais...

XURY. – Fais ce que dit le Bigame !

(Korr emporte la caisse.)

PHÉBUS *(à Laurent).* – Pas d'histoires ! Nous ne sommes en rien mêlés à cette affaire !

XURY *(au Bigame).* – Tu me le payeras !

LE BIGAME *(ironique).* – Oui ? J'ai beaucoup de bons amis. Bien habillés. Forts. J'ai de très bons amis.

XURY. – M'en fous ! Tu me le payeras !

LÉON VESTE *(au Bigame).* – Si je puis t'être utile en quoi que ce soit... *(Il rit d'un air entendu.)*

XURY. – Toi, tu es trop lâche ! Je n'ai pas peur. Tu es une lâche crapule.

(Léon Veste rit doucement.)

Scène IX
Laurent - Phébus - Korr - Xury - Léon Veste
le Bigame - Delphine - Bustier - le Bon-Dieu

(Entre le Bon-Dieu. C'est un vieux vagabond avec une barbe blanche, des joues rouges, le dos voûté, une casquette à carreaux, l'air béat et hilare. Il parle un langage bien à lui, avec un accent qui ne ressemble à aucun accent existant. Il s'exprime avec d'immenses difficultés, comme s'il tirait chaque mot au hasard du fond de l'Escaut. Mots déformés, cassés, hérissés, battus par toutes les tempêtes et toutes les misères. Parfois un de ces mots semble un précieux débris de la statue de quelque dieu ancien et barbare. La transcription phonétique de ce langage en rend malheureusement la lecture difficile. On veillera à prononcer le W comme en anglais dans «wind» ou «wife». La phrase est scandée par les voyelles â et eû traînantes et appuyées.)

Le Bon-Dieu *(à Phébus).* – C'esty, c'esty, ké, ké jeu... heu... heu...

Phébus *(au Bon-Dieu).* – Parle pas, Bon-Dieu.

Le Bon-Dieu. – Mâ eskeû... heû... hm... heû... *(Il s'enroue.)*

Xury. – Oui, tu me le payeras.

Léon Veste *(insistant).* – Dis, le Bigame ! Si je puis t'être utile...

Le Bigame *(sec).* – Je n'ai plus besoin de toi. Tu es trop bête ! Regarde dans quelle pétaudière tu m'as fourré. *(À Xury :)* Tous les soirs. Onze heures trente. En rentrant du "Capri". Je passe le long du quai soixante-six. Il n'y a pas de lumière. Je n'aime pas la lumière. Endroit idéal pour m'attaquer, mais tu ne m'attaqueras pas. *(À Léon Veste, avec une douceur menaçante :)* Eh bien ! Fous le camp !

(Léon Veste sort.)

Le Bon-Dieu *(à Phébus).* – Heû eskeû jeû peû heû...

Xury *(menaçant).* – Onze heures trente ? J'y serai.

Le Bigame *(ironique).* – Oui ? Tu y seras ? Je n'en crois rien ! J'ai trop d'amis. *(Il va pour sortir.)* Je les vois chaque soir au «Capri». Joli café.

Le Bon-Dieu. – Mâ dis, Phébus ? Jeû peû ceû swaar ?

Le Bigame. – Des miroirs. Un bar nickelé. Du néon rose. Du néon bleu, du néon blanc. Vo-lup-tu-eux. *(Se tournant vers Xury, sec :)* Gare à toi. *(Il sort.)*

Scène X
Laurent - Phébus - Xury - Delphine - Bustier - le Bon-Dieu

Xury *(obstiné).* – J'irai tout de même.

Le Bon-Dieu. – Volupp ! tuheux ! Heû !

Xury. – Alors, tu m'as laissé tomber ?

Delphine. – Écoute, mon petit, je savais qu'il finirait par avoir la caisse. Je travaille à la commission, moi. Tout ça ne serait pas arrivé si nous ne l'avions pas ratée, la caisse. Tout à l'heure, le Bustier et moi, on est restés ici à bavarder. La caisse aurait dû arriver. Alors comme rien ne venait, on est partis en bateau. On aurait dû la voir à cent mètres du bord, cette caisse ! C'était impossible de passer à côté. Eh bien ! on est passés à côté ! Et elle est venue bêtement s'échouer ici, pendant que nous, on la cherchait un peu plus loin.

Xury. – Je me passe de tes explications.

Delphine. – Ah ? Oui ?

Xury. – Punaise, va ! Sale petite punaise.

Delphine *(elle sourit et parle à son lapin).* – Maman n'entend pas ! N'est-ce pas mon petit coco ? Mais Bustier va répondre ! N'est-ce pas, mon petit loup ? *(Sèche :)* Bustier !

Bustier *(morne).* – Du tabac !

Delphine. – Eh bien ! Quoi ?

Bustier *(plus fort).* – Du tabac ! *(Se troublant sous le regard de Delphine :)* Ah ? Quoi ? Avec tous ces changements...

Delphine *(menaçante).* – Quels changements ?

Le Bon-Dieu. – Changements deû temps. Il vâ ploûvwaar. Ceû certain !

Bustier. – Je dirai tout ce que tu veux. Je m'en fous, moi ! Mais il faut d'abord savoir quoi.

Xury *(fixe Delphine, qui d'abord a soutenu son regard, puis a baissé les yeux).* – Alors tu m'as laissé tomber ! Tu le regretteras. *(Marchant vers Phébus :)* Tu avais trouvé la vraie caisse et tu l'avais cachée !

Phébus. – Tu connais le Bigame...

XURY *(menaçant)*. – Et tu la lui as donnée !

PHÉBUS. – Pas d'histoires. Je n'ai plus de caisse. Tout est fini. Je ne sais plus rien.

XURY *(il prend l'avalon et le fracasse contre la barque)*. – Tu avais les cordes vocales embuées. Les voilà qui pendent maintenant. *(Il sort.)*

SCÈNE XI
LAURENT - PHÉBUS - DELPHINE - BUSTIER - LE BON-DIEU

LE BON-DIEU. – Jeû crwaâ keû jeû va dourrémir.

DELPHINE *(au lapin)*. – Allons, mon coco ! Aie pas peur ! T'agite pas. *(À Bustier :)* Ferme !

BUSTIER. – Oui. *(Il ferme son livre.)*

DELPHINE. – Imbécile.

BUSTIER. – Je ne comprends plus rien, moi ! Pourquoi es-tu fâchée ? Parce que j'ai dit «du tabac» ?

DELPHINE *(dédaignant de répondre à Bustier, parlant au lapin)*. – Chaque fois que quelque chose se casse, il a des convulsions.

LE BON-DIEU. – Il âme pas lêu pôtin, ceû lapin.

LAURENT *(il a ramassé les débris de l'avalon)*. – Ne sois pas triste, Phébus, je te donnerai ma guitare.

PHÉBUS *(il prend les débris de son avalon et les regarde avec tristesse)*. – Il a tué mon avalon. Il ne revivra plus jamais, mon avalon. Sa musique est partie. *(Pris d'une rage subite :)* Je l'aurai, Xury ! Je l'aurai ! Ce soir à onze heures trente, au quai soixante-six. Il sera seul ! Oui. Je connais l'endroit. Le passage n'est pas plus large que ça. C'est le quai au bois. D'un côté les piles de bois, de l'autre côté, l'eau. *(Au Bon-Dieu :)* Le Bigame ? Tu dis que le Bigame sera là aussi ?

LE BON-DIEU. – Mâ, non, jeû dis riân. Pas le Bî, pas le Bîame.

PHÉBUS. – Le Bigame ne viendra pas. Trop malin. Trop clairement expliqué par où il passe. Je le connais. Passera d'un autre côté.

Le Bon-Dieu. – Wii ? Heu ! Heu !

Phébus *(il s'avance d'un air menaçant).* – Phébus : «C'est toi, Xury.» Xury : «Oui, c'est moi. Que veux-tu ?» Phébus : «Où as-tu mis mon avalon ?» Xury : «Excuses. C'est par erreur.»

Le Bon-Dieu. – Pâs vrai ! C'était pâs pâ erreû !

Phébus. – C'est aussi par erreur que je te pousse !

Le Bon-Dieu *(effrayé).* – Héééé !

Phébus *(il fait mine de pousser quelqu'un dans l'eau).* – Xury : «Ne fais pas ça, Phébus !» Phébus : «Va chercher mon avalon au fond de l'eau !...» Je l'ai poussé comme ça. *(Il fait le geste de pousser légèrement.)* Faut pas plus que ça pour qu'il perde l'équilibre.

Le Bon-Dieu. – Tu crwaâ ? Faut nîe pûs keû çaa ? *(Il regarde.)*

Phébus. – Et moi, je regarde. On ne sait jamais, il pourrait essayer de remonter. L'eau s'est ouverte. Les lumières qui se reflètent dans l'eau ont éclaté. Puis les éclats se sont recollés, ont dansé, se sont calmés, et les voilà comme des clous d'or, fichés dans l'eau fermée, des clous qui ferment pour toujours au-dessus de Xury, le couvercle noir. *(Il ouvre son couteau d'un geste précis et en essaie le fil sur l'ongle.)*

Le Bon-Dieu. – Mâ dis, Phébus, wîi ? Je voudrais dourrémir chez twâ ceu swaâr !

Phébus. – Je l'aurai ! Xury !

Fin du premier acte

Acte II

Même décor. Jour de brouillard. On entend les cloches des bouées.

Scène I
Laurent - Phébus

Laurent *(il tend une guitare à Phébus).* – Phébus, je te la donne.

Phébus *(il pose la guitare à côté de lui. Sans joie).* – Ah ! Une guitare... elle est belle...

Laurent. – J'ai pensé tout le temps à l'avalon. Sa musique s'est envolée ?

Phébus. – Oui. Envolée. L'avalon est mort.

(Silence.)

Laurent. – Je n'ai jamais vu un mort...

Phébus *(désabusé).* – Beh ! Mon garçon ! Pour ce que ça bouge !

Laurent *(timide).* – Es-tu allé ? Hier soir à onze heures trente ?... Xury...

Phébus. – Oui.

Laurent *(angoissé).* – Et... *(Silence.)* Tu ne l'as pas...

Phébus. – Je l'ai engueulé.

Laurent. – Tu ne l'as pas poussé ?

Phébus. – Je l'ai engueulé ! Mais engueulé !

Laurent *(soulagé).* – Ah ! Alors tout va bien, Phébus !

Phébus *(découragé).* – Non, ça va mal. *(Il regarde autour de lui.)*

Laurent *(reprenant le jeu du premier acte).* – Le Boznak est revenu ?

PHÉBUS *(prudent)*. – Non. Non. Du moins, je ne crois pas. Le brouillard...

LAURENT. – Cette nuit, dans ma chambre, j'ai entendu qu'il y avait du brouillard.

PHÉBUS. – Tu entends le brouillard ? Fines oreilles ! Mais ça ne te rendra pas gras : «qui entend le brouillard mangera de la pluie.»

SCÈNE II
LAURENT - PHÉBUS - LE BON-DIEU

(Le Bon-Dieu descend la petite échelle du bateau-maison de Phébus.)

LE BON-DIEU *(à Laurent)*. – Où sont cêu târtines, kwâ ? Phébus dîs ké t'as des târtines blanches commeu leu mains dé ta Mâmamn, kwâ ?

LAURENT *(sourit)*. – Oui, je les ai. Tiens. *(Il donne les tartines. Phébus et le Bon-Dieu se partagent les tartines et les mangent.)* J'entends les sirènes des bateaux enveloppées d'ouate.

PHÉBUS *(la bouche pleine)*. – C'est ce que disait le Bon-Dieu hier soir. Hein, Bon-Dieu ? *(Il lui donne un coup de coude.)*

LE BON-DIEU *(la bouche pleine)*. – Sacré Nom Didjâ ! C'eû bon, kwâ !

PHÉBUS *(la bouche pleine)*. – Parle pas la bouche pleine. Il disait : «Le brouillard, c'est de l'ouate.»

LE BON-DIEU *(regardant la tartine)*. – Qu'esqueû y a spongé ladsus ? Du miâl ? Kwâa ? Du miâl de fleû ?

LAURENT. – Du miel de bruyère, oui.

LE BON-DIEU *(après avoir fourré en bouche le dernier morceau de tartine)*. – Ladsus mwâ, jeû va dourrémir. *(Il va vers la petite barquette éventrée à l'avant-plan.)* On l'a foutue la quille en l'ar ! C'eû bien ! Comm'ça, la quille dans le cial, j'va naviguer en dourrémant, kwâ ? *(Il se glisse dans la barquette par le trou béant.)* Avec la quille dans c'teu fleuv de watte, kwâa ? Qu'eusqueu jeu vâ démarrer, râver, dourrémir, dériver, aveuc leu ventre plan deu miâl, kwâ ! *(Il disparaît dans la barquette éventrée.)*

PHÉBUS *(il regarde autour de lui avec inquiétude, puis à Laurent)*. – Écoute ! Mais ne répète pas ! Cette nuit, j'avais l'impression d'être devenu creux. *(Laurent rit. Phébus le regarde sévèrement :)* Je n'étais plus qu'une barquette vide et je voguais sur le brouillard. Si ce brouillard était entré en moi, j'étais foutu. Tu comprends... s'il vient partout, ce brouillard, là, à l'intérieur... si le niveau monte et si je ne suis plus qu'un type plein de brouillard, je suis foutu, alors...

Scène III
Laurent - Phébus - le Bon-Dieu - Léon Veste

(Entre Léon Veste.)

Léon Veste. – Bonjour Phébus.

Phébus *(réticent)*. – ... prudent. *(Il grommelle et crache. À Laurent :)* Prudent que je suis !

Léon Veste. – Je viens voir par ici.

Phébus. – Il n'y a rien aujourd'hui, Léon Veste.

Léon Veste *(buté)*. – Je viens voir.

Phébus. – Trop de brouillard.

Léon Veste *(silence)*. – Le Bigame n'était pas content.

Phébus. – Qu'est-ce qu'il lui faut ? Il a eu sa caisse.

Léon Veste *(ravi)*. – Il m'a battu. *(Silence.)* Tu ne dis rien ?

Phébus *(renfrogné)*. – Non.

Léon Veste *(non sans une sorte de délectation)*. – Le Bigame croit que je ne lui ai pas tout dit. J'étais à son service pour tout lui rapporter. J'adore ça. *(Silence.)* Tu ne dis rien ?

Phébus. – Non. *(Il crache avec dégoût.)*

Léon Veste. – Quand j'ai vu une caisse pas comme les autres aborder ici, j'ai été l'informer. Il aime faire ses coups d'une façon inattendue, sans être mêlé aux combines. Il aime prendre sans qu'on s'y attende, ainsi aucune piste ne mène à lui... Mais je ne savais pas que Korr et Xury seraient là ! Quand la caisse est arrivée, il n'y avait que vous deux sur la plage aux anguilles... Alors il m'a battu. *(Étonnement de Laurent.)* Battu ! *(Il rit.)* Mais je ne savais pas... sinon j'aurais tout dit... j'aime cafarder. En somme, d'où venait-elle, cette caisse ?

Phébus. – Je ne sais pas...

Léon Veste. – Oui, tu le sais. Mais tu ne diras rien, tu te méfies de moi, tu as tort... *(D'un ton dégagé :)* Quand Xury passera tout à l'heure, dis-lui que je suis prêt à entrer à son service. Je suis libre en ce moment. Sans situation.

Phébus. – Fais tes commissions toi-même.

Léon Veste *(négligent)*. – J'ai quitté le Bigame... et Xury me plaît... Je travaillerai pour lui. J'aime informer. Je suis une sorte de journaliste. J'informe. Et Xury sera un patron agréable. Il ne lésinera pas sur les commissions, comme le Bigame.

Laurent *(indigné)*. – Vous vous faites payer pour dénoncer !

Léon Veste *(heureux)*. – J'ai cherché Xury toute la matinée pour lui faire mes propositions de service, alors... s'il passe, sois gentil, Phébus, dis-lui que je voudrais le voir.

Phébus. – Non.

Léon Veste *(sans faire attention)*. – Quant au Bigame, il le regrettera !

Phébus. – Tu n'oseras pas toucher au Bigame ! *(Il crache.)*

Laurent. – Vous êtes trop lâche !

Léon Veste *(ravi)*. – Oui. Je suis lâche. Et c'est pourquoi il me battait. Mais il m'a chassé en disant que je suis bête. Et ça, je ne lui pardonne pas. Il le regrettera. Il saura bientôt qu'il n'y a pas deux informateurs comme moi. On fait le métier qu'on aime. Et j'aime cafarder. Oui, c'est bon, c'est doux.

Laurent *(avec douleur)*. – Salaud !

Léon Veste. – C'est bon ! J'en ai la bouche pleine de salive, rien que d'y penser.

Phébus *(froid et hostile)*. – Il n'y a rien, aujourd'hui.

Léon Veste. – Rien ? Tu es sûr ?

Phébus. – Trop de brouillard.

Léon Veste. – C'est ce que je pensais... trop de brouillard ! *(Il disparaît derrière le bateau.)*

Laurent. – Lâche !

Phébus *(avec mépris)*. – Bah ! T'occupe pas de lui. *(Il le regarde s'éloigner et crache avec mépris.)*

Laurent. – Phébus... Léon Veste... je crois qu'il nous écoute.

PHÉBUS *(superbe).* – Je le piétine ! Tu n'as pas vu comme il a foutu le camp ? *(Imaginant un dialogue avec Léon Veste :)* Phébus : «Pneu crevé, je vais te mettre mon pied au cul !» Léon Veste : «Mais Phébus !» Phébus : «Donneur ! Sale petit donneur !» Léon Veste : «Je n'ai rien fait !» Phébus : «Tu as des dents pourries dans ta bouche pleine de salive !» Léon Veste : «Phébus, je te demande pardon !» *(Phébus rit.)*

LAURENT *(prudent, va derrière le bateau).* – Non, il n'est pas là, mais peut-être sur la plage... *(Il va vers la plage.)*

PHÉBUS. – Oui, c'est un donneur ! Il rabat toutes les affaires qu'il trouve pour le Bigame. Mais en même temps il donne tout à la police. Tout. Et ça, le Bigame l'a peut-être appris. Voilà pourquoi il l'a chassé. Mais je me demande pourquoi il est venu nous raconter tout cela. En somme, je m'en fous. Qu'il rapporte à qui il veut ! C'est pas ça qui changera quelque chose à ma vie... il y a d'autres dangers ! *(Inquiet :)* Cette nuit, j'y ai pensé... et si ce n'était pas le vrai brouillard ? Si c'était le Boznak qui essayait de m'étouffer ? Par l'intérieur. En se coulant dans mes veines ? Partout ! En ne laissant que la peau... je serais gonflé, tout plein d'ouate à l'intérieur...

LAURENT *(il regarde vers la plage. On voit qu'il a très peur. D'une voix à peine perceptible et toute changée).* – Phébus !

PHÉBUS *(sans bouger. Il se rend compte que quelque chose de grave se passe et il n'ose pas se retourner).* – Quoi ?

LAURENT. – Viens !

PHÉBUS. – Quoi ?

LAURENT. – Il y a un noyé, là !

PHÉBUS. – Un noyé ? *(Silence.)* Un homme ? Jeune ? Quoi ? Vieux ? Va voir...

LAURENT. – Moi ?

PHÉBUS. – Toi !

LAURENT *(sans bouger).* – J'ai bien vu... c'est un noyé !

PHÉBUS. – Va voir. Rien que voir... et viens me dire après... c'est peut-être le...

LAURENT *(terrorisé).* – Non !

PHÉBUS. – Il n'a aucun pouvoir sur toi.

LAURENT. – Non.

PHÉBUS *(brutal).* – Va ! Va ! Allons ! Va ! *(Laurent s'approche avec crainte de la plage. Il ne sort pas tout à fait de la scène. Il regarde en direction du noyé, puis il revient vers Phébus.)* Eh bien ?

LAURENT. – Non. Un vrai noyé. Tout gonflé et plein de limon.

PHÉBUS. – Tout gonflé et plein de limon ? Un vrai noyé ? *(Soulagé :)* Ah !

LAURENT. – Il a une chemise rouge. *(Silence.)* Je crois que c'est...

PHÉBUS. – Une chemise rouge ?

LAURENT. – Xury !

PHÉBUS. – Xury ! Tu as mal vu ! *(Il va vers la plage.)*

LAURENT. – Oui, Xury... je l'ai reconnu à sa chemise, et puis aussi à sa bouche... Il est tout gonflé. Il est autre. Mais c'est Xury. Il est mort.

VOIX DE PHÉBUS. – Laurent !

LAURENT. – Quoi ?

VOIX DE PHÉBUS. – Viens !

(Laurent obéit à contrecœur et sort. Léon Veste qui s'était caché derrière un bateau, traverse la scène sans faire de bruit. Il observe un instant Laurent et Phébus, puis disparaît. Phébus et Laurent remontent. Silence.)

PHÉBUS. – C'est Xury !

LAURENT *(douloureux)*. – Phébus ! Comment est-ce possible ?

PHÉBUS. – Quoi, possible ?

LAURENT. – C'est arrivé... hier soir ?...

PHÉBUS. – Hier soir ? *(Très vite :)* Ce n'est pas moi ! Je n'ai rien fait ! Rien ! J'étais ici, hier soir ! Dans mon bateau ! Xury est tombé dans l'eau... par accident, peut-être... à cause du brouillard. Cette nuit, il y avait un énorme brouillard blanc. *(Silence.)* Ou bien, c'est quelqu'un d'autre qui... *(Il regarde autour de lui.)* Le Bigame... Moi, j'étais ici dans mon bateau...

LAURENT *(inquiet)*. – Phébus, hier tu as dit que tu pousserais Xury...

PHÉBUS. – Rien du tout ! Je n'ai rien dit. J'étais dans mon bateau...

LAURENT. – Tu m'as dit que tu as rencontré Xury et que tu l'as engueulé.

PHÉBUS. – Je n'ai pas dit ça. Je ne l'ai pas engueulé, parce que je ne l'ai pas vu.

LAURENT. – On ne te croira pas.

PHÉBUS. – On ne me croira pas ? Je n'ai qu'à dire que ce n'est pas moi. Ce n'est pas moi. Cette nuit, j'étais tranquillement assis dans ma cabine. Je buvais du café en fumant ma pipe. Avec le Bon-Dieu. Je n'ai pas mis le nez dehors. Je ne savais même pas qu'il y avait du brouillard. *(Imaginant un dialogue avec le Bon-Dieu.)* J'ai dit au Bon-Dieu... Phébus : «Est-ce que tu crois qu'il y a du brouillard ?» Le Bon-Dieu : «Kwaâ ?» Phébus : «Est-ce que tu crois qu'il y a du brouillard ?» Le Bon-Dieu : «Kwaâ ?...» Tranquilles qu'on était, et calmes ! À parler et à boire du café. Je ne pensais même à rien. À rien du tout. Je n'ai pas poussé Xury.

LAURENT. – Phébus, qu'est-ce que tu vas faire ?

PHÉBUS *(inquiet)*. – Je ne sais pas.

LAURENT. – Avertir la police ?

PHÉBUS *(inquiet)*. – Non, pas avertir la police.

LAURENT. – Attendre ?

PHÉBUS. – Non, pas attendre.

LAURENT. – Que vas-tu faire, alors ?

PHÉBUS *(marchant de long en large)*. – Ils me croiront ! Je leur dirai que hier soir, j'étais ici...

LAURENT *(timidement)*. – Phébus ?

PHÉBUS. – Quoi ?

LAURENT. – Ils sauront vite que tu as menacé Xury.

PHÉBUS. – J'ai menacé ? Moi ? Menacé Xury ? Je n'ai menacé personne. *(Silence. Puis, imaginant un dialogue avec le commissaire de police.)* Le Commissaire : «Quel est ton nom ?» Phébus : «Phébus.» Le Commissaire : «Où habites-tu ?» Phébus : «Ici.» Le Commissaire : «Montre ton autorisation de séjour signée et estampillée par la police du port.» *(Phébus fouille ses poches.)* Phébus : «Je l'ai perdue.» Le Commissaire : «Pas besoin de chercher, tu n'en as pas.» Phébus : «J'irai en demander une demain.» Le Commissaire : «Demain, c'est trop tard...» *(Découragé :)* Et il inscrit que je n'ai pas d'autorisation. Le Commissaire : «Qui est ce noyé ?» Phébus : «Je ne sais pas.» Le Commissaire : «Qui est ce noyé ?» Phébus : «Je ne l'ai jamais vu.» Le Commissaire : «Qui est ce noyé ?» Phébus : «C'est Xury.» *(Les trois dernières questions du commissaire de police sont posées avec de plus en plus de violence.)* Le Commissaire : «Tu le connais ?» Phébus : «Non.» Le Commissaire : «Comment sais-tu son nom ?» Phébus : «Je l'ai entendu par hasard.» Le Commissaire : «Tu l'as tué ?» Phébus :

«Non.» Le Commissaire : «Tu l'as tué parce qu'il a cassé ton avalon.» Phébus : «Non.» Le Commissaire : «Tu l'as attendu cette nuit dans le brouillard !» Phébus : «Non.» Le Commissaire : «Au quai soixante-six.» Phébus : «Non.» Le Commissaire : «Tu l'as vu venir comme en rêve !» Phébus : «Non.» Le Commissaire : «Il est tombé.» Phébus : «Non.» Le Commissaire : «L'eau s'est ouverte et puis s'est refermée !» Phébus : «Non.» *(Silence.)* Le Commissaire : «Où étais-tu cette nuit ?» Phébus : «J'étais dans ma cabine.» Le Commissaire : «Que faisais-tu là ?» Phébus : «Je fumais.» Le Commissaire : «Tu ne fumais pas, car tu n'avais plus de tabac.» Phébus : «Je n'avais plus de tabac, c'est vrai, mais...» Le Commissaire : «Pourquoi mens-tu ?» Phébus : «Je ne mens pas.» Le Commissaire : «Tu mens tout le temps». Phébus : «Non.» Le Commissaire : «Tu l'as tué.» Phébus : «Laissez-moi, je n'ai rien fait !»

LAURENT *(il crie)*. – Phébus ! *(Silence.)* Tais-toi ! Il y a quelqu'un !

PHÉBUS *(bas)*. – S'il vient quelqu'un, il faut qu'il ne voie pas le... *(Geste vers la plage.)*

LAURENT. – Tu entends ?

PHÉBUS. – Non.

(Silence.)

LAURENT. – J'entends des pas.

(Silence.)

PHÉBUS. – C'est... *(Delphine entre, suivie de Bustier.)* Delphine ! *(Phébus est atterré.)*

SCÈNE IV
LAURENT - PHÉBUS - LE BON-DIEU
LÉON VESTE - DELPHINE - BUSTIER

(Phébus se précipite vers Delphine et invente n'importe quoi pour la retenir.)

PHÉBUS. – Pourquoi viens-tu aujourd'hui ? Ton bateau n'est pas encore à flot. La marée n'est pas encore assez haute ! Et puis par ce brouillard, personne ne va sur l'eau. Depuis hier soir, je n'ai pas entendu un moteur. Pourtant, je n'ai pas bougé d'ici. J'ai passé toute la soirée dans ma cabine avec le Bon-Dieu, à fumer des pipes et à parler avec le Bon-Dieu. Phébus : «Fameux brouillard !» Le Bon-Dieu : «Fameux brouillard !» Phébus : «Je me demande si ce brouillard va se lever.» Le Bon-Dieu : «Je meu demande si ceu brouillard va se lever.» Phébus : «J'ai l'impression que le brouillard persistera.» Le Bon-Dieu : «J'ai aussi l'impression queu ceu brouillard persisteura.» Phébus : «Je crois que Delphine et Bustier ne pourront pas naviguer demain.» Le Bon-Dieu : «Je crois commeu twâ queu Delphine et Bustier ne pourront pas naviguer demain.» Phébus : «Et remarque, on n'entend pas un moteur.» Le Bon-Dieu : «Remarque, oui ! On n'entend pas un môteur.» Phébus : «Fameux brouillard !» Le Bon-Dieu : «Fameux brouillard !» Phébus : «Et remarque ! On...»

DELPHINE *(elle veut passer)*. – Tu me raconteras ça tout à l'heure !

PHÉBUS *(très aimable, volubile, d'une voix un peu forcée)*. – Et comment va ton lapin, Delphine ? Je m'intéresse énormément aux lapins. Il paraît qu'en Australie il y en avait beaucoup trop, on a dû envoyer des tanks avec des lance-flammes. Après, quand les lapins étaient morts, il y avait beaucoup trop de tanks et trop de lance-flammes. Ça s'appelle rompre l'équilibre naturel. J'ai lu ça. Il y a aussi des lapins angoras. On les plume... il faut bien dire, on les plume, puisqu'on ne peut pas dire on les poile. Tu dis qu'on les épile. Eh bien, non. Épile, c'est pour les femmes, les sourcils, les jambes, et sous les bras, et cætera. Quand les lapins angoras sont plumés, on les met tout nus dans leur clapier. Ils sont roses, alors. C'est pour ça qu'on dit : «Eh bien ! on est rose !» Un jour, il y a eu la myxomatose. C'était un docteur français. Il a été condamné, non, acquitté. Et puis, ça s'est répandu partout et il n'y avait plus un lapin dans toute l'Europe, mais maintenant, il y en a de nouveau des tas. Partout. Dans les clapiers, dans les prairies et même dans ton sac. Les lapins ont de longues oreilles, c'est pas comme les poissons, qui entendent sans oreilles, oui, c'est vrai, mais...

DELPHINE. – Ne te donne pas tant de mal. Il est mort.

PHÉBUS *(comme s'il voulait minimiser un événement)*. – Mais non ! Mais non ! Il n'est pas mort ! Qui dit cela ? Mort ! *(Se ravisant :)* Qui est mort ?

DELPHINE. – Mon lapin. *(À Bustier :)* Allons, parle. Avoue !

BUSTIER *(morne)*. – Lacet.

DELPHINE. – Plus fort !

BUSTIER. – Lacet !

DELPHINE. – Plus fort ! Je n'ai pas entendu !

BUSTIER *(furieux)*. – Lacet, nom de Dieu !

DELPHINE. – Oui ! Il l'a étranglé avec son lacet. Je n'aurais rien remarqué, si, ce matin, en cirant ses souliers, je n'avais pas vu qu'un lacet manquait... J'aurais pensé qu'il était mort des suites de la blessure de la fermeture éclair... Il a tout de suite avoué.

BUSTIER *(pour lui-même).* – Un jour, ce sera elle. Lacet. Lacet.

DELPHINE. – Qu'est-ce que tu radotes ?

BUSTIER. – Je dis : «Oh ! brouillard ! Éternel symbole de la pensée humaine !»

DELPHINE. – Ferme.

BUSTIER *(fermant son livre).* – Oui.

PHÉBUS. – Delphine, ne va pas dans ton bateau. On est mieux ici.

DELPHINE. – Je ne veux pas aller dans mon bateau, je veux m'asseoir.

PHÉBUS. – Ah ! Très bien, très bien. Laurent, apporte le siège pour Delphine.

DELPHINE. – J'irai bien jusque-là.

LAURENT *(avec précipitation).* – Non ! Non ! Voilà ! *(Il apporte la caisse vide.)*

PHÉBUS. – De là, tu pourrais voir le... voir le... je veux dire le brouillard.

DELPHINE *(ne comprend pas).* – Voir le brouillard ?

(Laurent force Delphine à s'asseoir.)

PHÉBUS. – Le brouillard qui vient droit de l'Escaut. Là, tu l'attrapes en plein dans l'oreille droite. Tandis qu'ici... voilà, tu es assise. *(Silence.)* Si tu veux, on parlera encore un peu de lapin, et puis tu retourneras chez toi. Il fait vraiment trop mauvais pour...

DELPHINE *(à Phébus).* – Tu n'as pas vu Xury ? *(Silence atterré.)* Tu n'entends pas ?

PHÉBUS. – Xury ?... Ah ! Xury ? Oui, au fond, Xury n'est pas un si mauvais type. C'est ce que je disais hier soir au Bon-Dieu, je n'ai pas bougé d'ici ! Je disais... Xury, un bon type !

DELPHINE. – Je ne te demande pas ton avis au sujet de Xury. Je te demande où il est. Je le cherche depuis ce matin. J'en ai mal d'avoir couru partout. Je veux lui proposer une nouvelle combine, ça le calmera. J'ai pensé qu'il était peut-être ici. J'ai cherché partout ailleurs. Il ne peut être que par ici.

PHÉBUS. – Par ici ? Il n'était pas ailleurs ?

Delphine. – Non.

Phébus. – Par ici ? *(Hésitant :)* Je l'ai vu, oui.

Laurent. – Phébus ! Tu vas le dire ?

Phébus *(élevant la voix)*. – Je l'ai vu il y a une heure. Phébus : «Ça va, Xury ?» Xury : «Ça va...» Et puis, il a ajouté... Xury : «Tu n'as pas vu Delphine ?» Phébus : «Non.» Xury : «Je la cherche depuis ce matin.»

Delphine. – Il nous cherche ! *(Delphine se lève et marche de long en large. À Bustier :)* Tu vois ! Il ne fallait pas le laisser tomber. Il va nous faire des ennuis. Mais quand il y a une gaffe à faire, tu ne la rates pas.

Bustier. – Alors, c'est ma faute ! C'est moi qui l'ai laissé tomber ?

Delphine. – Qui d'autre ?... Il n'a pas dit pourquoi il me cherchait ?

Phébus. – Oui, il l'a dit.

Delphine. – Et ?

Phébus. – Assieds-toi... assieds-toi... Pas là, c'est glissant.

Delphine. – Eh bien ?

Phébus. – Assieds-toi d'abord, Delphine... à cause du brouillard... ça me donne le vertige de parler à quelqu'un qui marche dans le brouillard.

Delphine *(s'assied)*. – Et alors ? Qu'est-ce qu'il a dit ?

Phébus. – Voilà, il a dit comme ça : «Phébus, dis à Delphine, si tu la vois, je te parle, que si elle a une combine, elle me doit bien ça, qu'elle vienne me trouver.»

Delphine *(satisfaite)*. – Ah ! *(Silence.)* Où ?

Phébus. – Où ? Ah ! Où ? «Qu'elle vienne me trouver demain après-midi à quinze heures à "La Lorgnette" »... Il est tard, Delphine, il fait froid.

Bustier *(fait le geste de regarder une montre-bracelet imaginaire, pompeux)*. – Déjà cinq heures ! Il est tard ! Que dira le Duc ! *(Il a son grand rire asthmatique.)*

Delphine *(elle se lève)*. – Ferme ! Demain, à quinze heures, à "La Lorgnette".

Phébus. – Oui.

Bustier. – Je trouve que c'est ma meilleure ! Je n'ai pas de montre-bracelet !

(Il refait le geste.) «Déjà cinq heures...» *(Il se trouble sous le regard de Delphine. Morne :)* Bien, Delphine.

DELPHINE. – Si tu voix Xury, dis-lui que j'y serai. À "La Lorgnette", demain à quinze heures. Viens, Bustier. *(Elle sort.)*

BUSTIER. – Je viens !... Il faut lire ça, Phébus, ça s'appelle «Patsy et le Duc». Parce qu'il y a un Duc là-dedans qui ressemble tout à fait à Delphine. Mais Patsy ose tout lui dire. Tout. C'est tordant.

VOIX DE DELPHINE. – Bustier !

BUSTIER. – Je viens ! *(Pour lui-même :)* Oh ! Ce qu'elle me ! Ferme ! Ferme ! Ce qu'elle me ! Lacet ! Lacet ! Nom de Dieu ! Lacet ! Ce qu'elle me !

(Il sort. Silence.)

SCÈNE V
PHÉBUS - LAURENT - LE BON-DIEU

PHÉBUS. – Va voir s'il n'a pas bougé.

LAURENT. – Quoi ?

PHÉBUS. – Oui ! Va voir. Je crois qu'il a bougé, ce n'est pas Xury... s'il a bougé, c'est le Boznak. *(Il regarde autour de lui avec crainte.)* Va. *(Violent :)* Va !

LAURENT *(il a peur).* – Oui, Phébus. *(Il va près de la plage et regarde.)*

PHÉBUS. – Eh bien ?

LAURENT. – Il n'a pas bougé.

PHÉBUS. – Tu es sûr ?

LAURENT. – Non ! Il n'a pas bougé ! Il est immobile ! Immobile ! Il est là pour toujours ! Pour toujours ! Tu comprends, Phébus ? Il ne bouge plus ! C'est Xury !

PHÉBUS. – C'est Xury. *(Silence.)* Laurent. Écoute. Écoute ce que j'ai décidé de faire. Pourquoi a-t-il abordé sur cette plage ? Pourquoi ? Pourquoi vient-il nous tourmenter ici ? *(Silence.)* Il y a d'autres places pour un mort que la plage aux anguilles. Il y a des tas de places convenables où tout est prêt pour les recevoir. Ça va tout seul, alors. Ça ne fait aucune difficulté. Il y a des mots et de la musique préparés exprès. Et après cela, on est invité par la famille à boire du porto. Il y a des tas de places. Mais pourquoi est-ce que Xury est ici sur notre plage ? Il s'est trompé de chemin. Ici, il n'y a ni musique, ni porto. Ici, il y aura la police. Et moi, j'ai décidé d'envoyer Xury plus loin.

LAURENT *(effrayé).* – Que vas-tu faire, Phébus ?

PHÉBUS. – Il y a du brouillard aujourd'hui. Personne ne verra. Je prends la barque de Delphine et j'emmène Xury. Je vais là-bas. Près de la bouée 14. La bouée qui sonne. Et je le rejette à l'eau. Qu'est-ce que ça fait ? Il est mort. Tous les marins, on les bascule. Le capitaine du "Phébus", celui qui avait bouffé du crabe, on l'a basculé dans l'océan Indien. L'Escaut ou l'océan Indien, c'est la même chose. C'est de l'eau. La marée descend. Il flottera jusqu'en Hollande. Les Hollandais c'est pas nous. Et moi, je reviens avec le petit bateau à moteur de Delphine. Vingt minutes, et tout est fait. Toi, tu restes ici. Si quelqu'un demande où je suis, tu dis que je ne suis pas là. J'expliquerai. Compris ?

LAURENT. – Oui, Phébus...

PHÉBUS *(se ravisant).* – Attends !

LAURENT. – Phébus, il est mort. Avertissons la police.

PHÉBUS. – As-tu un crayon ?

LAURENT. – Oui...

(Il donne un crayon. Phébus va s'asseoir sur la barquette retournée, tire un bout de papier de sa poche et suce pensivement son crayon.)

PHÉBUS. – Xury s'est suicidé.

LAURENT. – Suicidé ? Comment le sais-tu ? Mais alors, tout est bien. On avertit la police !

PHÉBUS. – Avant de se tuer, il a écrit sur un papier pourquoi il se noie. Je me tue, parce que... *(Silence.)* Je me tue, parce que... *(Silence.)*

LE BON-DIEU *(sort du bateau et s'étire avec volupté).* – Sacré Nom Didjâ, ç'keu j'a dourrémi !

PHÉBUS *(il s'effraye, se lève d'un bond. Puis voyant que c'est le Bon-Dieu).* – Je l'avais oublié, celui-là !

LE BON-DIEU. – C'keu j'a dourrémi, la quille en l'air comme un nwâillé qui descend leû fleuv' leû pieds divant !

PHÉBUS. – Un noyé ! Il n'y a pas de noyé ici.

Le Bon-Dieu. – Je t'eu dis keu j'a dourrémi comme un nwâillé qui...

Phébus. – Tu as dormi comme un plomb.

Le Bon-Dieu *(obstiné)*. – Non, comme un nwâillé.

Phébus. – Un plomb.

Le Bon-Dieu *(obstiné et hilare)*. – Nwâillé !

Phébus *(sec)*. – Un plomb, et tais-toi.

Le Bon-Dieu. – J'teu dit un nwâillé deu la nuit qui descend leu ciel nwâr aveuc sa barquette creûvée.

Phébus *(fâché)*. – Ça va, fous-nous la paix et continue à dormir.

Le Bon-Dieu *(marche de long en large)*. – Je n'â nîe soummeil.

Laurent. – Dors encore un tout petit peu dans cette bonne barquette.

Le Bon-Dieu. – J'a assez dourrémi.

Laurent. – Un quart d'heure et je te réveille.

Le Bon-Dieu. – Ça keu jeu pourrais pas fârmer l'œil !

Laurent. – Demain, tu recevras deux tartines de plus.

Le Bon-Dieu. – Ça va. Mais pas pûss qu'un quart d'heû, sinon ceû seura trwâ tartines. *(Il se prépare à se coucher dans le bateau.)*

Phébus. – Donne-moi ton journal.

Le Bon-Dieu. – Fâs attention, sinon j'a frwâ ceû swaâr, c'eu mon couvertû.

Phébus. – Je te le rendrai.

Le Bon-Dieu. – Et n'abîme pas leû première page, kwaâ ! C'teu leu portrait de la Reine d'Angleteû en robe de swaâ, c'eu si bon pour dourrémir endsous ! *(Il disparaît dans la barque.)*

Phébus. – «Je me tue»... c'est bien simple, je vais te dire cela tout de suite. «Je me tue...» *(Silence.)*

Laurent *(suggérant)*. – Parce que tout est si laid dans le monde.

Phébus *(cherchant dans le journal)*. – Pas une raison... *(Il a trouvé la rubrique des faits divers.)* Pour la police, tout est coupable, donc tout est laid. Tout ! Là... faits divers : « Un homme tue sauvagement sa femme à coups de hache, puis met fin à ses jours »... « Met fin à ses jours », comme c'est bien dit après tous ces coups de hache... il tue sa femme à coups de hache... il tue sa femme à coups de hache, et quand il s'agit de lui, il met fin à ses jours... mais peut-être que Xury n'avait ni hache ni femme ! Ah ! Voilà ! « Harcelé par ses créanciers, il se suicide »... voilà, harcelé... *(Il écrit :)* Harcelé par mes créanciers, je mets fin à mes jours.

LAURENT. – Et s'il n'a pas de créanciers ! *(Triste.)* Je mettrais : «Je me tue, parce que tout est si laid.»

PHÉBUS *(déconcentancé)*. – C'est vrai ! *(Il continue à chercher dans le journal.)* Ah !... «Un quinquagénaire se suicide dans son bain ! Madame Léonie, sa propriétaire, déclare : "Qui aurait pu s'en douter ? J'étais si bonne pour lui. En hiver, il venait se réchauffer sous mon édredon..."» Convient pas. *(Il cherche dans le journal un autre cas.)* «Sept cent cinquante accidents de la route en Belgique...»

LE BON-DIEU *(montrant la tête)*. – J'entends queû vous parlez d'eudeûrdons ? Jeu connas deûx ou trwaâs histwaâres d'eudeûrdons à se rouler pâr târr !

LAURENT. – Le quart d'heure n'est pas passé...

LE BON-DIEU. – C'queû ça dure, un quart d'heû ! On dirait plutôt trwâ quârt d'heû ! *(Il se couche.)*

PHÉBUS *(il feuillette le journal.)*. – ... «La route meurtrière. Projeté dans une mare, il se noie... Attisés par un vent violent, les incendies de forêt ont fait rage lundi sur la Riviera italienne, et ont tué cinq personnes... Coton, New York. Baisse... Il se suicide... Le Mexique a voté hier... Quarante-cinq morts.» *(Il devient de plus en plus sombre.)* «Carbo Marchi, 34 ans, a péri guillotiné par la lame d'une machine à couper le papier. Alors qu'il nettoyait la machine, il en avait déclenché le mécanisme par mégarde...» Pas une mort qui convienne. Elles sont toutes faites sur mesure, toutes exceptionnelles !

LAURENT. – J'écrirais : «Je me tue parce que tout est si laid.»

PHÉBUS. – Exceptionnelles... ornées de circonstances luxueuses ou étranges. «Un avion percute une montagne : six morts.» Ils ont besoin d'un avion, d'une montagne et d'un mot aussi rare et sonore que «percuter» pour mourir... *(Il jette le journal avec dépit, se ravise, le rouvre.)* ... Le feuilleton ! Ah ! là ! Il y a parfois des choses. *(Il lit :)* «Gustave, alors, se sent l'âme pleine de mollesse et il songe tristement à la longue soirée...» Ça ne va pas. «L'âme pleine de mollesse», non, ça ne va pas. «Coco, dit-elle d'une voix plaintive, embrasse-moi.» *(Il ferme le journal et soupire :)* Non. *(Silence.)*

Non, pas «Coco». Ça ne colle pas. *(Il écrit :)* «Je mets fin à mes jours.» *(Rageusement, il froisse le papier et le jette. Il écrit sur un autre bout de papier :)* «Je me tue»... oui, «parce que»... parce que quoi ? J'ai trouvé : «parce que j'en ai marre.» *(Illuminé :)* Ça dit tout !

LAURENT. – Je mettrais : «parce que tout est si laid.»

PHÉBUS. – Parce que j'en ai marre...

LAURENT. – Non. Phébus... tout est si laid... tu as entendu Léon Veste... et les autres... tout est laid...

PHÉBUS. – Je te dis que ça ne va pas.

LAURENT. – Pourquoi ?

PHÉBUS. – Je ne sais pas. *(Il hausse les épaules.)* On voit bien que tu es riche, toi, riche !

LAURENT. – Mais Phébus, la richesse n'a rien à y voir... et moi, d'ailleurs, je ne possède pas un sou.

PHÉBUS. – Riche !

LAURENT. – Ça ne rend pas le monde plus beau...

PHÉBUS *(il crie)*. – Je me tue parce que j'en ai marre !

LAURENT *(saisi)*. – Oui, Phébus.

PHÉBUS *(calmé)*. – Il n'y a pas d'autres raisons. Ou bien, c'est qu'on est riche. Et Xury, lui, s'est tué parce qu'il en avait marre.

LAURENT. – Oui, Phébus.

PHÉBUS. – Signé : Xury. Je vais mettre ça dans sa poche. Et maintenant toi, va chez ta mère.

LAURENT. – Moi !

PHÉBUS. – Pas d'histoires. T'es trop jeune. Reviens pas avant dix jours. Tout sera fini.

LAURENT. – Tu m'as dit de rester ici !

PHÉBUS. – J'ai changé d'idée. Tu es trop riche. Faut pas que tu sois mêlé à tout ceci. Et d'ailleurs, personne ne viendra, trop de brouillard. Va-t'en, je suis assez fort pour charger Xury tout seul sur le bateau.

LAURENT. – Je n'abandonne pas un ami qui...

PHÉBUS *(brutal)*. – Va faire tes devoirs !

LAURENT *(triste)*. – Bien. *(Il relève la tête.)* Mais je t'aiderai malgré toi.

(Il va pour sortir. Phébus se dirige vers la plage et sort. Laurent revient sur ses pas et l'observe sans être vu. Au bout de quelques instants, on entend le moteur du bateau de Delphine qui s'éloigne. Laurent écoute et observe le départ. Le Bon-Dieu sort soudain du bateau éventré.)

LE BON-DIEU *(il voit Laurent)*. – Ah ! T'es là, twâ ! Pou un quart d'heû, c't eu un quart d'heû !

LAURENT *(hésitant)*. – Tu as déjà vu un noyé ?

LE BON-DIEU. – Kwaâ ?

LAURENT. – Le monde est laid.

LE BON-DIEU. – Un nwâillé ? Mwâ ? C'eu rian deû vwaâr, c'eu pis deu l'être.

LAURENT *(sans écouter)*. – Il était tout gonflé d'eau.

LE BON-DIEU. – Mwâ, jeu rêve chaque nuit queu jeu suis un nwâillé, charrié par eûn mâre de boue.

LAURENT. – Est-ce qu'on souffre quand on se noie ? Il était tout gonflé.

LE BON-DIEU. – On souffre pas. On bwâa !

LAURENT. – C'était un accident... *(Préoccupé :)* Tu étais ici, hier soir ?

LE BON-DIEU. – Hiarr swâar ?

LAURENT. – Oui. Phébus dit que vous avez passé la soirée ensemble.

LE BON-DIEU. – C'est queu j'eû pas peû dire que je me roupelle.

(On entend les portières d'une auto qui se ferment.)

LAURENT. – Tu as entendu ?

LE BON-DIEU. – Kwaâ ?

LAURENT. – Les portières d'une auto.

LE BON-DIEU. – Wii ! *(Il écoute.)* C'est le Bigame... J'aime pas leu Bigame. Jeu va dourrémir ! Bonswâar.

(Il disparaît dans le bateau au moment où le Bigame entre, suivi de Korr qui porte la caisse.)

Scène VI
Laurent - le Bigame - Korr

Le Bigame. – Où est Phébus ?

Laurent *(très réticent)*. – Il est parti.

Le Bigame. – Où est-il allé ?

Laurent. – Je ne sais pas.

Korr *(brutal)*. – Puisque le Bigame te demande où est allé Phébus !

Le Bigame *(se tournant vers Korr)*. – Korr, à mon service, faut te déshabituer d'intervenir, compris !

Korr. – Oui, ça va.

Le Bigame. – Je traite mes affaires moi-même !

Korr. – Oui, j'ai compris.

Le Bigame. – Pose la caisse.

Korr. – Où ?

Le Bigame. – Là ! *(Il montre l'endroit où Phébus avait mis la caisse.)*

Korr. – Ça va.

Le Bigame *(à Laurent)*. – Tu verras Phébus tout à l'heure ?

Laurent. – Oui.

Le Bigame. – Tu lui diras que j'ai rapporté la caisse.

Laurent *(inquiet)*. – Pourquoi ?

Le Bigame. – Tais-toi. *(À Korr :)* Mets la toile à voile sur la caisse... comme hier. *(À Laurent :)* Tu diras à Phébus... tu m'écoutes ?

Laurent. – Oui.

Le Bigame. – Qu'il rende la caisse à Xury.

Laurent. – À Xury ! Mais c'est impossible ! Xury...

Le Bigame *(sec et brutal)*. – Xury... quoi ? Parle pas trop vite. *(Silence.)* À Xury ! Tu as compris !

Laurent *(il a peur)*. – Oui.

Le Bigame. – C'est tout. *(Silence.)* Rien n'empêche que Phébus remette la caisse à Xury !

LAURENT. – Mais pourquoi Korr ne le...

LE BIGAME. – Korr est à mon service, maintenant.

LAURENT *(avec courage)*. – Korr voit Xury tous les jours, qu'il la lui remette lui-même !

LE BIGAME *(sec)*. – Je remets la caisse par l'intermédiaire de qui il me plaît.

LAURENT *(avec courage)*. – Quelque chose ne va pas.

KORR *(brutal)*. – Puisque le Bigame te dit que...

LE BIGAME. – Tais-toi !

KORR. – Oui, ça va !

LE BIGAME *(menaçant)*. – Qu'est-ce qui ne va pas ?...

LAURENT *(défiant le Bigame)*. – Pourquoi rendez-vous la caisse ? Pourquoi ? Pourquoi, après l'avoir prise, ne la gardez-vous pas ? Et pourquoi la rendez-vous précisément à Xury ? *(Silence.)*

LE BIGAME. – Parce que moi, je ne m'occupe pas de petites affaires de tabac volé. Je ne m'occupe que de choses importantes et sûres. Je ne vole pas, je suis honnête. Si Phébus veut s'arranger avec Xury... ce n'est pas moi qui irais le dénoncer, mais moi, je ne me mêle pas d'affaires louches.

LAURENT. – Phébus ne se mêle pas non plus d'affaires louches. C'est vous qui êtes venu troubler tout ici ! Avec votre indicateur, Léon Veste !

LE BIGAME. – Léon Veste n'est plus à mon service. Je l'ai renvoyé.

LAURENT *(emporté par sa colère)*. – Et vous avez fait quelque chose de bien pire, quelque chose de très grave. Je le sais. Phébus a passé la soirée dans son bateau à fumer et à boire du café ! Mais vous ! Où étiez-vous hier soir ?

LE BIGAME. – Hier soir, j'étais au "Capri", avec tous mes amis. Il y a beaucoup de lumières, au "Capri". Tous mes amis ont vu, ont clairement vu, que j'étais au "Capri". *(Il jette son cigare.)* Par temps de brouillard, le havane n'a aucun goût. Humidité. Pas de vent. Aujourd'hui, les rues d'Anvers sont pleines d'ouate...

LAURENT. – Je n'en crois pas un mot ! Hier soir, vous étiez...

LE BIGAME. – Korr, dis-lui de se taire.

KORR *(l'écartant de la main et le faisant rouler en travers la scène)*. – Toi, va faire tes devoirs ! *(Ils sortent.)*

FIN DU DEUXIÈME ACTE

Acte III

Même décor. On entend les bateaux, les vagues et des sirènes de remorqueurs.

Scène I
Phébus - le Bon-Dieu

PHÉBUS. – Oui, il y a des types qui se tuent, simplement parce qu'ils en ont marre.

LE BON-DIEU. – Comme Xury, kwaâ ?

PHÉBUS *(violent)*. – Je t'ai défendu de dire ce nom.

LE BON-DIEU. – Xury ?

PHÉBUS. – Tais-toi !

LE BON-DIEU. – Twâ-même, tu ne parles queu deu Xury tout leu leû du jour.

PHÉBUS. – Maintenant, c'est fini. Je n'en parle plus.

LE BON-DIEU. – Bian ! Mwâ non pû.

PHÉBUS. – Ce n'est pas arrivé. Rien n'est arrivé.

LE BON-DIEU. – Kwaâ n'eût pas arrivé ?

PHÉBUS. – Rien. *(Silence.)* Il faut que je sois sûr de ton témoignage.

LE BON-DIEU. – Kwaâ ?

PHÉBUS. – Qu'est-ce que tu as fait avant-hier soir ?

LE BON-DIEU. – Mwaâ ?

PHÉBUS. – Où étais-tu avant-hier soir ? Pense !

Le Bon-Dieu. – J'a envie deu dourrémir. Jeu crwâ queu jeu va démarrer la quille en l'air dans ma barque creuvée. *(Il se dirige vers la barquette.)*

Phébus *(lui barrant la route).* – Où étais-tu avant-hier soir ?

Le Bon-Dieu. – Ceu queu mwaâ, jeu pense rian. Et quand jeu commence à penser, ceu terrib' ! J'peu pu m'arrêter.

Phébus *(brutal).* – Réponds !

Le Bon-Dieu. – Attends ! Attends ! Queu jeu meu roupelle. *(Illuminé :)* Bah ! Wii ! Wii ! Hiar swaâr, leu Bi, leu Bi, leu Bigame a rapporté la caisse et twâ, grosse biesse, tu as rejeuté ç'teu caisse dans l'Escaut, sacré Nom Didjâ, une si bialle caisse. Et puis hiar, vous avez parlé d'eudeûrdon...

Phébus. – Je ne te demande pas ce que j'ai fait hier. Je te demande où tu étais avant-hier ! Hier, il ne s'est passé rien du tout. Rien. Il n'y a pas eu de caisse. Pas, rien, pas la moindre caisse, et je n'ai donc pas rejeté une caisse dans l'eau, puisqu'il n'y a pas eu de caisse.

Le Bon-Dieu. – Wii ! Wii ! Je me roupelle trâ bian !

Phébus. – Tu ne te rappelles rien du tout.

Le Bon-Dieu *(obstiné).* – Tra bian.

Phébus. – Rien.

Le Bon-Dieu *(fâché).* – Tra bian ! Tu l'as jeûtée dans l'Escaut.

Phébus. – Non, rien.

Le Bon-Dieu. – T'as dit, comme ça, queu l'eau garde pas deu traces. L'eau s'ouvre et se farme, et pus, pus rian, rian ! Farmé !

Phébus. – Hier, il n'y a eu rien. Du brouillard, c'est tout. Et tu répondras dans ce sens si la police t'interroge.

Le Bon-Dieu *(atterré).* – La police ! Kwaâ ? *(Il se dirige vers la barquette.)*

Phébus *(le retient de force).* – N'aie pas peur. *(Il crie :)* N'aie pas peur ! La police ne viendra pas. Non, mais si elle venait, si !

Le Bon-Dieu. – Si ?

Phébus. – Alors, tu répondras comme ça. *(Phébus mime ici un dialogue entre un commissaire imaginaire et le Bon-Dieu.)* Le Commissaire : «Quel est ton nom ?» Le Bon-Dieu : «On m'appelle le Bon-Dieu.»

Le Bon-Dieu. – C'eu vrai, ça ! Sacré Nom Didjâ !

PHÉBUS. – Tais-toi ! *(Continuant le dialogue imaginaire.)* Le Commissaire : «Pourquoi t'appelles-tu le Bon-Dieu ?»

LE BON-DIEU. – Wii ! Pourkwâ ?

PHÉBUS *(avec la voix du Bon-Dieu)*. – «On m'appelle le Bon-Dieu, parce que j'ai une barbe blanche...»

LE BON-DIEU. – Et une casquette à carreaux.

PHÉBUS. – Non.

LE BON-DIEU. – Wii. Regarde. *(Il montre sa caquette à carreaux.)*

PHÉBUS. – Aucun rapport avec ton nom, aucun.

LE BON-DIEU *(obstiné)*. – Wii !

PHÉBUS. – Aucun. Et si la police te dit : La Police : «Où habites-tu ?» Le Bon-Dieu : «Chez Phébus.» La Police : «Que fais-tu ?» Le Bon-Dieu : «Je ne suis qu'un vieux vagabond.» La Police : «Hier, que faisais-tu ?» Le Bon-Dieu : «Rien.» La Police : «Où étais-tu ?» Le Bon-Dieu : «Ici.» La Police : «Tu n'as rien vu ?» Le Bon-Dieu : «Non.» La Police : «Tu es resté ici toute l'après-midi ?» Le Bon-Dieu : «Oui.» La Police : «Qu'est-ce que tu as vu ?» Le Bon-Dieu : «Hier, il y avait un énorme brouillard blanc, comme de l'ouate. Personne n'est venu. On n'entendait même pas les vagues des navires, car il n'y a pas eu un navire, tant le brouillard était épais. On entendait les cloches des bouées. Il n'y avait pas d'oiseaux. Aucune auto n'est venue. Phébus et moi, on a fumé des pipes et on a bu du café, bien tranquillement assis sur la barque éventrée, en parlant du brouillard.»

LE BON-DIEU. – Ce n'est pas vrai, jeu meu roupelle très bian...

PHÉBUS *(l'interrompant)*. – Et avant-hier soir, qu'est-ce que tu as fait ? *(Il va vers le Bon-Dieu.)* Hein, dis ?

LE BON-DIEU *(il fait un visible effort)*. – Bian. Puisque tu veux, jeu va meu mettr'à penser ! Avant-hiar, jeu m'ai un peu promené rue de Bréda. J'ai vu ûn femme queu nettwayait leu troutwaâr, avec deux teutons eunormes. Leu teutons deu ç'teu femme y-z-étaient si gros, qu'ils roûlaient dans sa robe nwâre commeu deux biaux eudeûrdons, et queu jeu neu voyais queu ça. J'ai reugardé longtemps passqu'ils étaient si eunormes, kwâ ! Et pis, jeu reugardé les chevaux. Y en avaient des chevaux qu'avaient un deurrière eunorme, et un'petite queu comm'un trognon, qui tiraient les chariots. Leu chariots y-z-étaient au contraire tous plats, eux, et pis, j'ai reugardé un magasin de froumage. Y avait deux froumages, queu...

Phébus. – Ça va, ça va. Mais plus tard, quand tu es venu ici ? Rappelle-toi ce que je t'ai dit. Répète.

Le Bon-Dieu *(il regarde Phébus, puis vite, comme une leçon apprise).* – Plus tard ! Wii ! Jeu suis venu ici. J'ai passé la swâarée dans ton bateau, kwaâ, et on a bu du café en fumant des pipes !

Phébus *(bondissant).* – Voilà, c'est tout. Tu as passé la soirée avec moi. Toute la soirée. Et on a bu du café en fumant des pipes. Il ne faut rien dire d'autre.

Le Bon-Dieu. – Rian ?

Phébus. – Non, rien. Rien.

Le Bon-Dieu. – Rian !

Phébus. – Tais-toi : Delphine et Bustier.

Le Bon-Dieu. – Jeu ne les aime pas, ceu deux-là.

Scène II
Phébus - le Bon-Dieu - Delphine - Bustier

(Entre Delphine, suivie un peu plus tard de Bustier.)

Delphine. – Eh bien ! Phébus, quelle nouvelle ?

Phébus *(avec suspicion).* – Quelle nouvelle ? Tu crois donc qu'il y a une nouvelle ?

Delphine. – Tu n'as pas vu Xury ? *(Elle appelle :)* Bustier !

Le Bon-Dieu. – Rian ! Rian !

Phébus. – Toi, va dormir. *(Il pousse le Bon-Dieu.)*

Le Bon-Dieu. – Oui, mais rian ! *(Il va vers sa barquette, où il disparaît.)*

Delphine. – Bustier !

Voix de Bustier. – Je viens !

Delphine. – Nous avons été à "La Lorgnette". Tu avais parlé de "La Lorgnette", à 15 heures. J'ai attendu. Xury n'est pas venu.

Phébus *(soupçonneux).* – Pourquoi dis-tu avec un drôle d'air : «Xury n'est pas venu ?» Pourquoi ?

(Silence.)

DELPHINE. – Je dis simplement : «Xury n'est pas venu.»

PHÉBUS. – Tu n'as pas l'air naturelle.

DELPHINE. – Toi non plus.

PHÉBUS. – Moi ? Moi, au contraire, je suis formidablement naturel.

DELPHINE. – Tu n'as plus vu Xury, hier après notre départ ?

PHÉBUS. – C'est un interrogatoire ?

(Bustier entre rapidement.)

BUSTIER. – Delphine ?

DELPHINE. – Non, ce n'est pas un interrogatoire. Pour faire un interrogatoire...

BUSTIER. – Delphine...

DELPHINE. – ... il faut une raison. Il n'y a pas de raison d'interrogatoire.

BUSTIER. – Delphine... le Bigame... il est là...

SCÈNE III
PHÉBUS - DELPHINE - BUSTIER - LE BIGAME - KORR - LE BON-DIEU

(Entre le Bigame, suivi de Korr.)

DELPHINE *(à voix haute pour être entendue de tous)*. – Xury a peut-être laissé un message dans notre bateau... C'est vraiment étrange... je le cherche depuis hier... il a totalement disparu.

LE BIGAME. – Fais pas l'innocente !

DELPHINE. – Innocente de quoi ?

KORR *(éclatant)*. – Alors que c'est peut-être elle... !

(Le Bigame se retourne vers Korr, qui aussitôt se tait.)

PHÉBUS. – Prudent ! Prudent ! Prudent ! que je suis !

(Il va pour sortir, tandis que Delphine, de son côté, descend vers la plage.)

Le Bigame *(sans élever la voix).* – Phébus !... reste. Toi aussi, Delphine. *(Phébus et Delphine reviennent sur leurs pas.)* Où est le Bon-Dieu ?

Le Bon-Dieu *(apparaissant soudainement).* – Ici ! Mais moi, c'est rian.

Le Bigame. – Approche... Tu n'as pas vu Léon Veste ?

Le Bon-Dieu. – Ça non ! Cette fois, non ! Je le jure.

Le Bigame. – Tu es sûr ?

Le Bon-Dieu. – Oui, oui sûr.

Scène IV
Phébus - Delphine - Bustier - le Bigame
Korr - le Bon-Dieu - Laurent - Léon Veste

(Entre Laurent.)

Laurent. – Bonjour Phébus ! Quelles nouvelles ? *(Il aperçoit le Bigame.)* Oh !...

Le Bigame *(à Laurent).* – Va t'asseoir là ! *(À Korr :)* Korr, dis-lui de se taire ! *(Il allume un cigare qu'il fume avec délice.)*

Korr *(à Laurent).* – Toi ! *(Il le prend par le col et le soulève.)* Si tu répètes à ta maman... *(il dit «maman» avec mépris)* ou à ton papa *(avec le même mépris)*... Si tu répètes ce que... alors ! Si ! Tu as entendu ? «Dis-lui de se taire !» *(Il le laisse retomber.)*

Le Bigame *(à Delphine).* – Tu n'as pas vu Léon Veste ?

Delphine. – Non.

Le Bigame *(il appelle en élevant à peine la voix).* – Léon Veste ! *(Silence, il regarde la fumée.)*

Léon Veste *(il apparaît soudain. Il était caché derrière le bateau).* – Oui ? *(Silence. Il approche. Il a visiblement peur.)*

Le Bigame *(ignorant Léon Veste. À Bustier).* – Que lis-tu ?

Bustier *(inquiet).* – «Patsy et le Duc.»

Le Bigame. – Ah ? *(Il regarde la fumée.)*

BUSTIER *(inquiet).* – Je te jure ! Je viens même de lire que Patsy a retrouvé le Duc noyé dans un bain de champagne ! Et maintenant, Patsy est libre !

(Silence. Le Bon-Dieu regarde Bustier d'un air hilare.)

LE BON-DIEU *(à Bustier).* – Tu vas coucher avec âl ? Maintenant qu'âl est lib' ? *(Il regarde Bustier avec un grand rire.)*

LE BIGAME *(regarde le Bon-Dieu, dont le rire se fige aussitôt. Puis s'adressant soudain à Léon Veste).* – Qu'est-ce que tu as manigancé ?

LÉON VESTE *(souriant avec crainte).* – Manigancé ? Moi ?

LE BIGAME. – S'il est prouvé que c'est toi, je te ferai abattre.

LÉON VESTE. – Si quoi «est prouvé» ?

KORR. – Fais pas le malin. Il s'agit de Xury.

LE BIGAME. – Je te ferai abattre... oui... Ce serait un règlement de comptes... et la police ne se mêle jamais de règlements de comptes.

LÉON VESTE *(d'une voix blanche).* – Pourquoi, moi ?

KORR *(brutal).* – Pourquoi pas toi ?

LÉON VESTE *(voix blanche, au Bigame).* – ... Je t'ai toujours servi avec un dévouement total... total.

LE BIGAME. – Mais tu es trop lâche pour pousser quelqu'un dans l'eau ! Ce n'est pas toi qui as fait le coup.

LÉON VESTE. – Poussé ? On l'a poussé dans l'eau ?

KORR. – Fais pas l'idiot !

LE BIGAME *(humant).* – Parfum ! Oui. Je crois que... *(Soudain à Léon Veste :)* Qui a poussé Xury ?

LÉON VESTE. – Pas moi. Je dis : pas moi.

LAURENT. – Il s'est peut-être suicidé ?

PHÉBUS *(agité).* – Oui. C'est ça. Il s'est suicidé.

DELPHINE. – Nous, nous étions à la maison. Bustier !

BUSTIER. – Oui. À la maison.

PHÉBUS. – J'ai connu un type. Il a tué sa femme à coups de hache, et puis il a mis fin à ses jours.

Le Bigame. – Non. On l'a tué. On l'a retrouvé cette nuit, près d'ici. Il n'a pas dérivé très loin.

Laurent *(inquiet)*. – Pourquoi dites-vous : «Il n'a pas dérivé très loin ?»

Le Bigame. – En vingt-quatre heures, il n'a pas dérivé très loin. Heureusement, j'ai été averti avant la police... Et j'ai vu... un indice prouve qu'il s'agit d'un crime et non d'un suicide. Le crime est signé. *(Il ménage ses effets. Regarde la fumée de son cigare. Silence.)*

Léon Veste *(mal à l'aise)*. – Tu as dit signé ?

Delphine. – Qu'est-ce que ça veut dire... signé ?

Le Bigame. – Signé.

Le Bon-Dieu *(avec force)*. – Rian ! Rian !

Le Bigame. – Xury portait dans la poche un papier. L'eau n'avait pas effacé l'écriture... on lisait clairement : «Je me tue, parce que j'en ai marre.» Signé Xury.

Phébus *(il tousse)*. – C'est naturel. Extrêmement naturel.

Delphine. – Donc, il s'est tué. Ça vaut mieux pour tout le monde. *(Elle va pour sortir.)*

Korr. – Non ! On l'a poussé dans l'eau.

Le Bigame. – Oui. Et c'est un de vous !

(Delphine s'arrête et revient.)

Léon Veste. – Un de nous ?

Delphine. – Pas moi !

Bustier. – Non, pas moi.

Le Bigame. – Pas moi, non plus. Je ne veux pas être mêlé à un crime. Nous serons tous interrogés par la police. *(Silence.)* Je ne sais pas qui de vous a tué Xury...

Laurent. – Qui de nous ?

Le Bigame *(silence, puis se corrigeant)*. – ... qui de nous. *(Il regarde la fumée du cigare.)* Cigare... un ruban bleu qui se noue en boucles et en coques aux flancs de l'air... *(Sèchement, au Bon-Dieu :)* Comment écris-tu Xury ?

Le Bon-Dieu. – Kwaâ ?

Le Bigame. – Et l'air palpite... voluptueux...

Le Bon-Dieu. – Kwaâ ?

Korr. – T'as pas entendu ? Non ? *(Il s'approche du Bon-Dieu.)* Comment on écrit Xury ? T'entends ? Xury ? Xury ? *(Il le secoue brutalement.)* Dis au Bigame comment on écrit Xury ? Xury ?

Le Bon-Dieu *(secoué)*. – Kwaâ ? Kwaâ ? Kwaâ ? *(Korr le lâche.)*

Delphine. – Il y a quelque chose que je ne comprends pas... puisque Xury a écrit et signé... c'est donc qu'il s'est tué ?

Le Bon-Dieu *(furieux d'avoir été secoué)*. – Bon-Dieu de Bon-Dieu ! Sacré Nom Didjâ ! *(Il jette sa casquette à terre avec fureur.)*

Le Bigame *(il le regarde avec mépris)*. – Moi, je sais qu'on l'a tué. *(Il regarde Delphine.)*

Delphine. – Ah ? *(Elle se trouble.)* Moi, je n'avais aucune raison... *(À Bustier, éclatant :)* Ferme ! *(Elle fait voler son livre.)*

Bustier. – Oui, Delphine. *(Il marmonne.)* Lacet ! Nom de Dieu ! Lacet !

Delphine. – Personne ici n'avait de raison. Sauf Phébus. Xury a cassé l'avalon et...

Le Bigame *(il interrompt Delphine et s'adresse à Bustier)*. – Que disais-tu, Bustier ?

Bustier *(d'une voix tout unie)*. – Lacet, je disais : «lacet».

Le Bigame. – Ah ? Tu disais : «lacet» ?

Bustier *(d'une voix craintive)*. – Oui. Lacet... *(Il avale sa salive.)* Lacet. *(Il rit bêtement. Tous le regardent en silence. Le Bigame se détourne de lui après un moment, et se replonge dans la contemplation de la fumée.)*

Le Bigame. – Il y a un autre point important : le portefeuille.

Léon Veste *(d'une voix peu naturelle)*. – Quel portefeuille ?

Korr. – Quel portefeuille ! Quel portefeuille ! *(Il va vers lui et le secoue avec une violence extrême.)* Le portefeuille de Xury... le portefeuille que Xury portait toujours sur lui... il a disparu, ce portefeuille !

Le Bigame *(sans élever la voix)*. – Laisse tomber, Korr.

Korr. – Ça va !

(Il lâche Léon Veste qui se frotte le cou et la poitrine en silence. Après un instant, choisissant un moment où personne ne le regarde, Léon Veste va vers la caisse où était l'avalon, soulève le couvercle et y cache quelque chose.)

LE BIGAME. – Si on parlait de la caisse ?

LAURENT. – Quelle caisse ?

LE BIGAME. – Où est la caisse ?

LE BON-DIEU. – Rian ! Rian !

LE BIGAME *(à Phébus)*. – Toi, tu n'as pas ouvert la bouche depuis que je suis ici. *(Silence.)*

LÉON VESTE *(qui sent le regard du Bon-Dieu)*. – L'avalon est cassé...

LE BON-DIEU. – Wîî, cassé. *(Il le regarde. Léon Veste semble gêné.)*

LE BIGAME. – Eh bien ?

PHÉBUS. – Prudent.

LE BIGAME. – Qu'est-ce qu'il dit ?

KORR. – Répète ! Le Bigame te parle !

PHÉBUS. – Je dis : prudent. Prudent que je suis.

LE BIGAME. – Où as-tu mis la caisse ?

PHÉBUS *(après un court silence)*. – La caisse ?

KORR. – Mais puisque le Bigame te dit que...

LE BIGAME. – Korr, tais-toi... Eh bien ?

PHÉBUS. – Je l'ai jetée dans l'eau.

LE BIGAME. – Pourquoi ?

PHÉBUS. – Pour la même raison.

LE BIGAME. – Quelle même raison ?

PHÉBUS. – La raison pour laquelle tu m'as rendu la caisse...

LE BIGAME *(sans transition)*. – Comment écris-tu Xury ?

(Silence. Tous regardent Phébus.)

LAURENT. – C'est bien simple, on écrit...

LE BIGAME *(le coupant).* – Tais-toi. *(Silence.)* Eh bien ?

PHÉBUS. – Je n'écris pas Xury. *(Regard du Bigame.)* Je n'ai jamais écrit Xury. *(Silence.)* Je ne l'écrirai jamais... *(Le Bigame s'absorbe dans la fumée de son cigare.)*

LE BIGAME. – Mais si tu écrivais le nom de Xury ? À supposer que tu l'écrives ?

PHÉBUS. – À supposer ?

LE BIGAME. – Au bout d'un cigare, il y a un ruisseau bleu. Bleu.

KORR *(violent).* – À supposer.

PHÉBUS *(d'un air dégagé).* – K.S.U.R.I. Pourquoi ?

LE BIGAME. – Vraiment ? Ah ? Oui ? K.S.U.R.I. Le vent est bon aujourd'hui... ça vient... ça vient... automne. *(Il se lève et se dirige lentement vers la sortie, suivi de Korr.)* Quand la police viendra, il faut que le champ soit libre. Libre comme Patsy. Quant à moi, j'ai des alibis parfaits. Mais il valait mieux savoir qui, avant l'enquête.

(Le Bigame et Korr sortent.)

PHÉBUS *(qui ne comprend pas).* – Mais...

LÉON VESTE. – Très bien. Très bien, Phébus. Très bien orthographié K.S.U.R.I. Mieux que Xury lui-même ne l'orthographiait. Mieux que le registre de l'état-civil où l'on écrit Xury : X.U.R.Y.

DELPHINE *(surprise, mais non sans admiration).* – Eh bien ! Phébus, Eh bien !

PHÉBUS *(avec colère).* – Toi aussi tu t'es disputée avec Xury ! Toi aussi tu es suspecte !

DELPHINE *(très calme).* – Oui, mais il se fait que je ne l'ai pas poussé dans l'eau.

PHÉBUS. – Le Bigame a dit nous, nous tous !

LÉON VESTE *(il ricane).* – Oui ! Nous tous ! «Nous» signifie «toi».

PHÉBUS *(toujours à Delphine).* – Alors pourquoi me regardes-tu ainsi ?

DELPHINE. – Parce que toi, tu as signé ! *(Elle sort, suivie de Bustier.)*

LÉON VESTE *(ricanant).* – Tu as signé, mais nous ne le dirons à personne. *(Il sort.)*

Scène V
Phébus - le Bon-Dieu - Laurent

Phébus *(avec force).* – Moi, je n'ai rien à me reprocher. Rien.

Le Bon-Dieu. – Moi, non pû. Rian !

Phébus *(au Bon-Dieu).* – Moi et toi, on était à fumer des pipes toute la soirée.

Le Bon-Dieu. – Wî.

Phébus. – On n'a pas bougé d'ici.

Le Bon-Dieu. – Non.

Phébus. – Y avait trop de brouillard.

Le Bon-Dieu. – Wî.

Phébus. – Dis-le.

Le Bon-Dieu *(très vite, comme une leçon apprise).* – J'ai passé la swârée dans ton bateau, kwââ, et on a bu du café en fumant des pipes !

Phébus. – Bien. C'est tout.

Le Bon-Dieu. – Wî.

(Silence. Personne ne bouge.)

Phébus. – Voilà. On n'en parle plus. Fini !

Le Bon-Dieu. – Wî.

(Silence. Personne ne bouge.)

Laurent. – Phébus ?

Phébus. – Oui ?

Laurent. – Comment as-tu écrit Xury ?

Phébus. – Je n'ai rien à me reprocher. Rien.

Laurent. – Comment l'as-tu écrit ?

(Silence.)

Phébus *(abattu).* – Avec K.

Laurent. – Avec K ? Phébus... si la police t'interroge ?

PHÉBUS. – La police, moi ? *(Il salue avec déférence un commissaire imaginaire :)* Monsieur le Commissaire !

LE BON-DIEU *(atterré)*. – Tounâr, le commissâr !

PHÉBUS. – Monsieur le Commissaire ! *(Il mime son interrogatoire.)* Le Commissaire : «Quel est ton nom ?» Phébus : «Phébus, Monsieur le Commissaire.» Le Commissaire : «Où habites-tu ?» Phébus : «À la plage aux anguilles.» Le Commissaire : «De quoi vis-tu ?» Phébus : «C'est-à-dire, Monsieur le Commissaire ?» Le Commissaire : «Pas de c'est-à-dire. De quoi vis-tu ?» Phébus : «Beh, je vis d'épaves.» Le Commissaire : «Ah !» Phébus : «Oui. Y a parfois de petites choses, de petites caisses d'ananas ou de lorgnons. J'ai eu la semaine passée un paquet de papier extra-strong, format commercial.» Le Commissaire : «Que fais-tu de ce papier ?» Phébus : «Je le brûle pour me chauffer. J'en fais des papillotes serrées. Ça chauffe bien, l'extra-strong.» Le Commissaire : «Pourquoi ne l'as-tu pas rendu au propriétaire ?» Phébus : «Pourquoi ?» Le Commissaire : «Oui ?» Phébus *(il cligne de l'œil au Bon-Dieu)* : «Parce que j'ignore qui est le propriétaire. Des épaves, c'est des épaves.» *(Reprenant sa voix naturelle :)* Je l'ai bien eu, hein !

LE BON-DIEU. – Sacré Nom Didjâ, oui ! Tu l'as eu ç' t'un plaisi' bian agréab' !

PHÉBUS *(reprenant la voix du commissaire, qui l'attaque avec brusquerie comme si Phébus ne s'y attendait pas lui-même)*. – Le Commissaire : «Et quand il n'y a pas d'épaves ?» Phébus : «Quand il n'y a pas d'épaves ?» Le Commissaire : «De quoi vis-tu ?» Phébus *(triomphant)* : «Beh, Monsieur le Commissaire, je travaille !»

LE BON-DIEU *(jubilant, prenant Laurent à témoin)*. – Il a dit, jeu travaille !

PHÉBUS. – Le Commissaire : «Et dis-moi, mon ami, quel est le nom de ton dernier employeur ?» Phébus : «Beh... j'ai travaillé à gauche et à droite.» Le Commissaire : «Donne un nom...» Phébus : «Je n'ai pas la mémoire des noms.» Le Commissaire : «Je vois.» Phébus : «Non, vraiment, je ne sais plus. À gauche et à droite.»

LE BON-DIEU. – À gauche et à drwate ! Ceu com' mwâa !

PHÉBUS *(continuant le dialogue imaginaire)*. – Le Commissaire : «Tu vas au chômage ?» Phébus : «Non, Monsieur le Commissaire.» Le Commissaire : «Pourquoi pas ?» Phébus : «Je n'y peux rien, moi, si je ne suis pas inscrit, je voudrais bien.»

LE BON-DIEU. – Mwaâ aussi, Nom Didjâ !

PHÉBUS *(continuant le dialogue imaginaire)*. – Le Commissaire : «Si tu n'es pas inscrit au chômage, c'est donc que tu n'as plus travaillé depuis des années et des années.» Phébus *(piteux)* : «Depuis des années, oui, Monsieur le Commissaire, mais des années et des années, c'est un peu exagéré.» Le Commissaire : «De quoi vis-tu ?» Phébus : «Je rends de petits services, à gauche et à droite.» Le Commissaire : «Quel genre de petits services ?» Phébus : «Beh, toutes sortes de petits services.» Le Commissaire : «Je vais te dire, moi, quel genre de petits services. Tu es mêlé à des affaires louches !» Phébus : «Pas des affaires louches ! Non ! De petites affaires louches, et ce n'est jamais moi qui les fais, c'est les autres !»

LE BON-DIEU *(hilare)*. – C'eu com' mwaâ !

PHÉBUS *(continuant le dialogue imaginaire)*. – Le Commissaire : «Tu as un passé chargé !» Phébus : «Moi, Monsieur le Commissaire ?» Le Commissaire : «Oui !» Phébus : «Moi ? J'ai navigué vingt-huit ans à bord du "Phébus"». Le capitaine avait bouffé du crabe.» Le Commissaire : «On la connaît l'histoire du capitaine ! Je vois que tu as été en prison.» Phébus : «Une fois ! Et ce n'était pas ma faute !» Le Commissaire : «Trois fois !» Phébus : «Deux fois, la troisième n'était pas une vraie troisième, c'était simplement parce que... je vais vous expliquer.» Le Commissaire : «Pas besoin d'explications. Trois fois.» Phébus *(vaincu et triste)* : «Trois fois.»

LE BON-DIEU. – C'teu fois, c'est lui qui t'a eu. *(Il souffle d'émotion. Silence.)*

LAURENT *(surpris)*. – Tu as été en prison ?

PHÉBUS *(voix du commissaire, prenant l'offensive très violente)*. – Le Commissaire : «Comment écris-tu Xury ?»

LE BON-DIEU *(atterré)*. – Quel salaud ! Ce commissâr !

PHÉBUS. – «Xury ? Je n'écris pas, Monsieur le Commissaire, je n'écris et je ne lis jamais. J'aime ce qui ne s'écrit pas. Je suis assis devant mon bateau et j'écoute. Avant-hier soir, il y avait un grand brouillard blanc. J'entendais les cloches des bouées, elles sonnaient chaque fois que l'Escaut respirait. On ne pourrait pas écrire le son de ces bouées, on ne pourrait pas écrire ni jouer la musique de la nuit. Et le Bon-Dieu, à côté de moi, était couché sous la Reine d'Angleterre.»

LE BON-DIEU *(gêné)*. – Je prafarre queu tu neu parles point deû mwaâ au commissâr.

PHÉBUS *(au Bon-Dieu)*. – Tu témoigneras pour moi, compris !

LE BON-DIEU. – Ceu queu, heu ! Mwâa, c'eu pas trwaâ, ceu witte fwâ !

PHÉBUS *(reprenant le dialogue imaginaire)*. – Le Commissaire : «Je ne te demande pas de me parler des bouées, je te demande comment on écrit Xury ?» Phébus : «Xury ?» Le Commissaire : «Oui, Xury !» Phébus : «Je n'écris pas Xury. Je n'ai jamais écrit Xury ! Monsieur le Commissaire.»

LE BON-DIEU *(indigné)*. – Te laisse pas fâre, Phébus !

PHÉBUS. – «Xury ? Je suis assis, là, des soirées entières, à ne pas penser. Pour écrire, il faut penser, et la pensée, c'est comme un moulin, il faut le vent du ciel pour qu'il tourne et fasse sa farine. Mais quand il n'y a rien, il n'y a rien.» Le Commissaire : «Je ne parle pas de moulin, je parle de Xury. Comment écris-tu Xury ?» Phébus : *(triomphant :)* «X.U.R.Y.» *(Reprenant sa voix normale :)* Je crois que ça y est. Je suis hors d'affaire. Finalement, je l'ai eu.

LE BON-DIEU *(lui serre la main avec effusion)*. – Ah ! Eh bien ! Eh !

LAURENT. – Tu n'as rien à craindre. Il suffit de dire la vérité.

PHÉBUS. – Oui, c'est simple. La vérité. Je n'ai qu'à dire la vérité. *(Reprenant brusquement la voix du commissaire :)* Le Commissaire : «Tu n'as pas dit la vérité !» Phébus : «Si !» Le Commissaire : «Tu n'as pas dit la vérité !» Phébus : «Si !» Le Commissaire : «Le Bon-Dieu n'a pas passé la soirée avec toi.» Phébus : «Si, il était chez moi.» Le Commissaire : «Non.» Phébus : «Comment le savez-vous ?» Le Commissaire : «C'est le Bon-Dieu qui l'a dit lui-même !»

LE BON-DIEU. – Nom Didjâ ! Non !

PHÉBUS *(reprenant la voix du commissaire)*. – Le Commissaire : «Si, il l'a dit ! Et on l'a vu !»

LE BON-DIEU. – Mwaâ ?

PHÉBUS *(voix du commissaire)*. – Le Commissaire : «Il a passé la soirée à mendier dans le quartier du port. On l'a vu à la porte du "Lille Norge".»

LE BON-DIEU. – C'est queu, Monsieur le Commissâr, j'avais faim, mwaâ !

PHÉBUS *(voix du commissaire)*. – Le Commissaire : «Ton alibi est faux, Phébus !» Phébus : «J'étais chez moi !» Le Commissaire : «Faux !» Phébus : «Je fumais.» Le Commissaire : «Pas vrai !» Phébus : «En écoutant les sirènes à brume. J'étais seul, c'est vrai, mais le Bon-Dieu est venu à minuit.»

LE BON-DIEU *(entêté)*. – Il y avait là un marin norveugien, queu...

PHÉBUS *(voix du commissaire)*. – Le Commissaire : «Comment prouves-tu que tu étais chez toi ?» Phébus : «Je n'ai pas de preuve. Il ne faut pas toujours une preuve. Monsieur le Commissaire, est-ce qu'un chien a la preuve qu'il est un chien ?»

Le Bon-Dieu. – Ceu vrai, ça ! Un chien ! Ça n'a pas la moind' preuv'.

Laurent. – Tu n'as pas besoin de preuve, Phébus, ne t'inquiète pas. Je connais le coupable, c'est le Bigame.

Phébus *(inquiet, il regarde autour de lui)*. – Tais-toi.

(Silence.)

Laurent *(très vite et bas, comme s'il avait peur d'être entendu)*. – J'en suis sûr ! Le Bigame a décidé de la perte de Xury, avant-hier, ici même, quand Xury l'a défié. Il a spécifié l'heure de la rencontre : 23 heures, au quai soixante-six... mais à cette heure-là, il a eu soin de se montrer au "Capri" parmi ses amis... Il a tué Xury plus tôt, ou plus tard... Si le Bigame est innocent, pourquoi a-t-il rapporté la caisse ? Pourquoi est-il venu aujourd'hui réparer les erreurs du hasard et t'accuser, Phébus ? Pourquoi ?

Le Bon-Dieu *(qui suit avec difficulté)*. – Répète un peu ?

Phébus *(avec calme)*. – Le Bigame n'a jamais tué personne et ne tuera jamais personne, il est trop malin.

Laurent. – Alors, c'est Delphine ! Tu es dupe, toi, de ses visites ?

Le Bon-Dieu. – Tu penses trop.

Laurent *(sans s'occuper de l'interruption)*. – Elle cherche des alibis. Elle est venue hier ici, et a demandé Xury. Pourquoi ? Elle voulait prouver ainsi qu'elle croyait Xury vivant.

Phébus. – Ça ne tient pas.

Laurent. – C'est elle qui a amené le cadavre, avant-hier dans la nuit, pendant que tu dormais. C'est elle, ou le Bigame. Nous le découvrirons ! Et toi, tu diras simplement la vérité.

Phébus. – Tais-toi ! Tu ne sais rien. Tu es riche ! Cela se passe comme ça chez les riches : c'est ceci ou cela, noir ou blanc. Par conséquent... donc... et puisque «par conséquent», conclusion. Delphine ? pousser quelqu'un dans l'eau ? elle ? T'as déjà vu ça ? Et son Bustier ? Lapin ! Lacet ! Et le Bigame ? Fumée ! Parfum d'automne ! Cigare ! Tu te rends compte ? La vie du Bigame est remplie jusque dans les plus petits coins par des actions justifiables. *(Avec évidence :)* Il était là toute la soirée, toute la nuit, tout le temps, avec tous ses amis, au "Capri". *(Reprenant soudain la voix du commissaire :)* Le Commissaire : «Tandis que toi, tu n'étais pas chez toi, avant-hier soir !» Phébus : «Moi ?» Le Commissaire : «On t'a vu dans différents cafés, au "Péking", à "La Lorgnette" et "Chez Barbarina" !»

LAURENT *(effrayé)*. – C'est vrai ? Phébus, tu n'étais pas chez toi ?

PHÉBUS *(voix du commissaire)*. – Le Commissaire : «Tu vendais des cigarettes américaines ?» Phébus : «C'est vrai, mais je suis rentré tout de suite après.» Le Commissaire : «D'où venaient ces cigarettes ?» Phébus : «D'où elles venaient ?» Le Commissaire : «Oui ! Je vais te le dire, moi.» Phébus : «Je ne sais pas !» Le Commissaire : «Elles venaient d'une cantine de l'armée.» Phébus : «Oui, mais c'est pas moi qui vole. Moi, je vends.» *(Le Bon-Dieu soupire. Après une pause, le commissaire reprend l'offensive :)* Le Commissaire : «Par quel chemin es-tu rentré chez toi ?» Phébus : «Par la chaussée de Breda et le pont Bonaparte, Monsieur le Commissaire.» Le Commissaire : «Non.» Phébus : «Oui, j'ai même pensé : quel brouillard, ce soir !» Le Commissaire : «Je croyais que tu ne pensais jamais.» Phébus : «Non, je ne pense jamais, mais de temps en temps, je pense tout de même.» Le Commissaire : «Je te demande par quel chemin tu es rentré ?» Phébus : «J'ai dit par la chaussée de Breda.» Le Commissaire : «Tu es rentré par le quai soixante-six.» Phébus : «Non, puisque j'ai même pensé : tiens, il y a encore des gens chez "Lille Norge", chaussée de Breda.» Le Commissaire : «Non, par le quai soixante-six. On t'a vu.» Phébus : «Qui m'a vu ?» Le Commissaire : «C'est pas à toi de poser des questions.» Phébus : «Qui m'a vu ! J'étais seul ! Il y avait du brouillard ! Personne n'a pu me voir !»

LAURENT. – Phébus ! Tu as passé par là ! C'est vrai ?

PHÉBUS *(abattu)*. – Oui. Le Commissaire : «Tu as poussé Xury.» Phébus : «Non !» Le Commissaire : «J'ai ici des témoignages.» Phébus : «C'est impossible, parce que ce n'est pas vrai ! En passant par le quai soixante-six, j'ai pensé : ici, je pourrais pousser Xury dans l'eau, personne n'en saurait jamais rien ! Il y a tant de brouillard qu'on n'entend même pas l'eau ! Impossible de voir qui vient... mais je reconnaîtrais Xury à ses pas... et au moment où il passe, je le pousse, comme ça !»

(Silence.)

LAURENT. – Phébus ! Ce n'est pas vrai ! Qu'est-ce que tu racontes ?

PHÉBUS. – Mais personne n'est venu et je ne l'ai pas poussé, non ! Le Commissaire : «Tu l'as poussé !» Phébus : «Non !» Le Commissaire : «Et ceci ?» Phébus : «Ça ?» Le Commissaire : «Qu'est-ce que c'est ?» Phébus :

«Je ne sais pas.» Le Commissaire : «Lis.» Phébus : «Je me tue parce que j'en ai marre. KSURI.» Le Commissaire : «C'est ton écriture. Tu as maquillé ton crime en suicide !» Phébus : «Non, j'ai simplement voulu...» Le Commissaire : «Si tu n'avais rien à te reprocher, pourquoi n'as-tu pas averti la police, comme Laurent te le conseillait ?» Phébus : «Je n'aime pas la police.» Le Commissaire : «Tu as tué Xury parce qu'il a cassé ton avalon !» Phébus : «Xury n'a pas cassé mon avalon.» *(Silence. Ils se regardent atterrés.)* «Non... Xury... n'a rien cassé... rien...» Le Commissaire *(calme)* : «J'ai ici des témoignages... Delphine, Bustier, Léon Veste, le Bon-Dieu, tous confirment que Xury a cassé ton avalon...» Phébus *(il crie)* : «Ce n'est pas vrai !» *(Il recule comme si le commissaire marchait sur lui.)* Le Commissaire : «Tous confirment que tu l'as menacé de mort.» Phébus : «Moi ? Ce n'est pas vrai !» Le Commissaire : «Et ici, le témoignage de Laurent.» *(Reprenant sa voix normale et très tristement :)* Même toi, Laurent, tu me charges.

LAURENT. – Si on m'interroge, je dirai que tu as menacé Xury, parce qu'il faut dire la vérité.

LE BON-DIEU *(angoissé)*. – Jamais ! Sacré Nom Didjâ ! Faut jamais ou on est foutu !

LAURENT. – Oui, je dirai la vérité. *(Il hésite :)* C'est-à-dire... la vérité... *(Faible :)* Oui, la vérité. *(Silence.)* Phébus...

PHÉBUS *(indigné)*. – Tu veux que je dise la vérité ! Ah ! Bien ! Mais toi ! Pourquoi hésites-tu ! Pourquoi dis-tu : «C'est-à-dire... la vérité... oui... la vérité...» Et si le commissaire t'interroge ? Le Commissaire : «Où étais-tu avant-hier soir ?»

LAURENT. – Chez moi !

PHÉBUS *(voix du commissaire)*. – «Qu'est-ce que tu faisais à vingt-trois heures trente ?»

LAURENT. – Je dormais.

PHÉBUS *(voix du commissaire)*. – «Tu ne dormais pas.»

LAURENT. – Si ! Je crois que je dormais !

PHÉBUS *(voix du commissaire)*. – «Je ne te demande pas si tu crois ou si tu ne crois pas, je te demande ce que tu faisais.»

LAURENT. – Je dormais.

PHÉBUS *(voix du commissaire)*. – «Je vais te dire, ce que tu faisais : tu es descendu par la fenêtre, on a retrouvé les traces sur les volets.»

LAURENT. – Non ! Les traces ne proviennent pas de cette fois-là.

PHÉBUS *(voix du commissaire)*. – «De quand alors ?»

LAURENT. – D'une autre fois.

PHÉBUS *(voix du commissaire)*. – «As-tu des preuves ?»

LAURENT. – Non. Mais on n'a pas besoin d'avoir toujours des preuves...

PHÉBUS *(voix du commissaire)*. – «Connu ! Archi connu ! Un chien n'a pas besoin de preuves. Mais tu n'es pas un chien, toi. Donc, tu as besoin de preuves ! *(Prenant brusquement l'attaque :)* Tu t'es échappé de chez toi, tu es allé au quai soixante-six !»

LAURENT. – Non, ce n'est pas vrai !

PHÉBUS *(voix du commissaire)*. – «Il y a des témoignages. Il y a Phébus. Il l'a vu.» *(Reprenant sa propre voix.)* Phébus : «Pardon, Monsieur le Commissaire, je n'ai pas dit que je l'ai vu. Laurent m'avait dit qu'il avait l'intention de s'échapper de chez lui, nous en avons parlé ensemble. Il avait l'intention !» Le Commissaire *(à Phébus)* : «Pourtant tu en es sûr !» Phébus : «C'est-à-dire... Monsieur le Commissaire...» Le Commissaire : «Oui, ou non !» Phébus : «Oui !» Le Commissaire : «Donc, tu l'as vu !» Phébus : «Non... avant-hier, quand Laurent a dit : "Eh bien ! j'irai seul alors, cette nuit !", j'ai compris qu'il irait... il y a parfois une petite phrase qui brille comme un bijou que l'on trouve dans le sable... on sait tout de suite : c'est du vrai.» Le Commissaire : «Il nie.» Phébus : «Laurent dit toujours la vérité, Monsieur le Commissaire.» Le Commissaire : «Il a peur. Il a peur de dire la vérité.»

LAURENT *(courageusement)*. – Non ! Je n'ai pas peur ! Eh bien ! Oui ! J'y suis allé !

(Silence.)

LE BON-DIEU. – Tonnaâr !

LAURENT. – J'ai couru ! Je voulais arriver au quai soixante-six avant Phébus pour l'empêcher de pousser Xury dans l'eau. Mais il y avait un tel brouillard que je me suis égaré. Il était minuit passé quand je suis arrivé là...

PHÉBUS *(de sa voix naturelle)*. – Et tu l'as poussé ?

LAURENT *(angoissé et bas. C'est un dialogue de complices, qui fait contraste avec les interrogatoires du commissaire imaginaire)*. – Non, je ne l'ai pas poussé... j'étais là, entre les piles de bois et la pierre bleue... j'ai pensé...

mais Phébus, c'était simplement une pensée... qui est venue toute seule... si quelqu'un passait maintenant... il suffirait...

(Silence.)

PHÉBUS (il regarde autour de lui, inquiet). – Ça ! Il ne faut pas que le commissaire le sache ! Jamais ! Compris ! Tu ne diras rien !

LE BON-DIEU. – Rian ! Sinon t'es foutu ! Faut point, mon petit !

PHÉBUS. – Rien ! Compris ?

LAURENT (presque sans voix). – Oui, Phébus.

PHÉBUS. – Quelqu'un est passé quand tu étais là ?

LAURENT. – Oui.

PHÉBUS. – Xury ?

LAURENT. – ... Je ne sais pas ! On ne voyait pas... j'ai entendu des pas. Une ombre s'est approchée...

PHÉBUS. – Et tu l'as poussée ?

LE BON-DIEU. – Faut pas lui dîre ça...

PHÉBUS (très bas). – Tu l'as poussé...

LAURENT (bas). – Non.

PHÉBUS. – Non ?

LAURENT (il avale sa salive). – Non...

PHÉBUS. – Non ? «Non» ou «oui», ça n'a pas de sens... (Silence. Brusquement avec décision :) Tu l'as poussé !

LAURENT (il crie). – Non !

LE BON-DIEU. – Bian Laurent. Faut jamais avouer ! Jamais !

LAURENT. – Non ! Non ! Je dis non !

LE BON-DIEU. – Bian dit. Mentir ! Toujours mentir ! Sinon t'âs foutu.

LAURENT. – Je ne mens pas !

PHÉBUS. – T'es salement coincé. (Silence.) Faut trouver un coupable !

LE BON-DIEU. – Wî.

PHÉBUS (silence, puis soudain au Bon-Dieu). – Toi.

Le Bon-Dieu. – Mwâ ?

Phébus. – Oui, toi !

Le Bon-Dieu. – Pourkwâ mwâ ?

Phébus. – Tu es vieux. Tu es misérable. C'est toi.

Le Bon-Dieu. – Je n'a rian fait, rian !

Phébus. – Justement. *(Le Bon-Dieu paraît abattu. Silence. Phébus a soudain une idée.)* Le portefeuille ! Le Bigame a dit que le portefeuille de Xury a disparu. Le portefeuille est caché ici, j'en suis sûr. *(Le Bon-Dieu va vers la barquette où il disparaît.)* Où peut bien être ce portefeuille ? *(Il cherche près du bateau.)*

Laurent *(il se lève)*. – Mais Phébus ! Puisqu'il est innocent. Je vais faire ma déclaration à la police. Et à partir de là, tout s'expliquera... il suffit de suivre le fil...

Phébus *(violent)*. – Reste ici, Laurent. *(Bas :)* Tu as poussé Xury pour me venger...

Laurent. – Je n'ai pas poussé !

Phébus *(continuant à chercher le portefeuille)*. – Mais faut jamais l'avouer. À personne, même pas à toi-même. Faut jamais, jamais le dire. Même dans toi, même dans ton creux intérieur. Fini. Rien. Parti. Nous avons un coupable. Et nous allons faire qu'il soit extraordinairement coupable. Et ainsi, mon petit, tu deviens de plus en plus innocent.

Laurent. – Mais Phébus, on est coupable ou on ne l'est pas.

Phébus *(furieux)*. – Tu n'y connais rien. C'est comme ça, chez toi. Chez ta maman. Pas ici ! *(Il se détourne, se calme, et cherche le portefeuille.)* Le Bigame, ou Delphine ou Léon Veste ont caché le portefeuille ici pour faire de moi le coupable. Ils ne l'ont pas bien caché. Exprès. Pour qu'on le trouve facilement. Si la police trouve le portefeuille chez moi, je suis cuit... *(Il va vers la boîte de l'avalon.)* ... Qu'est-ce que je disais... *(Il montre un portefeuille. Il crie au Bon-Dieu :)* Sors de là ! *(Le Bon-Dieu paraît.)* Tiens... *(Il donne le portefeuille au Bon-Dieu qui l'accepte avec innocence.)*

Le Bon-Dieu *(angoissé)*. – Kwaâ ?

Phébus. – Mets ça en poche.

Le Bon-Dieu. – En poche ?

Phébus. — Aucune importance, puisque tu es coupable. C'est une preuve.

Le Bon-Dieu. — Une preuve ?

Phébus. — Va, maintenant.

Le Bon-Dieu. — Où ?

Phébus. — Chez le commissaire.

Le Bon-Dieu. — Mwâ ?

Phébus. — Et dis-lui tout.

Le Bon-Dieu. — Non.

Laurent. — Mais Phébus ! Il est innocent !

Phébus *(ironique)*. — Innocent !

Laurent. — Oui !

Le Bon-Dieu. — Wîî «Innocent !» *(On devine qu'il ne comprend pas le mot.)*

Phébus *(marchant sur Laurent qui recule)*. — Innocent ! Innocent ! Te mêle pas de ça ! Compris ! C'est toi qui es «innocent». Compris ! Et ne te mêle pas, compris ?

Laurent *(subjugué)*. — Oui, Phébus.

Phébus. — Assis !

Laurent. — Oui, Phébus.

Phébus *(au Bon-Dieu qui essaye de se défiler)*. — Ici !

Le Bon-Dieu *(angoissé)*. — Mwâa ?

Phébus. — Va. *(Il le tire.)*

Le Bon-Dieu. — Non.

Phébus. — Oui ! *(Il tire.)*

Le Bon-Dieu. — Je ne veux pas ! Je ne veux pas !

(Le Bon-Dieu et Phébus se battent. Le Bon-Dieu se laisse tomber à terre, tandis que Phébus essaye de tirer.)

Phébus. — Tu es allé au quai soixante-six !

Le Bon-Dieu. — Je n'ai rian fait !

PHÉBUS. – Tu l'as poussé !

LE BON-DIEU. – Rian !

PHÉBUS. – Pour lui voler son portefeuille.

LE BON-DIEU. – Non !

PHÉBUS. – Oui !

LE BON-DIEU *(pendant que Phébus essaye de le tirer)*. – Non ! Rian ! Je raste ici ! Rian ! Je raste ! J'a soummeil ! Dourrémir ! Je raste ! Non ! Rian ! Rian ! Rian ! *(Il se roule par terre.)*

LAURENT. – Phébus !

PHÉBUS *(il renonce)*. – Bien. Dans ce cas, je vais chercher la police.

(Silence.)

LE BON-DIEU *(s'assied et rit)*. – La police ! Twââ !

PHÉBUS. – Tu es coupable ! Tu as le portefeuille...

LE BON-DIEU. – Non. Twââ ! Je l'a mis dans ta poche pendant qu'on se battait.

PHÉBUS *(surpris)*. – Moi ? J'ai le portefeuille ?

LE BON-DIEU. – Wî ! *(Phébus trouve le portefeuille dans sa poche et le regarde avec stupeur.)* C'est twââ maintenant qu'est leu coupab' !

PHÉBUS. – Tu ne me connais pas ! Dans l'Escaut ! *(Il écarte les bras comme pour jeter le portefeuille, mais son bras retombe avant qu'il n'ait achevé le geste.)* Non. (À Laurent :) Tu le dirais... *(Il s'approche de Laurent et le secoue.)* Tu le dirais si la police t'interrogeait... hein ? Tu le dirais que j'ai jeté le portefeuille dans l'eau ?

LAURENT *(avec difficulté)*. – Si on m'interroge, je dirai la vérité...

PHÉBUS. – Et tu nous foutras tous dedans !

LAURENT. – Mais Phébus... il n'y a rien. La police n'est pas venue. On ne nous a pas interrogés. Il n'y aura rien ! Puisque nous ne sommes pas coupables. Allons faire notre déclaration et on sera tranquilles !

PHÉBUS *(il se redresse)*. – Monsieur le Commissaire ! *(Il écoute comme une réponse du commissaire que cette fois il ne dit pas.)* Phébus : «C'est-à-dire, Monsieur le Commissaire...» Le Commissaire : «...» Phébus : «Le portefeuille ? Je l'ai trouvé, Monsieur le Commissaire...» Le Commissaire : «...»

Phébus : «Non, je n'ai pas poussé...» Le Commissaire : «...» Phébus : «Non ! Ce n'est pas vrai.» *(Il a crié.).* Le Commissaire : «...» Phébus *(moins fort :)* «Non...» Le Commissaire : «...» Phébus *(à peine articulé)* : «Non.» Le Commissaire «...» Phébus : «Oui.» *(À peine articulé, s'adressant à Laurent et au Bon-Dieu sur un ton de détresse :)* Cette fois, il m'a eu le commissaire... *(D'une voix faible et angoissée :)* Le commissaire... je crois... c'est le Boznak... il est là... partout à l'intérieur... je ne sais plus où aller... à tout ce que je dis, il m'oppose une preuve ! Il dit que je suis coupable. Il a les preuves. Elles sont là, les preuves. Dans mon sang. Je ne peux pas les arracher de moi-même. Je ne peux pas arracher ma peau. Le Boznak est dans ma peau. Dans mes os. Il me remplit. Quand je fuis, il fuit avec moi. *(En un cri :)* Il m'habite ! *(Sur un ton décidé, avec simplicité :)* Je vais maintenant chez le vrai commissaire. Ce sera vite fini. Je lui dirai que j'ai poussé Xury.

LAURENT. – Mais puisque ce n'est pas vrai !

PHÉBUS. – Je lui dirai. Comme ça, j'aurai la paix, c'est plus simple. Tout sera fini. *(Silence, puis avec amertume :)* J'ai tant lutté pour échapper, depuis vingt ans, j'ai lutté... et voilà. *(À Laurent, bas et vite :)* Je ne lui ai pas parlé de toi, Laurent... et si on t'interroge, mens, mens, mens... et quand je serai en prison, viens me voir à la «visite», une fois par mois. Non, ne viens pas, je pleurerais... *(Il va pour sortir.)*

LAURENT. – Phébus ! Je t'accompagne !

PHÉBUS *(avec force).* – Non, reste ici. *(Furieux :)* Il n'y a plus rien à faire ! Reste ici ! *(Il repousse Laurent et sort.)*

LE BON-DIEU. – Il est foutu...

LAURENT. – Mais puisqu'il n'est pas coupable !

LE BON-DIEU. – Foutu. J'habiterai sa mâson.

LAURENT. – J'aurais dû... *(Il s'assied tristement.)*

LE BON-DIEU *(avec emportement).* – Rian. Rian. Jamais. Jamais dire la vérité. Toujours mentir. Toujours dire le contrâre ! Si on dit «les canards ont des âiles», faut répondre : les canards, ça rampe. Je fas le sarment queu les canards ont ni pattes ni âiles et que ça rampe. Je me roule par tarre, et je crache, et je dis, je dis, je dis que les canards ont des dents et qu'ils se nourrissent de piâres, d'encre, de papier et de caoutchouc, et qu'ils ont des dents. Et si on essaye de te faire avouer qu'ils ont un bec, tu te jettes par tarre et tu cries «des dents ! des dents !» Sinon, t'es foutu !

LAURENT. – J'aurais dû... *(Il se lève.)* Il est encore temps.

LE BON-DIEU. – Où vas-tu ?

LAURENT. – À la police.

LE BON-DIEU. – La police, c'est comme l'Escaut. L'eau s'ouvre et se farme, et puis rian ! Mentir ! Mentir !

LAURENT. – Non. Je n'abandonne pas un ami... *(Il va pour sortir.)* Je vais dire la vérité.

Scène VI
Laurent - le Bon-Dieu - Phébus - Korr

(Phébus rentre précipitamment et entraîne Laurent et le Bon-Dieu vers un coin de la scène ; il halète, comme s'il avait couru.)

LAURENT. – Phébus ! Toi !

LE BON-DIEU *(à voix basse)*. – Le commissâr !

LAURENT. – Que se passe-t-il ?

(Phébus ne répond pas et regarde vers un coin de la scène, comme s'il attendait quelqu'un. Silence. Apparition soudaine de Korr.)

KORR *(d'une voix forte)*. – Vous n'avez pas vu Léon Veste ? *(Korr s'approche.)* Vous n'avez pas vu Léon Veste ? C'est lui qui a poussé Xury dans l'eau. Le Bigame m'a donné l'ordre...

(Il cherche. On entend quelqu'un qui fuit derrière les bateaux.)

LAURENT. – Il était là, à nous espionner !

(Korr va vivement derrière le bateau, on entend des bruits qui s'éloignent, quelqu'un qui court. Phébus et le Bon-Dieu attendent, immobiles. On entend le bruit de la poursuite qui va diminuant...)

LAURENT. – Vous avez vu ? *(Il court vers la digue.)*

LE BON-DIEU. – Sacré Nom Didjâ ! *(Il va vers sa barquette comme pour s'y réfugier.)*

LAURENT. – Je ne vois rien... *(Il sort.)*

PHÉBUS. – Attends... *(Il pose la main sur le bras du Bon-Dieu.)*

LE BON-DIEU. – Kwaâ ?

Phébus. – Écoute...

Le Bon-Dieu. – Wîî...

Phébus. – Dans un moment, Korr va tirer...

Le Bon-Dieu. – Wîî...

Phébus. – Écoute... *(Il le prend par le bras et le force à écouter. Silence. On entend cinq coups de feu.)* Korr a tué Léon Veste.

Le Bon-Dieu *(il a peur)*. – Kwaâ ?

Phébus *(calme)*. – Alors tu as cru que j'allais bêtement me dénoncer à la police ?

Le Bon-Dieu. – Wîî !

Phébus. – Bêtement ! T'as pas compris que je disais ça pour le... *(Il regarde autour de lui et à voix basse :)* ... Boznak. T'as pas compris que j'allais chez le Bigame !

Le Bon-Dieu. – T'es formidable !

Phébus. – Le Bigame que j'ai rencontré, ici, sur la route ; et tu n'as pas compris que je lui ai remis le portefeuille.

Le Bon-Dieu. – Wî, t'es formidable !

Phébus. – Et j'ai dit au Bigame que tu avais vu Léon Veste cacher le portefeuille...

Le Bon-Dieu. – Phébus, t'es...

Phébus. – Dans la boîte de l'avalon.

Le Bon-Dieu. – Formidab' ! Parcequeu jeu l'ai point vu !

Phébus. – Tu mens !

Le Bon-Dieu. – Wîî. Toujours.

Phébus. – Tu comprends ? Léon Veste s'est débarrassé du portefeuille quand il a compris que les affaires tournaient mal pour lui. Et tu me demandes pourquoi Léon Veste avait pris ce portefeuille sur le cadavre de Xury ?

Le Bon-Dieu. – Rian ! Jeu demande rian !

Phébus. – Il l'avait pris pour s'en servir contre le Bigame. Il voulait se venger du Bigame ! Il avait l'intention de dénoncer le Bigame à la police et de dire qu'il avait trouvé le portefeuille chez le Bigame et ça, le Bigame le savait, parce que Léon Veste a bavardé, hier soir, à "La Lorgnette". Mais le Bigame n'était pas sûr. Et maintenant, grâce au portefeuille, il a une preuve. *(Se tournant vers le commissaire imaginaire et prenant l'offensive. Il est brutal et le commissaire très humble.)* Phébus : «Tandis que vous, Commissaire, vous n'aviez pas de preuve !»

LE BON-DIEU. – Vas-y, Phébus !

PHÉBUS *(voix du commissaire)*. – Le Commissaire : «Excuses, Phébus.» Phébus : «J'ai menacé, oui, mais dire, ce n'est pas faire !» Le Commissaire : «Pardon, je pensais que...» Phébus : «Faut jamais penser.»

LE BON-DIEU. – Fais-le baver ! Ce commissâr !

PHÉBUS *(voix du commissaire)*. – Le Commissaire : «Excuses, Monsieur Phébus.» *(Le Bon-Dieu jubile.)* Phébus : «Et vous n'aviez pas le moindre indice contre Laurent !...» Le Commissaire : «Je ne savais pas.» Phébus : «Et puis, votre tête ne me plaît pas.»

LE BON-DIEU. – Bian ! Encore !

PHÉBUS *(voix du commissaire)*. – Le Commissaire : «Excuses, Monsieur Phébus...» Phébus : «Trop pâles, vos bajoues !» Le Commissaire : «Je n'y puis rien.» Phébus : «Ces bajoues me rendent malade.»

LE BON-DIEU. – Vas-y ! Vas-y !

PHÉBUS *(voix du commissaire)*. – Le Commissaire : «Pardon, Monsieur Phébus !» Phébus : «Et puis, vous ne connaissez pas votre métier.»

LE BON-DIEU. – Encore, Phébus, encore !

PHÉBUS *(voix du commissaire)*. – Le Commissaire : «Je fais mon possible, Monsieur Phébus.» *(Il va vers le Bon-Dieu et le secoue comme si c'était lui, le commissaire :)* «C'est Léon Veste qui a poussé Xury et vous m'avez accusé, Commissaire !» Le Commissaire : «Je ne savais pas.»

LE BON-DIEU *(tout secoué)*. – Ne le crois pas, Phébus ! Il savait trâ bian !

PHÉBUS. – «Léon Veste a tué et voulait faire condamner le Bigame à sa place.» Le Commissaire : «Pardon.»

LE BON-DIEU *(de plus en plus secoué)*. – Pardonne surtout pas !

PHÉBUS. – Et maintenant, Korr a tué Léon Veste de cinq balles de revolver près de la plage aux anguilles. Le Commissaire : «Je ne savais pas.» Phébus : «Vous ne savez jamais rien. Vous êtes destitué. Vous n'êtes plus Commissaire !»

(Le Bon-Dieu s'échappe des mains de Phébus.)

LE BON-DIEU. – Sacré Nom Didjâ ! Il leu marite ! Ce qu'il nous a emmerdés, ce commissaâr ! *(Il va vers sa barque en se frottant les épaules et le cou de douleur.)* Et mwâa, maintenant qu'il n'y a pûs de commissaâr, je vas m'envoyer Patsy. *(Il disparaît dans sa barque.)*

LAURENT *(revient très ému)*. – Phébus ?

PHÉBUS. – Oui ?

LAURENT. – Il l'a eu.

PHÉBUS. – Qui ?

LAURENT. – Korr... il l'a tué... Léon Veste est là, dans son sang.

PHÉBUS. – Korr a tiré ?

LAURENT. – Oui.

PHÉBUS. – Moi, je ne sais pas... je n'ai rien entendu... *(On entend un bateau.)* Un bateau.

LAURENT. – Viens, tu verras.

PHÉBUS. – Pas d'histoires. C'est là-bas. Ici, rien.

LAURENT. – Allons avertir la police, Phébus... il est mort... il faut faire quelque chose...

PHÉBUS. – Il fait trop noir pour lire son nom...

LAURENT. – Phébus, viens... *(Il veut s'en aller.)*

PHÉBUS. – Non, reste. *(Phébus le retient fermement.)* Où va-t-il ?

LAURENT. – Phébus, il faut...

PHÉBUS *(le coupant)*. – Au Japon ?

LAURENT. – Phébus !

PHÉBUS *(bas)*. – C'est un règlement de comptes, Laurent. Pas d'histoires. *(Il le force à regarder le bateau.)* Ici, il y a toi, il y a moi et il y a le Bon-Dieu qui dort dans sa barquette. *(Parlant du bateau :)* Au Japon.

LAURENT *(subjugué)*. – Oui, Phébus. *(Il regarde vers le navire.)*

PHÉBUS. – Oui... mais le Japon, ce n'est pas comme on pense, Laurent... il y a d'abord les poissons volants, et puis, il y a le caractère du capitaine... un foutu caractère. *(On entend claquer la portière d'une auto.)* C'est ça, le Japon ! *(Il crache. L'auto s'éloigne. Phébus sourit. Soudain inquiet.)* Le Boznak ! J'entends quelqu'un qui respire...

LAURENT *(très calme)*. – Non Phébus, c'est l'Escaut qui respire. *(On entend les vagues.)* Écoute les vagues.

PHÉBUS. – Chaque fois qu'un bateau passe, il y a des vagues.

LAURENT. – J'ai l'impression qu'elles disent : viens... viens... viens.

RIDEAU

Paul Willems sur le site de la plage aux anguilles,
photographie d'Elza Willems (1959-1960).

La plage aux anguilles, photographies d'Elza Willems (1959-1960).
En haut, à gauche, le fils de l'auteur, Jan Willems.

Comédiens du Rideau de Bruxelles sur le site de la plage aux anguilles :
Michel Rochat, Raymond Peira, André Gevrey, Jules-Henri Marchant (1959)

La Plage aux anguilles, dramatique télévisée de Werner Schlechte
(*Phoebus oder Die Aalbucht,* Zweites Deutsches Fernsehen, 1968)

Marceline

Pièce en trois actes

Personnages

Marceline	dix-sept ans, fille de Snep et d'Anna.
Walter	trente ans, passe ses vacances au bord de l'Escaut, dans la petite auberge tenue par Snep et Anna.
Snep	cinquante-cinq ans, aubergiste, ancien passeur d'eau, mari d'Anna.
Mère Anna	quarante ans, femme de Snep.
Jenny	trente à trente-cinq ans, femme de Serge.
Fernand Dusnik	quarante ans, élégant et précieux, mari de Mona.
Mona Dusnik	vingt-six à trente ans, épouse de Fernand.
Ida	dix-sept à vingt-deux ans, jeune fille des environs, fiancée de Moustache.
Moustache	vingt-cinq ans, jeune homme des environs, fiancé d'Ida.
Serge	une cinquantaine d'années, ingénieur, mari de Jenny.

Un petit café au bord de l'Escaut, en face de Tamise. Le carreau est rouge. La porte dans le fond à gauche et la fenêtre de gauche sont ouvertes. À droite, la porte donnant sur l'étable et un escalier menant à l'entresol, où se trouve la chambre de Walter. Toujours à droite, au premier plan, la porte de la chambre de Mère Anna.

Pièce inédite (écrite en 1960, revue en 1962).

Acte I

Walter est assis à une table, près de la fenêtre. Il lit. De temps en temps, il interrompt sa lecture, enlève ses lunettes et regarde par la fenêtre ouverte. Ce geste semble le mettre en communication avec ce qui l'entoure, tandis que lorsqu'il remet ses lunettes, il se replonge dans son monde intérieur. Par moments, venant de l'extérieur, le son de voix fortes et indistinctes, des rires soudains, suivis de brusques accalmies. Un accordéon ou un harmonica joue quelques mesures. Mère Anna et Marceline entrent et sortent pour servir sur la terrasse des boissons aux excursionnistes venus en bateau.

Scène I
Marceline - Walter - Snep

(Marceline s'approche de Walter après avoir pris sur le comptoir un plateau chargé de verres pleins. Elle dépose un instant le plateau sur la table de Walter. Bruit des consommateurs sur la terrasse.)

MARCELINE. – Vous n'aimez pas le bruit, monsieur Walter ?

WALTER *(sans enlever ses lunettes, la regarde un instant, puis se replonge dans sa lecture)*. – Non, pas ce bruit-là.

MARCELINE *(essayant de forcer son attention)*. – Pourtant, l'année passée, vous êtes venu avec un groupe, en bateau...

WALTER *(distraitement)*. – Un groupe en bateau, oui...

MARCELINE. – Un groupe très bruyant.

(Walter continue à lire.)

SNEP *(appuyé au chambranle de la porte ouverte, sans élever la voix).* – La bière, Marceline !

MARCELINE. – Oui, papa. *(Elle ne bouge pas. Elle regarde Walter. Bruit de voix dehors.)* Je me souviens, il faisait beau !

WALTER. – Oui, il faisait beau.

MARCELINE. – Ce soir-là, vous avez bavardé si longtemps avec monsieur et madame Louvier, que le bateau est reparti sans vous...

SNEP *(dans la porte ouverte. Sur le même ton, sans s'émouvoir).* – La bière, Marceline !

MARCELINE. – Oui... *(Elle ne bouge pas.)* Et vous êtes resté jusqu'au soir... *(Walter continue sa lecture.)* Et vous avez dit : «Quel apaisement.» *(Walter continue sa lecture.)* Enlevez vos lunettes, monsieur Walter.

WALTER *(surpris).* – Mes lunettes ? Pourquoi ? *(Il les enlève.)*

MARCELINE. – Pour vous empêcher de lire quand je vous parle.

SNEP *(du même ton tranquille).* – La bière, Marceline !

MARCELINE. – Oui, papa ! *(Elle ne bouge pas. Elle regarde Walter.)* Comme ils ont l'air nus !

WALTER. – Comment ?

MARCELINE. – Vos yeux... *(Geste de Walter qui veut remettre ses lunettes.)* Non... ils ont l'air nus et sans défense. Vous avez peur de quelque chose ?

WALTER *(surpris).* – Moi ? Peur ?

SNEP *(il entre, élevant la voix).* – Marceline, la bière !

MARCELINE. – Oui.

(Elle prend le plateau et sort. Snep s'approche.)

SNEP. – Alors, comme ça, vous passez vos vacances ici ?

WALTER. – Oui, Snep.

SNEP. – C'est drôle.

WALTER. – Drôle ?

SNEP. – Pourquoi ici ?

WALTER. – Ça me plaît, Snep.

SNEP. – Ce matin, quand vous êtes arrivé, je me suis dit : en voilà un qui passe ses vacances à un endroit où je ne passerais jamais de vacances.

WALTER. – Pourquoi ?

SNEP. – Puisque c'est ici que je vis... Marceline a raison.

WALTER. – Comment ?

SNEP. – Vos yeux ont l'air nus.

WALTER *(irrité)*. – Laissez mes yeux en paix, Snep. *(Silence, bruit de voix dehors.)* Oui, je suis en vacances ! *(Il remet ses lunettes.)*

Scène II
Walter - Snep - Mère Anna - Marceline

(Entre Mère Anna. Quarante ans. Visage rond, doux, lisse. Oui, quarante ans, mais comme une paysanne. Elle est donc marquée. Elle s'assied sur une chaise qui a l'air de n'être là pour personne, sinon pour elle, une chaise sans vis-à-vis, qui ne parle à personne, une chaise seule.)

SNEP *(sans faire attention à l'entrée d'Anna)*. – Vacances ! *(Silence.)* Vacances ! *(Silence.)* Qu'est-ce que c'est, vacances ? En somme, je ne sais pas. Non. *(Il remarque que Mère Anna pleure.)* Pleure pas, Anna.

ANNA. – J'essaye.

SNEP. – Pleure pas ! Ça ennuie les autres !

ANNA. – Je ne peux pas m'empêcher, Snep.

SNEP. – Je te dis que ça ennuie les autres.

ANNA. – Oui, Snep.

SNEP. – Les larmes, pour les autres, c'est insupportable.

ANNA. – Oui, Snep.

SNEP. – Insupportable, compris ?

ANNA. – Oui.

SNEP *(à Walter)*. – C'est grotesque. Personne, dans le monde entier, ne pleure tout le temps. Mais elle, oui ! J'en ai jusque-là ! Mais elle ne pense qu'à elle-même... jamais elle ne se dit que les larmes, moi... *(Il va pour sortir, se ravise.)* Va porter la bière ! *(Geste vers la terrasse.)*

ANNA. – Oui. J'y vais.

SNEP. – Et laisse monsieur Walter à sa lecture...

ANNA. – Oui.

SNEP. – Il est en vacances. Tu l'embêtes. Il fait beau. Tout va bien. *(Il sort.)*

ANNA *(elle sourit à Walter à travers ses larmes)*. – Ne faites pas attention. Il faut de temps en temps que je pleure. Ça vient comme ça, soudain, du fond, du fond tout noir. *(Signe de tête vers la porte par où Snep est sorti.)* Il n'aime pas que j'en parle *(Silence.)* Il dit qu'il y a quinze ans. Il dit que nous avons Marceline. *(Silence.)* C'est vrai. Nous avons Marceline. Mais je ne puis empêcher que ça vienne, parfois, quand je pense que Jacques pourrait être ici, aujourd'hui.

WALTER. – Oui, bien sûr, Mère Anna.

ANNA. – Je vous ennuie ?

WALTER *(gêné)*. – Mais non, Mère Anna, non.

ANNA. – Il avait à peine huit ans. Le soir, il est rentré et a dit qu'il avait froid. Je l'ai veillé toute la nuit. Il est mort le lendemain à midi... il me semble que si...

WALTER. – Il vous semble quoi, Mère Anna ?

ANNA. – Je sais, oui. Tout est accompli. Mais j'aurais pu empêcher. Il est sorti pour jouer dans le verger. J'aurais dû dire : « Il fait trop froid. Reste. » J'ai failli le dire... je ne l'ai pas dit. Mais j'aurais pu le dire. Je l'ai pensé... et *si* j'avais dit ce que j'avais pensé, il serait encore vivant.

SNEP *(paraît devant la fenêtre)*. – Eh bien ? La bière ?

ANNA. – Je viens. *(Elle se lève et prend le plateau, elle sort. Walter reprend son livre.)*

SNEP *(il s'assied sur le rebord de la fenêtre)*. – Qu'est-ce qu'elle vous a dit ?

WALTER. – Rien.

SNEP. – Ah ! *(Silence. Il entre par la fenêtre.)* Le passé, c'est malsain. *(Silence.)* Il ne faut pas. Elle a encore pleuré ?

WALTER. – Non.

SNEP. – Ah ! Bien. Faut pas. C'est mauvais. Elle est toujours à tourner autour. Attachée. Moi, je ne supporte pas qu'on en parle. Parce que tout va bien. Tout va bien. Nous avons envoyé Marceline au collège. C'est très cher. Mais maintenant, elle a l'air d'être la fille d'un autre, avec des robes qui sentent frais. *(Silence.)* Frais. *(Silence.)* Ce n'est pas le parfum qu'elle sent ! Non ! Mais ce qui est propre, frais. Frais. Elle passe ses vacances ici.

(Entre Marceline.)

MARCELINE. – Ils se préparent à partir. Ils voudraient payer.

SNEP *(sortant de son demi-rêve)*. – Partir... quoi ? Partir ? Ah ! Payer ? *(Il sort.)*

MARCELINE *(reprenant la conversation)*. – Vous avez dit : «Quel apaisement»... J'y ai pensé tout l'hiver. J'entendais ce mot comme la cloche de l'autre côté de l'Escaut... «Quel apaisement !»

WALTER. – J'ai dit ça ? Je ne me souviens plus !

MARCELINE. – Oui, tout l'hiver, j'y ai pensé... c'était comme une réponse au souhait que j'aurais fait... *(D'une petite voix :)* Je ne sais pas quel aurait pu être ce souhait...

WALTER. – Moi non plus.

MARCELINE. – Non ? Ce n'est pourtant pas difficile à deviner. *(Silence. Elle le regarde en souriant.)*

WALTER *(gêné, détourne les yeux ; il regarde par la fenêtre)*. – Le nouveau pont est beau vu d'ici ! Tendu d'une rive à l'autre, comme deux ailes.

MARCELINE. – Si j'étais un homme, je devinerais tout de suite. Voulez-vous que je le dise ?

WALTER. – Non.

MARCELINE *(déçue)*. – Tant pis. *(Vivement, après un petit silence :)* Pour qui êtes-vous venu passer vos vacances, ici ?

WALTER. – Pour qui ? Pour personne. Pour moi.

MARCELINE. – Vous la connaissez bien, madame Louvier ?

WALTER. – Oui... c'est-à-dire non.

MARCELINE. – Ah !

WALTER. – Je ne les ai pas vus souvent... monsieur Louvier est très gentil.

MARCELINE. – Madame Louvier est jolie.

WALTER *(gêné)*. – Oui... c'est-à-dire, elle n'est pas mal.

MARCELINE *(il y a de l'inquiétude dans sa voix)*. – Très jolie ? Non ?

WALTER. – Oui. En somme. Très jolie.

MARCELINE *(l'inquiétude perce)*. – Et gentille.

WALTER. – Oui.

MARCELINE. – Très gentille ! *(Silence.)* Répondez ! Très gentille !

WALTER. – Oui, en somme, oui.

MARCELINE *(avec espoir et chagrin en même temps)*. – Je n'ai que dix-sept ans, moi !

WALTER. – Ils embarquent... je vais assister au départ du bateau. *(Il sort en enjambant la fenêtre.)*

SCÈNE III
MARCELINE - MÈRE ANNA

(Dès que Walter est sorti, Marceline s'assied à sa place, prend son livre, l'ouvre, le ferme, l'ouvre de nouveau, fronce les sourcils comme si le passage était difficile. Bruit dehors, indiquant le départ des visiteurs. Mère Anna revient, portant un plateau chargé de verres vides.)

ANNA. – Voilà. Ils partent ! Il y a du bruit, on court, on sert... et puis, d'un coup... ils sont partis... on n'entend plus rien, sauf les bruits de toujours qui ont doucement continué sans qu'on le sache... *(Elle se lève, prend sur le comptoir le vieux réveille-matin et l'arrête.)* Voilà, c'est mieux... Si je pouvais arrêter tous les bruits...

MARCELINE. – Maman ?

ANNA. – Oui, Marceline ?...

MARCELINE. – D'où vient monsieur Walter ?

ANNA. – Je ne sais pas.

MARCELINE. – De Bruxelles ?

ANNA. – Peut-être.

MARCELINE. – J'ai entendu qu'il disait : «Je veux échapper.»

ANNA. – Échapper ?

MARCELINE. – Il a des yeux comme quelqu'un qui voudrait être ailleurs... Il ne me voit pas. Comment faut-il faire pour qu'il me regarde ?

ANNA. – Je ne sais pas.

MARCELINE. – Ses yeux n'accrochent pas... Je crois qu'il pense à madame Louvier.

ANNA. – Qui ?

MARCELINE. – S'il me regardait, moi, ne fût-ce qu'un instant ! Mais je n'y réussis pas. Je croyais que c'était à cause des lunettes ! Les lunettes, ça sépare tellement !

ANNA. – Le bateau est loin déjà... je ne vois plus les drapeaux. Il passe sous le pont. Viens voir. *(Marceline ne bouge pas.)* Il est tout petit. Le pont est haut comme un arc-en-ciel.

MARCELINE. – Il suffirait peut-être de me trouver tout le temps dans la direction de ses yeux. Il viendra bien un moment où il me *verra*... alors à moi de saisir l'occasion et de continuer à l'occuper... l'occuper, l'occuper tout le temps... Où vas-tu ?

ANNA. – Je vais voir la vache, c'est peut-être pour cette nuit... *(Elle sort.)*

SCÈNE IV

MARCELINE - WALTER - SNEP

(Marceline, un instant seule, retourne au livre de Walter, puis entendant du bruit, se lève vivement. Entrent Walter et Snep, en pleine conversation.)

WALTER. – Les vacances ? C'est une interruption...

SNEP. – Une interruption. Hein ?

WALTER. – Une rupture...

SNEP. – Une rupture ? Oui... un moment ! *(Il met la main sur le bras de Walter.)*

WALTER. – Qu'y a-t-il ?

SNEP. – Il y a un bruit qui manque ici. Ça fait vide... Ah ! *(Il va vers le réveil.)* Ce réveille-matin. Il ne supporte pas que je m'en aille ; il a besoin de moi pour vivre. *(Il secoue le réveil, le met à l'heure, au juger. Pendant ce dialogue, Marceline change de place de façon à rester tout le temps dans le regard de Walter. Snep revient vers Walter.)* Vous disiez que les vacances, c'est quoi ?

WALTER. – Une rupture... On se quitte soi-même... c'est un exquis petit suicide, suivi d'une mort de quelques semaines que l'on passe dans de faux paradis.

MARCELINE. – Papa !

SNEP. – Un suicide ?

WALTER. – Un suicide à ce que l'on fait chaque jour, chaque jour, à la même heure, compté, établi, fixé. L'autobus, six arrêts, cinq minutes de marche, le bureau, les mêmes têtes, la même odeur, les mêmes gens. Moi, je vous assure, j'ai envie de tout foutre en l'air.

SNEP *(pénétré).* – Tout foutre en l'air. D'accord.

MARCELINE. – Papa ?

SNEP. – Oui ?

MARCELINE. – La vache.

SNEP. – Quoi la vache ?

MARCELINE. – Maman dit que c'est pour ce soir.

SNEP. – Quoi ?

MARCELINE. – Le veau. Maman demande que tu ailles voir.

SNEP *(sans plus écouter Marceline, à Walter).* – Avez-vous jamais vu des autos venir et passer sur l'autoroute ? Ça, c'est quelque chose ! C'est... vous comprenez ?... c'est... *(Geste de la main suspendu. Silence.)* Moi, je ne suis jamais en vacances, parce que je ne fais rien. Je vais aux autos... *(Il sort.)*

SCÈNE V
WALTER - MARCELINE

MARCELINE. – Depuis que le pont est construit, il n'a plus rien à faire... il était passeur d'eau. Les gens attendaient ici, au café. Maintenant il est toute la journée aux autos.

WALTER. – Quelle heure est-il ? *(Il regarde le réveille-matin. Marceline se précipite dans la direction de son regard. Elle lui sourit.)* Six heures. J'aime bien ce réveille-matin qui indique n'importe quelle heure, qui s'arrête, qui repart... ce vieux comptoir *(mouvement de Marceline)*, ces tables toutes simples et ces chaises qui ont l'air d'attendre d'impossibles visiteurs *(mouvement de Marceline)*. Et cette chaise, où s'assied souvent ta mère. *(Marceline se place derrière la chaise.)* Cette chaise qui est là, toute seule sans vis-à-vis... sans interlocuteur, sauf pour ceux qui se parlent tournés vers le dedans... Si j'étais peintre, je la peindrais, cette chaise, dans une lumière vide qui l'empêche de parler aux autres chaises. Une chaise solitaire donne l'impression qu'il va se passer quelque chose. *(Il laisse errer son regard. Mouvement de Marceline.)* Oui, j'aime ce café. Tu me donnes le vertige à tourner en rond. *(Walter s'assied à sa table, prend son livre. Silence. Marceline s'approche.)*

MARCELINE. – Je suis contente que papa soit sorti.

WALTER. – Ah ?

MARCELINE. – Parce qu'on est à deux. *(Walter n'entend pas.)* Pourquoi lisez-vous tout le temps ? Pour fuir ?

WALTER *(intéressé, il ferme son livre)*. – Fuir ?

MARCELINE. – Vous disiez que vous vouliez fuir ? *(Elle rit.)*

WALTER. – Pourquoi ris-tu ?

MARCELINE. – Parce que vous me regardez.

WALTER. – Pardon ?

MARCELINE. – Vous me regardez, et c'est bon. Vous ne voyez jamais rien, personne ?

WALTER. – Moi ?

MARCELINE *(vive, elle passe derrière lui, lui prend la tête entre les mains de telle façon qu'il ne puisse se retourner)*. – Quelle est la couleur de ma robe ?

WALTER. – Bleue. *(Elle laisse tomber les mains ; violente, elle frappe du pied, car elle a une robe d'une autre couleur. Walter enlève ses lunettes, la regarde.)* Ah ! Pardon...

MARCELINE. – À quoi bon hésiter le matin, pendant des heures entre mes deux robes, si vous ne voyez rien !

WALTER. – Le bleu est ma couleur préférée et tu es jolie comme le bleu... *(Elle lui sourit.)* Quel âge as-tu, Marceline ?

MARCELINE *(en souriant).* – Dix-sept ans, monsieur Walter...

(Walter détourne lentement son regard vers la fenêtre, Marceline s'assied sur le bord de la fenêtre.)

WALTER. – Comme tout est calme, comme tout est vert !

MARCELINE *(tout en regardant Walter).* – Le ciel est gris...

WALTER. – Le temps se repose.

MARCELINE. – Pas un souffle, pas une ride sur l'eau. *(Elle se rapproche un peu.)*

WALTER. – Les jours où le monde n'est pas soulevé par son terrible élan... il y a un apaisement... un apaisement...

(Silence. Voix des enfants au loin. Marceline se rapproche insensiblement de Walter.)

PREMIÈRE VOIX. – Le veux-tu ?

SECONDE VOIX. – Je le veux.

PREMIÈRE VOIX. – Et le vent.

SECONDE VOIX. – Le vent dort.

WALTER. – Que disent-ils ?

MARCELINE. – Ce sont des enfants qui jouent.

(Voix des enfants au loin.)

PREMIÈRE VOIX. – Le veux-tu ?

SECONDE VOIX. – Je ne veux pas.

PREMIÈRE VOIX. – Et la pluie ?

SECONDE VOIX. – La pluie ne viendra pas.

WALTER. – Quel est ce jeu ?

MARCELINE. – «Pluie et vent.» On jette en l'air deux pailles, il faut qu'elles retombent en croix. C'est un jeu de garçon. *(Elle sourit.)* Les filles ne sont pas admises. *(Elle s'étire.)* Demain il y aura du vent pour faire monter les cerfs-volants. *(Sans transition, elle est tout près de Walter, maintenant.)* J'aimerais être respirée comme l'odeur de l'herbe... vous savez ? Quand on est couché dans une prairie...

(Elle est tout près de lui et se penche encore ! Walter se lève soudain et s'éloigne.)

WALTER. – Tu es jolie, Marceline...

MARCELINE. – Je suis jolie ? *(Sourire ému.)*

WALTER. – Garde-toi des garçons.

MARCELINE *(elle fait deux, trois pas, comme pour se montrer).* – «Le veux-tu ? Je le veux ? Je ne veux pas» *(Elle rit.)*

VOIX DU PREMIER ENFANT *(il chante).* –
Vent ! Vent ! Vent d'été
Tout le ciel est bousculé
Vent ! Vent ! Vent d'été
Tout le ciel est bousculé.

WALTER. – Que chante-t-il ?

MARCELINE. – Les brins de paille sont mal tombés... il faut alors chanter pour désensorceler le jeu et recommencer... sinon, demain, il n'y aura pas de vent.

WALTER. – L'après-midi est lisse...

MARCELINE. – L'après-midi dort. Il suffirait de dégrafer doucement sa robe verte et grise pour découvrir son corps... *(Silence.)* Son corps tout blond, tout tiède...

WALTER. – Quel âge as-tu, Marceline ?

MARCELINE. – Dix-sept ans, monsieur Walter. Je vous l'ai déjà dit plusieurs fois. Dix-sept. *(Elle s'étire.)* Oui, monsieur Walter, c'est insupportable.

WALTER. – Quoi ?

MARCELINE. – De ne pas savoir pour qui vous êtes venu ici.

WALTER. – Je ne suis venu pour personne. Je suis venu pour échapper...

MARCELINE. – Moi, je n'ai pas envie d'échapper, au contraire, j'ai envie d'être liée, serrée, serrée. C'est un rêve que je fais souvent. J'ai les mains attachées derrière le dos et je ne puis échapper. C'est doux... c'est doux de sentir le danger venir sur moi...

WALTER *(poursuivant sa pensée).* – Oui. Échapper ! Mais partout, chaque jour, ce sont des contraintes, qui nous font une vie petite, toute sans douleur et sans joie. Tu ne comprends pas, Marceline, mais moi, je refuse une vie où l'horaire remplace le destin. On ne participe plus à rien ! On ne fait rien ! C'est pourquoi j'ai besoin de vacances. De vacances ! Au moins, on se fait illusion. Tu vas comprendre... Tiens, regarde le pont, si quelqu'un sautait de ce pont, sans raison, sans profit, s'il sautait non pour gagner un pari, ni pour avoir sa photo dans les journaux, ni pour le sport, mais simplement pour accomplir un acte prodigieux, et surtout pour risquer sa vie...

MARCELINE *(l'interrompant)*. – Si quelqu'un sautait, il se tuerait...

WALTER. – Il aurait une chance d'échapper ! Et cette chance, s'il l'obtenait, changerait sa vie et peut-être notre vie à tous. Il décrocherait le mécanisme du hasard à son profit.

MARCELINE. – Il serait éventré par le choc...

WALTER. – Mais s'il réussissait, Marceline ! S'il réussissait ! Il serait sauvé ! Il aurait risqué ! Risqué ! Tu comprends cela ? Tout risqué !

MARCELINE *(elle regarde par la fenêtre)*. – Mais pour qui êtes-vous venu ici ?

WALTER *(irrité)*. – Je suis bête. J'ai cru que tu comprendrais.

MARCELINE *(elle regarde par la fenêtre)*. – Voilà madame Louvier.

WALTER *(un peu gêné)*. – Oui ? Tiens !

MARCELINE. – C'est la troisième fois aujourd'hui.

WALTER. – La troisième ?

MARCELINE *(inquiète)*. – Madame Louvier, vous la voyez, elle ?

WALTER *(surpris)*. – Si je la vois ?

MARCELINE. – Je m'en vais ! Je m'en vais ! Je m'en vais parce que vous avez l'air d'avoir envie que je m'en aille... *(Elle rit.)* Venez m'aider à donner du foin à la vache, monsieur Walter. Le foin sent bon ! bon !

SCÈNE VI
WALTER - JENNY - MARCELINE

(Entre Jenny.)

WALTER. – Jenny !

JENNY. – Déjà rentré, Walter !

WALTER. – Je t'attends depuis une heure, Jenny...

JENNY. – J'ai accompagné mon mari jusqu'ici, il a continué en voiture.

WALTER. – Quand viendra-t-il ?

JENNY *(elle sourit radieusement)*. – Nous avons deux heures à nous ! Il devait encore passer par le chantier naval. *(Elle continue à lui sourire. Il sourit à son tour.)* Tu es seul ? *(Geste de Walter. Ils s'approchent de la fenêtre. Silence. Walter passe le bras autour de la taille de Jenny. À ce moment, la porte de l'étable s'ouvre, Marceline entre, souriante, charmante. Walter s'écarte vivement. L'expression de Jenny se fait maussade et contrariée.)*

MARCELINE. – Je vous sers quelque chose ?

JENNY *(sèche)*. – Merci. Non.

MARCELINE. – Vous avez faim ?

JENNY. – Non. Rien.

MARCELINE. – De la bière ?

JENNY. – Non.

MARCELINE. – Du café ?

WALTER *(va vers Marceline, la prend par le bras)*. – Va ! Là, oui, là !

MARCELINE. – Où ?

WALTER. – À l'étable.

MARCELINE. – Pourquoi ?

WALTER. – La vache va avoir son veau.

MARCELINE. – Elle l'aura bien sans moi, maman est là.

WALTER. – Va !

MARCELINE *(qui a été menée à la porte)*. – Si vous avez besoin de quelque chose...

WALTER. – Sors !... *(Il ferme la porte.)*

JENNY. – Petite peste !

WALTER *(il s'est approché de Jenny, ils retournent vers la fenêtre)*. – Quel calme !

JENNY. – Pas un souffle.

WALTER. – L'après-midi dort... *(Jenny tourne la tête vers lui en souriant.)* Oh !... Jenny... Quand tu tournes la tête, quel geste exquis et qui me trouble...

PREMIÈRE VOIX D'ENFANT. – Le veux-tu ?

SECONDE VOIX. – Je le veux.

WALTER *(la regarde en souriant).* – Oui ?

JENNY. – Oui.

(Ils vont vers l'escalier.)

PREMIÈRE VOIX. – Et le vent ?

SECONDE VOIX. – Le vent dort.

PREMIÈRE VOIX. – Regarde ! Les brins sont bien tombés.

SECONDE VOIX. – Ils sont tombés en croix.

PREMIÈRE ET SECONDE VOIX *(ils chantent).* –
Vent ! Vent ! Vent d'été !
Tout le ciel est bousculé
Dans le fil du cerf-volant
Chante un ange tout tremblant.

(Jenny et Walter entrent dans la chambre. Marceline revient, vivement, au pied de l'escalier, regarde vers la chambre de Walter. Elle hésite un instant, puis court vers la porte d'entrée côté jardin, elle l'ouvre. Personne n'entre, sauf la lumière oblique du soir.)

MARCELINE *(à voix bien haute).* – Bonsoir, monsieur Louvier ! Bonsoir monsieur Louvier ! *(Silence. Elle hausse la voix.)* Nous avons de la bière brune, de la bière brune et sucrée, monsieur Louvier.

(Elle remplit un verre qu'elle laisse en évidence sur le coin du comptoir. Bruit dans la chambre de Walter. Marceline sort en courant. La porte de la chambre de Walter s'ouvre, Jenny paraît, d'abord seule.)

JENNY *(avec une désinvolture un peu forcée, elle va vers la balustrade du palier et s'y penche).* – Quelle bonne idée, Serge, d'être venu plus tôt. Quelle bonne idée ! *(Silence.)* Serge ! *(Elle regarde autour d'elle.)* Serge ! *(Retournant vers la porte de la chambre de Walter.)* Viens ! Il n'est pas là.

WALTER *(entre et regarde).* – Il est probablement sur la digue.

JENNY *(de mauvaise humeur).* – Il m'avait pourtant dit qu'il allait au chantier... *(Ils descendent. Elle regarde autour d'elle et appelle :)* Chou ? *(À voix haute et fâchée :)* Chou ? Où es-tu ? *(À Walter :)* Je vais le chercher. Non. Toi, reste ici !

(Walter va vers la fenêtre. À peine Jenny est-elle sortie que Marceline revient. On entend la voix de Jenny.)

MARCELINE *(avec une feinte candeur).* – Madame Louvier est partie ? *(Mais avant que Walter ait eu le temps de parler.)* J'ai donné du foin à la vache. Du foin tout parfumé et qui crisse quand on s'y couche.

VOIX DE JENNY. – Serge ! Serge !

(Marceline éclate de rire, puis se contient.)

MARCELINE. – Elle est douce, douce, notre brunette, quand je mets la joue contre son flanc, je sens sa peau lisse, lisse, contre ma peau lisse, lisse...

(Jenny revient.)

JENNY. – Il n'est pas sur la digue.

WALTER. – Marceline, où est monsieur Louvier ?

MARCELINE *(jouant la surprise).* – Monsieur Louvier ?

JENNY. – Monsieur Louvier, oui !

MARCELINE. – Il était ici, il y a un instant... je lui ai servi un verre de bière.

WALTER. – Il n'a pas dit où il allait ?

MARCELINE. – Non.

WALTER. – Tu es sûre ?

MARCELINE. – Il avait l'air fâché.

JENNY. – Fâché ?

MARCELINE. – Il a dit comme ça : «Qu'est-ce qu'ils foutent, ces deux-là !»

WALTER *(riant d'un air forcé).* – Non ! Non ! Cela n'a aucun sens. Il n'a pas dit cela ! Non ! Non ! Ce n'est pas possible. *(À Marceline :)* Répète ! Qu'est-ce qu'il a dit ?

MARCELINE. – «Qu'est-ce qu'ils foutent, ces deux-là !»

(Regard de Jenny et de Walter.)

WALTER *(à Marceline).* – J'ai soif. Un verre de bière.

JENNY. – Ah ! Que tout cela est désagréable ! Désagréable ! Désagréable !

WALTER *(à Jenny, à mi-voix, pendant que Marceline remplit le verre).* – Surmonte-toi !

Jenny *(lui obéissant, avec une fureur contenue).* – Quel calme !

Walter *(enchaînant).* – Pas un souffle.

Jenny. – Le temps est gris.

Walter. – Et doux.

Marceline. – Où pourrait bien être monsieur Louvier ? Peut-être aux autos ?

Walter. – Va le chercher !

Marceline. – Moi ?

Walter. – Oui. Toi ! *(Il s'irrite.)* Va ! va ! Dis-lui que nous l'attendons ici !

Marceline *(soumise).* – Oui, monsieur Walter. Vous l'attendez ici. Ici, en bas.

Walter. – Dépêche-toi !

(Marceline sort.)

Jenny. – «Ici, en bas.» Qu'est-ce qu'elle insinue !

Walter. – Rien.

Jenny *(aigre).* – Oui ! Défends-la !

Walter. – Ma chérie...

Jenny. – Laisse-moi ! Laisse-moi ! Tu m'as mise dans une situation...

Walter. – Moi ?

Jenny. – C'était donc un piège ! Il m'a dit : «Il faut que je passe encore au chantier, je te rejoindrai à sept heures.» Et il dit qu'il a confiance en moi. L'hypocrite ! Contrôler ! Quelle bassesse !

Walter. – Calme-toi... il va entrer d'un moment à l'autre. Il faut qu'il nous trouve à bavarder tout naturellement. Assieds-toi là... *(Ils s'asseyent l'un en face de l'autre.)* Quel calme !

Jenny *(exaspéré).* – Humiliante comédie !

Walter *(reprenant).* – Quel calme !

Jenny *(tendue).* – Pas un souffle.

Walter. – Le temps est gris.

Jenny. – Il fait doux.

Walter. – Pas une ride sur l'eau ?

JENNY. – Quel calme ! *(Éclatant :)* Je saurai le recevoir !

WALTER. – Il y aura peut-être du vent, demain.

JENNY. – On ne sait jamais.

WALTER. – On ne sait jamais. Domine-toi !

JENNY. – On ne sait pas non plus quel temps il fera après-demain. *(La porte s'ouvre.)* Ah ! Le voilà ! Tu vas voir !

WALTER. – Jenny, pas de scène devant moi !

(Marceline revient.)

MARCELINE. – Je ne le trouve pas. Il doit s'être caché.

JENNY. – Suis-je bête ! La voiture ! Il est peut-être reparti en voiture... Je vais voir... *(Elle sort.)*

WALTER *(à Marceline)*. – Répète-moi exactement... Qu'a dit monsieur Louvier ?

MARCELINE. – «Qu'est-ce qu'ils foutent, ces deux-là ?»

WALTER. – En riant ?

MARCELINE. – Non.

WALTER. – Avec l'air d'une boutade ?

MARCELINE. – Non.

WALTER. – Mécontent ?

MARCELINE. – Oui.

WALTER. – Ne va pas t'imaginer des choses... mais... jaloux ?

MARCELINE *(elle sourit radieusement)*. – Oui. Jaloux.

WALTER. – Ne ris pas. Donc, jaloux. *(Hésitant :)* Il avait l'air de savoir des choses ?

MARCELINE. – Oui. Un tas de choses.

WALTER *(se dominant)*. – Rien. Quel calme.

MARCELINE. – Monsieur Walter... Est-ce qu'il y a des choses ?...

WALTER *(silence, puis avec sévérité)*. – Il y a surtout des choses qui ne te regardent pas ! *(Il s'assied et prend son livre.)*

Scène VII
Marceline - Walter - Fernand - Mona

(Entre Fernand Dusnik. Walter se retourne, puis se replonge dans son livre.)

Fernand. – Charmant ! *(Il regarde.)* Spontané ! *(Il regarde.)* Charmant ! *(Il va vers la porte.)* Mona ! Entrez ! C'est adorable ! *(Entrée de Mona en tailleur blanc...)* C'est adorablement primitif et na-tu-rel.

Mona. – C'est pas mâle ! *(Elle regarde autour d'elle.)* C'est pas mâle !

Fernand. – Je vous ai déjà fait la remarque, Mona... Vous prononcez «mal» comme «mâle» ! Le mâle de la femelle. Dites «mal» Mona. «Mal».

Mona *(indifférente à la remarque).* – C'est pas mâle.

(Ils s'asseyent à une table.)

Fernand *(à Marceline).* – Qu'allez-vous nous servir, mignonne ?

Marceline. – Nous avons de la bière brune et sucrée.

Fernand. – Parfait. De la bière brune.

Scène VIII
Marceline - Walter - Fernand - Mona - Jenny

(Entre Jenny.)

Jenny. – Tout va bien, Walter ! Tout va bien. Il est reparti en voiture. On ne repart pas quand on a des soupçons...

Walter. – Jenny ! Hm ! *(Il fait signe à Jenny en désignant les nouveaux arrivants.)*

Jenny. – Ah ! *(Elle va s'asseoir en face de Walter.)*

Fernand *(il boit).* – Oh ! Mona ! Il faut goûter à cette bière ! Elle est dé-tes-ta-ble ! Et tiède ! tiède ! C'est admirable ! Jamais je n'ai bu quelque chose d'aussi mauvais, sauf le whisky, l'autre soir, chez les Deffant-Norbert. C'est admirable. Je ne savais pas qu'il se trouvât encore un endroit où l'on bût un jus aussi di-vi-ne-ment mauvais.

(Pendant la réplique de Fernand, Mona a plusieurs fois regardé Walter, qui, comme hypnotisé, ne détache pas ses yeux d'elle.)

JENNY *(qui a observé Walter)*. – Alors, ne te gêne pas.

WALTER. – Pardon ?

JENNY. – Ne te gêne pas !

WALTER. – Me gêner ?

MONA *(qui a bu)*. – On dirait du «jub-jub».

FERNAND. – Du «ju-jube», Mona, le fruit du jujubier.

MONA *(elle boit)*. – Du véritable «jub-jub».

JENNY. – Tant que tu y es, saute dans son corsage ! Ce sera moins hypocrite.

WALTER. – Sauter dans quel corsage, Jenny ?

FERNAND. – Mona ! Cela me plaît !

JENNY. – C'est amusant d'être en compagnie d'un homme qui lorgne les autres femmes !

WALTER. – Est-ce à cause de cette dame...

JENNY. – «Dame» ! Tu appelles ça une dame !

FERNAND. – Oui, cela me plaît. *(Il se lève.)* Et puis, quel calme ! Quel calme !

WALTER. – Je ne l'avais même pas remarquée ; cette dame...

FERNAND. – Au bord de l'eau...

JENNY. – Pas remarquée ? Non ? *(Elle se lève.)*

FERNAND. – Et notez ! Pas un bruit de moteur ! À cinquante kilomètres de la capitale !

WALTER. – Pas de scène, Jenny !

JENNY. – Qui parle de scène ? Je te rends ta liberté. Voilà tout.

WALTER. – Jenny ! Domine-toi !

JENNY. – Tu veux savoir ? J'en ai marre ! Marre ! Marre ! Serge tous les matins, tous les midis, tous les soirs, toujours sa bête tête, sa tête idiote, son hypocrite, bête, idiote tête. Et à présent, toi !

WALTER. – Oui, oui, oui, Jenny. *(Il essaye de la calmer.)*

JENNY. – Tous les mêmes. Toi aussi. Continue, c'est toi qui as raison. Je ne suis qu'une pauvre imbécile ! Ta petite liberté, tu l'as maintenant. Profites-en ! *(Elle sort.)*

(Fernand, médusé, Mona, intéressée, ont écouté la scène. Marceline derrière le comptoir a écouté d'un air absolument ravi.)

WALTER. – Zut ! Zut et zut !

(Il jette son livre par terre. Marceline se précipite, ramasse le livre et le remet sur la table.)

FERNAND. – À y réfléchir plus attentivement, je crois que nous allons reprendre la route...

MONA *(elle boit)*. – Moi, je reste.

FERNAND *(surpris)*. – Nous restons ?

MONA. – Ça m'intéresse.

FERNAND. – Vous êtes sûre ?

MONA. – Oui. Impression délicieuse.

(Walter se replonge dans son livre.)

FERNAND *(à Marceline)*. – Mignonne, m'autorisez-vous à dresser ma tente dans l'exquis petit verger que j'ai vu derrière la maison ? *(Se tournant vers Walter :)* Nous sommes lassés des palaces...

MONA *(moue)*. – Les palaces !

FERNAND. – Et fervents du camping *(il prononce «campingue»)*. Il est urgent que l'homme moderne retrouve quelque vigueur au contact direct des éléments.

MONA. – Ah ! Les éléments ! *(Profonde respiration et quelques pas vers le centre.)*

FERNAND. – Je vous en prie, mignonne, accordez-nous cette faveur !

MARCELINE. – Venez... nous le demanderons à mes parents...

FERNAND. – Dans un verger ! Mona ! C'est exquis.

MARCELINE. – Par ici.

(Fernand et Marceline sortent vers l'étable.)

Scène IX
Mona - Walter

Mona *(elle se tourne lentement et rencontre le regard de Walter).* – Dans un verger ! Sous les prunes ! *(Elle met dans la prononciation du mot prunes beaucoup de choses exquises.)* Je me présente moi-même *(rire affecté)* ... madame Dusnik... Mona.

Walter. – Les prunes ne sont pas mûres en cette saison. Walter Vaneste.

Mona. – Peu importe. Sous les prunes. C'est l'idée.

Walter *(poli).* – Idée agréable.

Mona. – Oh ! Oui. *(Silence.)* J'adore les idées agréables. *(Silence.)* Et d'une façon générale, j'adore tout ce qui est agréable.

Walter. – Moi aussi.

Mona *(ravie et surprise).* – Vous aussi ?

Walter. – Oui.

Mona *(ravie).* – Non ! C'est bien ! *(Elle traîne langoureusement sur le «c'est bien». Silence.)* Et ce sera très agréable de dormir sous les prunes.

Walter. – Je vous le souhaite.

(Silence.)

Mona. – Et vous ? Où dormez-vous ?

Walter. – Dans une chambre.

Mona. – Oh ! Comme c'est amusant. Là ?

Walter. – Non. Là.

Mona. – Vous avez un bon lit ?

Walter. – Oui.

Mona. – Vous vous appelez Walter ?

Walter. – Oui.

Mona. – Comme c'est bien... Vous êtes marié ?...

Walter. – Non.

Mona. – Oh ! Comme c'est amusant ! *(Silence.)* Mais alors cette dame... Cette dame... Tout à l'heure ?

WALTER. – Oh ! Cette dame... C'est la femme d'un ami.

MONA *(elle rit)*. – Je croyais... votre épouse...

WALTER. – Oh ! Non ! Son mari est ingénieur naval. Un bon ingénieur d'ailleurs.

MONA. – Elle a l'air gentille ! Si charmante ! Aimable... distinguée surtout.

WALTER *(prudent)*. – Excusez-moi... J'aimerais continuer ma lecture... Je suis en vacances... Et pendant mes vacances, je lis.

MONA. – Continuez ! Continuez ! J'adore voir les autres qui lisent. *(Elle se penche vers lui.)* C'est si reposant ! *(Silence.)* Intéressant ?

WALTER *(sans lever les yeux)*. – Oui.

MONA. – Page trente-cinq ! Comme c'est bien ! Vous êtes persévérant. Les persévérants sont voluptueux, et les voluptueux, gourmands. J'adore les hommes gourmands. Moi, je ne suis jamais arrivée plus loin que la page sept, sauf ce livre, vous devez le connaître, où elle s'enfuit avec un autre, et puis elle rencontre un Italien dans le train, et puis ils vont au Ritz, et le faux baron lui vole tout. Tout. Elle était nue dans son lit. Alors elle n'osait pas réclamer, vous comprenez pourquoi. Mais heureusement, l'Italien était aussi dans ce lit. Non, pas dans ce lit. Dans un autre lit. Bref, dans un lit, quoi. Après, il lui donne une robe de soubrette. Alors elle rencontre l'autre qui était justement déguisé en maître d'hôtel. Et tout allait bien. Je veux dire entre la soubrette et l'Italien. Et le baron va se suicider. Ça, c'était un livre... Vous allez vous faire mal aux yeux, à tant lire. J'avais un ami qui disait toujours : «La femme est le livre des livres.» Ce n'est pas vrai, mais il a raison... J'adore être un livre... vous pas ? Je veux dire : aimez-vous la lecture ?

WALTER *(ferme son livre et la regarde, surpris)*. – Comment ?

SCÈNE X
WALTER - MONA - IDA

(Entre Ida, une jeune paysanne, les cheveux en désordre. Elle pleure.)

IDA. – Marceline !

WALTER. – Marceline est sortie.

IDA. – Marceline ! *(Elle avale un sanglot et s'assied sur le bord de la chaise solitaire, très droite, les yeux dans le vide, et mordille son mouchoir qu'elle déchirera complètement avec ses dents pendant la scène qui va suivre.)*

WALTER *(non sans tendresse).* – Quel gros chagrin...

MONA *(froide).* – Non, elle pleure.

WALTER *(avec élan).* – Pauvre petite.

MONA. – Moi, je ne pleure jamais. Comment trouvez-vous mon tailleur ? Un rien trop clair pour le camping ? Non ?

WALTER *(inquiet).* – Regardez-la ! C'est grave, peut-être ?

MONA. – Ce n'est jamais grave...

WALTER. – Une fille qui pleure, ça m'a toujours troublé...

Scène XI
Walter - Mona - Ida - Fernand

(Fernand paraît à la fenêtre.)

FERNAND. – Chérie ?

MONA *(boudeuse).* – Oui ?

FERNAND. – Je suis désolé de vous interrompre, ma chérie, mais votre aide me paraît indispensable pour monter la tente... regarde ici ! Je n'ai pas mes lunettes ! Qu'y a-t-il écrit ? *(Mona se penche vers un piquet de tente. Fernand à Walter :)* C'est le piquet de la tente.

MONA *(elle lit).* – «Push me.»

FERNAND *(ravi).* – «Push me.» Bien. Et là ?

MONA. – «Pull me.»

FERNAND. – Je comprends. C'est le «pull me». *(Il montre un autre endroit.)*

MONA. – «Centre.»

FERNAND. – C'est clair. C'est le centre. Ces Anglais sont inouïs ! En quelques mots tout est expliqué. Venez m'aider, Mona, voulez-vous ? Le verger est charmant. Passez par ici !

(Il l'attire par la fenêtre. Mona pousse des cris et montre ses jambes.)

MONA. – Mes bas ! Fernand ! Mes bas !

FERNAND. – Voilà !

(Ils sortent.)

MONA (rire). – C'est épatant, le camping !

(Ils s'éloignent.)

WALTER (il s'approche d'Ida). – Qu'y a-t-il, ma petite ?

IDA (elle fond en larmes). – Rien !

WALTER. – Comment t'appelles-tu ?

IDA. – Ida.

WALTER. – C'est un joli nom.

IDA. – Oui ! (Elle fond en larmes.)

WALTER. – Pourquoi pleures-tu ?

IDA. – Il est parti...

WALTER. – Ah... il est parti...

IDA. – Avec une autre...

WALTER. – Il reviendra.

IDA. – Jamais... (elle pleure)... parce qu'elle a...

WALTER. – Elle a quoi ?

IDA. – Elle a un beau... (sanglots)... un beau vélomoteur...

(Elle pleure. Silence.)

WALTER (il marche de long en large en réfléchissant). – Combien coûte un vélomoteur ?

IDA (sans hésiter, d'une voix nette et rapide). – Trois mille quatre cent quatre-vingt-deux francs. (Elle le regarde.)

WALTER (après un petit silence). – Écoute, Ida...

IDA. – Oui.

WALTER. – Je te le donne, ton vélomoteur.

IDA. – À moi ?

WALTER. – Oui ?

IDA. – Un rouge ?

WALTER. – Tu le choisiras toi-même. Voilà l'argent. *(Il compte et donne les billets.)*

IDA. – Trois mille cinq cents francs ! *(Elle les prend et les regarde incrédule.)*

WALTER. – Va te l'acheter. *(Ida se jette dans ses bras et l'embrasse vigoureusement.)* Attention ! Attention !... mes lunettes !

IDA. – Je n'en ai plus besoin, maintenant...

(Elle lui rend l'argent. Walter la regarde avec surprise.)

WALTER. – Comment ?

IDA. – J'ai changé d'idée...

WALTER. – Quelle idée ?...

IDA. – Je ne veux plus de vélomoteur.

WALTER. – Ah ?

IDA. – Je ne l'aime plus.

WALTER. – Qui ?

IDA. – Moustache.

WALTER. – Pardon ?

IDA. – Moustache. C'est le nom de ce garçon.

WALTER *(surpris)*. – Tu ne l'aimes plus ?

IDA. – Non. J'en aime un autre maintenant.

WALTER *(de plus en plus décontenancé et sur ses gardes)*. – Bien... bien... comme tu veux, Ida... et puisque tu n'as plus besoin de vélomoteur, je continue mon livre.

IDA. – Ça ne vous gêne pas si je vous regarde lire ? *(Elle lui sourit radieusement.)*

WALTER *(faussement dégagé)*. – Oh ! Pas du tout. *(Il ouvre son livre et commence à lire, mais on le sent gêné par le regard d'Ida. Celle-ci ne bouge pas, mais ne cesse de lui faire un éclatant sourire qui découvre toutes ses dents. Walter croise les jambes, les décroise, et regarde de temps en temps furtivement*

Ida, puis se replonge dans son livre, mais ne peut s'empêcher de lui sourire à son tour. Il enlève ses lunettes.) Je ne vois plus grand-chose... le soir vient.

(Ida se lève et allume.)

IDA. – Quand on allume, tout à coup, l'obscurité est là, aux fenêtres... qui vient voir ce qui se passe dans la pièce... J'ai l'impression qu'on me regarde. *(Elle rit.)* J'ai l'impression que ma robe me cache mal. La nuit sera obscure. Complètement. Nouvelle lune. Pas de vent... il doit faire bon se promener sur la digue. *(Avec une feinte indifférence :)* Vous connaissez le petit banc sous les saules ? *(Walter fait un signe affirmatif de la tête)*.... Il ferait bon, là, dans l'obscurité...

Scène XII
Walter - Ida - Marceline

(Entre Marceline.)

MARCELINE *(presque brutale, vivement)*. – Que fais-tu ici, toi ?

IDA. – Rien.

MARCELINE *(hostile)*. – Où est Moustache ?

IDA *(effrontée)*. – Sais pas. Où il veut.

MARCELINE. – Tu déranges monsieur Walter. *(Rire d'Ida.)* Va-t'en !

IDA *(effrontée)*. – Justement, je partais. Justement, je vais où je sais et toi, tu ne sais pas. *(Elle va pour sortir.)*

MARCELINE *(elle lui crie)*. – Je sais plus que tu ne crois...

(Ida sort. Walter remet ses lunettes et reprend son livre. Marceline désemparée au milieu de la scène, ignore si elle a la victoire ou si elle subit une défaite.)

MARCELINE *(d'une voix incertaine, à Walter)*. – Ida est une fille charmante, mais il ne faut pas avoir confiance en elle. *(Silence. Walter ne bouge pas.)* Vous avez tout ce qu'il vous faut ? Voulez-vous manger quelque chose ? Des œufs et du pain noir ? Un verre de bière ?

WALTER. – Non. Non, merci. Je crois que je vais faire un tour.

MARCELINE. – Mais il fait noir !

WALTER. – J'aime l'obscurité. *(Il va pour sortir.)*

MARCELINE *(en un cri).* – Monsieur Walter ! *(Il se retourne et attend.)* Monsieur Walter... Je vous ai vus, Ida et vous... Je passais devant la fenêtre... J'ai regardé... Vous aviez l'air tellement...

WALTER *(agacé).* – Eh bien ?

MARCELINE. – Tellement à deux...

WALTER *(toujours agacé).* – Et alors ?

MARCELINE *(tristement).* – Rien. *(Walter sort. Marceline court vers la fenêtre, regarde avec intensité. Se retourne avec fureur, prend le livre de Walter, le jette par terre avec violence, s'assied sur la chaise où Ida était assise. On la sent en colère. Elle court de nouveau vers la fenêtre, écoute, revient, va vers la porte de l'étable et appelle :)* Maman ! Maman ! *(Elle va, vient.)* Maman !

SCÈNE XIII
MARCELINE - MÈRE ANNA

ANNA. – Oui ! Oui ! Je viens ! *(Elle entre.)* Je viens ! *(À sa fille :)* Eh bien ?

MARCELINE. – Maman !

ANNA. – Oui ? Qu'y a-t-il ? *(Silence.)* Eh bien !

MARCELINE *(angoissée).* – Comme la nuit est noire... noire...

ANNA *(elle va vers le réveille-matin et l'arrête).* – Là... Pourquoi m'as-tu appelée ?

MARCELINE *(avec colère).* – Le noir, c'est fait pour deux ! *(Soudain :)* Je déteste Ida.

ANNA. – Ah ! Oui ? *(Elle ramasse le livre de Walter et le remet sur la table.)*

MARCELINE. – Je la déteste ! Je la déteste !

ANNA. – Pourquoi ?

MARCELINE. – Elle est laide ! Elle ment ! Elle pleure exprès ! Pour attendrir les autres ! Je la hais. Maman, va chercher monsieur Walter.

ANNA. – Moi ?

MARCELINE. – Va vite ! Vite ! C'est urgent ! *(Elle la pousse.)*

ANNA. – Moi ?

MARCELINE. – Il est près des saules ! Sur le petit banc... C'est urgent...

ANNA. – Je ne comprends rien ! Quoi ? Qu'est-ce qui est urgent ?

MARCELINE. – Tout. Rien. Prends la lanterne... Il fait si noir ! Noir ! Dis-lui que c'est urgent. Urgent !

(Elle la pousse. On entend Mère Anna qui va vers la digue et crie :)

VOIX DE MÈRE ANNA. – Monsieur Walter ! Monsieur Walter !

MARCELINE *(seule)*. – Urgent !... C'était urgent.

SCÈNE XIV
MARCELINE - JENNY - SERGE

(Entre Jenny, suivie de Serge. Marceline se retourne vivement, et quand elle reconnaît Serge, son visage s'éclaire.)

SERGE *(bougon)*. – Bonjour.

JENNY *(à Serge, de mauvaise humeur)*. – Naturellement. Il n'est pas là.

MARCELINE. – Il se promène.

JENNY. – Dans cette obscurité ?

MARCELINE. – Avec Ida.

JENNY *(essayant d'être naturelle.)*. – Ida ?

MARCELINE *(faussement dégagée)*. – Vous la connaissez, madame Jenny. C'est la plus jolie fille des environs. Celle qui balance des hanches.

JENNY *(à Serge)*. – On dirait que ça t'amuse ?

SERGE. – Chérie, je te le répète pour la centième fois. Je déteste quand tu lèves les sourcils de cette façon. Cela m'agace.

JENNY *(insolente)*. – On ne peut plus lever les sourcils, à présent !

SERGE. – Écoute, chérie, je travaille quinze heures par jour. Alors, quand je rentre, le soir, je n'aime pas que tu fasses des grimaces.

JENNY. – Eh bien, toi ! C'est ta bouche molle que je n'aime pas.

SERGE. – Bouche molle ! Tu es folle ! J'ai une bouche de chef.

(Il s'approche d'elle.)

JENNY (elle pousse un cri). – Ne me touche pas !

(Silence.)

MARCELINE (très aimable). – Vous prendrez bien quelque chose...

(Silence.)

SERGE. – De la bière. (Regard de haine de Jenny ; il s'assied.)

MARCELINE. – Et vous ?

JENNY (d'une voix exaspérée). – Rien ! Rien ! Rien ! Rien ! Rien !

(Elle s'assied. Serge déploie son journal. Jenny lui tourne à peu près le dos.)

SERGE. – Voilà la reconnaissance. Tu as tout. L'argent. Le temps. L'air pur. Une villa avec une belle vue...

(Jenny tourne le dos à Serge, qui se replonge dans son journal.)

SCÈNE XV
MARCELINE - JENNY - SERGE - MÈRE ANNA - IDA

(La porte s'ouvre. Mère Anna entre, suivie d'Ida.)

ANNA. – Il fait si noir que le cercle de la lampe se dessinait à terre comme une hostie... Autour, c'est la grande obscurité. Je me suis cognée à Ida, mais je n'ai pas trouvé monsieur Walter...

IDA. – Il n'est pas venu...

MARCELINE. – Ce n'est plus urgent.

ANNA. – Ah ! Il fallait le dire... (Elle dépose la lanterne et sort par la porte de l'étable.)

IDA. – C'est pas drôle d'attendre toute seule dans le noir... il y a des choses qui rôdent, mais rien ne vient.

JENNY (avec mépris). – Ah ! C'est vous, Ida !

IDA. – Oui, c'est moi.

JENNY. – Un nom vulgaire...

IDA. – Ça vaut mieux qu'une allure de...

JENNY *(se lève et va vers elle)*. – De quoi ?

IDA *(ne répond pas, se détourne et s'adresse à Marceline)*. – Monsieur Walter m'a offert un vélomoteur.

MARCELINE. – Non !

JENNY. – Ce n'est pas vrai !

IDA. – Oh ! Je ne l'ai pas accepté...

SERGE *(dépose son journal, à Jenny)*. – Tu es naïve ! Un homme seul...

(Il se replonge dans son journal.)

JENNY. – Un vélomoteur !

IDA *(rire insolent)*. – Oui.

MARCELINE. – Elle raconte des blagues...

SCÈNE XVI
MARCELINE - JENNY - SERGE - MÈRE ANNA - IDA - MOUSTACHE

(La porte s'ouvre, tous se tournent. C'est Moustache.)

MOUSTACHE. – Eh bien ?

MARCELINE. – Moustache !

MOUSTACHE. – Eh bien ?

MARCELINE. – À ta place, je surveillerais Ida !

MOUSTACHE. – Eh bien ?

MARCELINE. – On lui offre des cadeaux...

MOUSTACHE *(sans s'inquiéter de Marceline)*. – Ida ! Réponds-moi ! Je t'attends depuis une heure. Pourquoi n'es-tu pas venue ?

MARCELINE. – Ida... Moustache est là !

IDA. – Je sais. Dis-lui que je ne suis pas ici !

MOUSTACHE. – Réponds.

IDA *(à Marceline)*. – Dis-lui qu'il retourne chez cette fille...

MOUSTACHE. – J'ai été faire un tour... un tout petit tour...

IDA. – Dis-lui qu'il retourne faire un tout petit tour.

MOUSTACHE. – Dix minutes après, je suis revenu, mais tu étais partie.

IDA. – Dis-lui que j'avais un rendez-vous.

MOUSTACHE. – Avec qui ?

IDA. – Avec Walter.

MARCELINE *(avec un grand sourire à l'adresse de Moustache)*. – Oui, avec monsieur Walter... sous le saule.

MOUSTACHE. – Ida !

JENNY. – Elle ment ! C'est impossible.

SERGE *(il rit)*. – Je te dis, Jenny, un homme seul !

MARCELINE. – Sur le banc.

IDA. – Oui ! C'est ta faute. Demande-moi pardon !

MOUSTACHE. – Moi ? Te demander pardon ?

(Ils se mesurent un instant du regard puis s'éloignent l'un de l'autre. Moustache va vers le comptoir qu'il frappe de la main ; Marceline lui sert un verre de bière.)

JENNY. – Un homme seul... vous êtes donc tous de la même espèce ?

SERGE. – De l'espèce masculine ! *(Gros rire.)*

JENNY *(furieuse)*. – C'est drôle !

(Elle lui tourne le dos. Il reprend son journal. Silence.)

MARCELINE. – Je me demande où est monsieur Walter... Ida, est-ce qu'il est venu, sur le banc ?

IDA *(se retournant soudain avec feu)*. – Non ! Il n'est pas venu ! Mais s'il était venu il m'aurait prise dans ses bras !

(Moustache ne bouge pas.)

Scène XVII
Marceline - Jenny - Serge
Mère Anna - Ida - Moustache - Snep

(Entre Snep. Il est ébloui par la lumière.)

SNEP. – Quelle lumière ! On dirait qu'on entre dans une orange, ici... C'est brillant et plein de jus... *(Il s'accoude au comptoir à la place qui lui est habituelle.)*

MOUSTACHE *(à Ida).* – Dans ses bras !

IDA. – Oui, dans ses bras.

SNEP. – L'autoroute, c'est étonnant... Elles viennent, les autos... Des feux, que ça déchire la peau des yeux... Elles sont sur moi... J'ai pas le temps de me retourner, qu'elles sont déjà loin... Et elles tendent devant elles comme deux bras nus...

SERGE *(à Jenny).* – Drôle ou pas, l'espèce masculine est ce qu'elle est. Étant masculine, elle est virile. Ce qui est viril, est fort. Ce qui est fort, plaît aux femmes. Tu devrais être contente.

(Jenny a un geste excédé.)

SNEP. – Deux bras de lumière... avec les mains ouvertes qui repoussent l'obscurité...

MOUSTACHE *(à Ida).* – Dans ses bras ? Tu n'oserais pas !

IDA. – Non ? Je lui montrerais où est la fermeture éclair de ma robe !

(Moustache boit sans réagir.)

SERGE *(toujours pompeux).* – Mais je le répète, un homme seul est poussé par sa force inemployée, à se rapprocher de l'espèce femelle.

JENNY. – C'est joli ! *(Elle lui tourne le dos.)*

SNEP. – Et il en vient ! Il en vient ! À rouler comme ça, les bras blancs en avant, qui repoussent l'obscurité...

MOUSTACHE. – La fermeture éclair ?

IDA. – Oui. Ici !

SNEP. – Quand elles ont passé, il n'y a plus rien... deux petits points rouges... et puis... Parti.. Rien... Mangé par le noir. Rien.

MOUSTACHE. – La fermeture éclair, pour quoi faire ? *(Rire insultant d'Ida. Moustache paraît triste.)* Ah !

SNEP. – Mais dans les yeux, quand ça vient, c'est des couteaux...

(Silence.)

IDA *(avec élan)*. – Ce n'est pas vrai... j'ai dit ça pour te faire mal !

MOUSTACHE. – Ah !

IDA. – Je t'ai fait mal ?

MOUSTACHE. – Oui.

IDA *(silence)*. – Mon petit ! *(Elle s'élance vers lui pour l'embrasser.)*

MOUSTACHE *(il la repousse brutalement)*. – Retourne chez ton Walter !

JENNY *(elle se lève avec violence)*. – Walter... Walter... cessez de parler de Walter...

SERGE. – Tu ne comprendras jamais les hommes !

MOUSTACHE *(à Jenny)*. – Pourquoi ?

JENNY. – Vous m'agacez...

SERGE. – Il existe une espèce de solidarité masculine qui joue à travers tout.

JENNY. – Oh ! Zut ! Tais-toi !...

SNEP. – Ça fait mal. Des couteaux. Je ne dors plus... alors ces phares ça me tue.

MOUSTACHE *(à Ida qui s'approche)*. – Non ! *(Il s'éloigne d'elle.)*

SNEP. – C'est blanc d'abord et puis les yeux sont éclaboussés de sang et toute la nuit des bulles de sang rouge dérivent devant les yeux...

SERGE. – Et je te dis, au nom de cette solidarité : fous la paix à Walter, laisse-le prendre ses rendez-vous, comme il veut, avec qui il veut, qu'est-ce que ça te fait !

SNEP. – Tout va bien. Tout. Tout va bien. *(Il retourne vers le comptoir, sans attendre la réponse. Il regarde le réveille-matin.)* Il me semblait bien que quelque chose me manquait. *(Il secoue le réveille-matin et le remet à l'heure au juger.)*

Scène XVIII
Marceline - Jenny - Serge - Mère Anna
Ida - Moustache - Snep - Mona - Fernand

(La porte s'ouvre. Tout le monde se retourne, pensant que c'est Walter. Entrent Fernand en pyjama et Mona en tenue de nuit «baby doll», pieds nus. Ils ont tous les deux la bouche pleine de dentifrice et tiennent chacun une brosse à dents à la main.)

FERNAND *(on le comprend à peine)*. – Avez-vous un peu d'eau ?

MARCELINE. – Pardon ?

MONA. – De l'eau ?

FERNAND *(voyant Serge et Jenny, il se présente. Il a toujours la bouche pleine de dentifrice)*. – Fernand Dusnik. *(Petit salut.)*

SERGE. – Serge Louvier. *(Petit salut.)*

FERNAND *(voyant Moustache)*. – Fernand Dusnik. *(Nouveau petit salut.)*

MOUSTACHE. – Moustache.

MONA. – Moustache ? *(Rire au dentifrice.)* Oh ! Quelle coïncidence !

FERNAND *(se tournant vers Marceline)*. – De l'eau !

MARCELINE. – Pardon ?

FERNAND. – De l'eau ! Rincer la bouche !

MARCELINE. – De l'eau ? Nous n'avons que de la bière !

FERNAND. – N'importe quoi ! Vite !

MONA. – S'il vous plaît !

(Marceline leur donne à chacun un verre de bière, ils vont se rincer la bouche à la fenêtre ou derrière le comptoir.)

MOUSTACHE *(à Ida)*. – Je te pardonne.

IDA. – Trop tard ! *(Elle s'éloigne de lui.)*

Scène XIX
MARCELINE - JENNY - SERGE - MÈRE ANNA - IDA
MOUSTACHE - SNEP - MONA - FERNAND - WALTER

(La porte s'ouvre, Walter entre.)

TOUS *(sauf Fernand)*. – Walter ! Monsieur Walter !

(Tous se lèvent, il y a un mouvement général vers lui, sauf Snep qui reste au comptoir.)

MARCELINE. – D'où venez-vous, monsieur Walter ?

IDA. – J'ai attendu sur le banc !

MARCELINE. – Monsieur Walter !

SERGE. – Mon cher, je vous préviens, elle est d'une humeur exécrable !

JENNY. – Nous vous attendons depuis une heure !

MOUSTACHE. – Venez ici !

WALTER. – Pardon ?

MOUSTACHE. – Si vous avez l'audace...

(Walter s'éloigne de lui.)

MARCELINE. – D'où venez-vous ?

MOUSTACHE *(qui le suit)*. – L'audace de toucher à Ida...

IDA. – Et si je dis oui !

MOUSTACHE. – Si vous avez l'audace !

(Cris aigus d'Ida que Moustache essaye de retenir.)

JENNY *(à Walter)*. – J'ai une question à vous poser...

SERGE *(gros rire)*. – Je vous préviens tout de suite, mon cher, il s'agit d'un vélomoteur !

MOUSTACHE. – Me répondrez-vous finalement ?

WALTER *(se dégageant et s'adressant à tous d'une voix forte)*. – Eh bien ! non ! non ! et non ! Taisez-vous ! *(D'une voix égale et calme :)* Tout à l'heure, quand je suis sorti, j'ai senti... l'apaisement... ne bougez pas... pas un geste... *(Silence.)* Rien... rien... il n'y a rien... *(Silence.)* Écoutez... Si un oiseau passait de l'autre côté de l'Escaut, on sentirait le souffle de son aile jusqu'ici... Et pendant que je marchais en projetant la lumière de ma torche devant moi, je pensais... ce que je cherche, c'est la légèreté... ce que je cherche, ce sont les vacances... les vraies vacances... vacances des amours, vacances des jalousies, des disputes, des chagrins, des regrets... me libérer de tout fardeau !

MONA. – Quel Don Juan !

WALTER. – Et ce soir, je vous propose à tous de prendre des vacances, des vacances complètes.

JENNY. – Expliquez-vous, Walter...

WALTER. – Mais vous n'en voulez pas, de ces vacances, vous êtes trop attachés à tout ce qui vous entoure...

JENNY. – Attachée, moi ?

IDA. – Moi ?

WALTER. – Je voudrais... Je voudrais que nous nous promenions comme par la première nuit du monde. Tout vient d'être créé, on va, on vient, avec la liberté des dieux, qui n'ont ni futur, ni passé...

SNEP. – À bas le passé ! Tout va bien dans le monde ! *(Il crie :)* À bas le passé ! Tout va bien !

JENNY. – Tais-toi, Snep.

MARCELINE *(les yeux pleins d'espoir)*. – Moi, je suis d'accord... depuis que vous êtes ici, je suis soulevée comme par une vague chaude...

WALTER *(s'animant)*. – Nous tous... qui sommes ici... réunis par hasard, nous connaissant à peine ou pas, nous tous, nous lancer pour une nuit dans une aventure commune... détacher nos chaînes, déposer nos fardeaux, et nous créer librement, à nous-mêmes, notre propre destinée... une destinée sans conséquences, qui ne nous fera pas retomber dans d'autres liens, une destinée sans arrière-goût, comme du bon alcool.

SERGE. – Qu'en penses-tu, Jenny ?

(Jenny le regarde et lui sourit.)

JENNY. – Oui.

IDA. – Tu veux bien, Moustache ? *(Elle se rapproche de lui.)*

MOUSTACHE *(il frappe la table d'un grand coup de poing)*. – D'accord !
TOUS. – Oui ! Oui ! D'accord ! Oui ! Walter ! Que faut-il faire ?
WALTER. – J'ai trouvé le moyen de nous donner... la liberté du hasard !

FIN DU PREMIER ACTE

Acte II

Scène I
Walter - Snep

(Walter est assis à une table, absorbé dans la confection du jeu de cartes. Snep, à sa place habituelle près du comptoir.)

Snep. – En somme, que faites-vous ? Je ne comprends pas !

Walter. – Je prépare le jeu.

Snep. – Quel jeu ?

Walter. – Ce soir, je coupe toutes les amarres.

Snep. – Les souvenirs ?

Walter. – Notamment. *(Il continue à s'absorber dans son travail.)*

Snep. – Quand on est jeune, on est comme une épée à vouloir tout trancher et puis le temps passe et on est là, la main ouverte à attendre. *(Silence.)* Moi, je refuse. Vous entendez !

Walter. – J'entends !

Snep. – Je refuse. Tout va bien. Le café, depuis que les automobilistes s'arrêtent ici... Je ne travaille plus... Vous m'écoutez ?

Walter. – Oui. Automobilistes.

(Silence.)

Snep. – Mais elle, elle pleure, et en pleurant, elle m'attache à... *(Geste.)* Moi, j'ai oublié depuis longtemps, mais elle, elle est là, à ruminer le chagrin... *(Il va vers la porte.)* Anna ! Anna ! *(Silence.)* Anna ! Il faut qu'elle comprenne ! *(Soudaine colère.)* Tout va bien !

Scène II
Walter - Snep - Mère Anna

(Anna apparaît craintive sur le seuil.)

Snep *(violent).* – Tu as de nouveau pleuré ?

Anna. – Non, Snep !

Snep. – Je te dis que tu as pleuré !

Anna. – Non, depuis ce matin, je n'ai plus pleuré.

Snep. – En cachette, dans l'étable !

Anna *(elle est de plus en plus craintive).* – Non.

Snep. – Que faisais-tu alors ?

Anna. – J'étais près de la vache. Elle va vêler.

Snep. – Tu mens.

Anna. – Oh non !

Snep. – Toute seule, à pleurer dans l'obscurité...

Anna. – Non !

Snep. – Tu ne penses jamais à moi. Je ne supporte pas que tu pleures toute seule. Tu n'oses pas pleurer devant moi ; tu vas pleurer en cachette.

Anna. – Je n'ai pas pleuré !

Snep. – D'ailleurs, tout va bien. Il ne nous manque rien. *(Brutal :)* Dis-le qu'il ne nous manque rien !

Anna. – Il ne nous manque rien.

Snep *(l'imitant).* – «Il ne nous manque rien !» Mais là-dedans ? Qu'est-ce que tu penses ? Hein ? Avoue !

Anna *(d'une voix tremblante).* – Il ne nous manque rien...

Snep. – Tu penses qu'il nous manque tout, tout ! Depuis quinze ans, tu le pleures ! Hein ? Avoue ! Dis-le, dis-le donc, dis-le !

Anna. – Il ne nous manque rien. *(Elle pleure.)*

Snep. – Tu y penses tout le temps, tout le temps ! Et moi, tu me forces à y penser. Tout le temps... Je vais te dire quelque chose, Anna ! Tu m'empêches de vivre. Tes larmes ! J'en ai jusque-là ! Je ne dors plus, moi ! C'est ta faute ! Dès que je me calme, tu t'arranges pour venir pleurer devant moi. Je vais à l'étable. *(Il va vers l'étable.)* Reste ici. *(Il revient.)* Non, je vais à l'autoroute... *(Il sort.)*

ANNA. – Lui, il pourrait oublier... Tout à fait... Moi aussi. Moi aussi, j'oublie... Mais tout à coup, je sens ici comme un nœud. Un dur nœud qui ne s'est jamais dénoué... *(Elle se lève, range des verres, va au réveille-matin, qu'elle arrête.)* Je ne supporte pas ce bruit. Snep, lui, est fort. Moi, je pleure... Mais je n'y puis rien. *(Elle a un gros sanglot.)* C'est soudain là, ça vient, comme lorsqu'on vomit...

WALTER. – Mère Anna... à vous aussi, il vous faudrait des vacances. De vraies vacances... Il faudrait que vous preniez votre chagrin et que vous le déposiez là, dans l'armoire et puis que vous partiez, après avoir soigneusement fermé les portes, que vous partiez sur la digue dans l'obscurité, avec la lanterne qui fait un cercle clair autour de vous...

ANNA. – Ne vous inquiétez pas, monsieur Walter... ça passera, ça va déjà mieux... je retourne là... C'est doux, une étable... il y a l'odeur du foin, la vache qui rumine, et quand je mets l'oreille sur son flanc, et que je ferme les yeux, j'entends là, tout au centre de son ventre, le veau qui attend de naître.

(Elle sort. Walter va, rêveur, vers la fenêtre.)

SCÈNE III
WALTER - JENNY - SERGE - IDA - MOUSTACHE - MARCELINE

(Jenny, Serge, Ida, Moustache et Marceline entrent joyeusement en portant des paniers qui contiennent différentes victuailles pour le souper.)

JENNY *(joyeuse)*. – Voilà, nous avons les provisions !

MARCELINE. – Des pommes, des tomates.

JENNY. – Des anchois, du sucre candi.

IDA. – Du hareng mariné, des œufs durs.

JENNY. – Des bonbons à l'anis, des bonbons au miel... du pain noir.

MARCELINE. – Du vin de Moselle.

IDA. – Du miel, des pêches de Sicile.

JENNY. – Encore du vin... du vin...

MOUSTACHE. – Et un poulet déjà rôti !

(Tout cela est dit très vite, joyeusement. Les victuailles sont disposées sur une table.)

JENNY. – Où sont les campeurs ?

WALTER. – Les campeurs campent, ils ne participent pas au jeu... Mona avait envie d'étrenner sa tente... Et d'ailleurs elle n'avait pas compris qu'on allait s'amuser... Enfin s'amuser... Elle pensait que nous allions, tous ensemble, faire de la philosophie.

MARCELINE. – Le jeu est prêt ?

WALTER. – Pas tout à fait...

JENNY. – Walter, expliquez-nous !

WALTER. – Attendez... attendez... venez ici !

(Ils se groupent tous autour d'une table.)

MOUSTACHE. – Et alors ?

WALTER. – Voici... Écoutez bien... J'inscris sur un jeu de cartes...

MARCELINE *(toute attention)*. – Oui. Pas trop vite, monsieur Walter.

WALTER. – Des phrases.

MOUSTACHE. – Des phrases, c'est ce qu'on dit ?

MARCELINE. – Exactement. Des phrases, c'est ce qu'on dit. Moustache a compris.

MOUSTACHE. – Mais qu'est-ce qu'on dit ?

WALTER. – Voilà ! Tu mets le doigt sur le *hic*.

MOUSTACHE. – Qu'est-ce que c'est, le *hic*, parce que moi, je me méfie ?

(Rire des femmes. Walter continue à écrire.)

Scène IV
Walter - Jenny - Serge - Ida - Moustache
Marceline - Mona - Fernand

(Entre Fernand en pyjama, suivi de Mona, toujours vêtue de sa chemise de nuit courte. Fernand porte sur le bras deux sacs de couchage.)

FERNAND. – Pas moyen de fermer l'œil. Nous entendons un bruit étrange.

MONA. – Comme ça : krâââ, krâââ, krâââ.

FERNAND. – Cra, cra, cra, Mona... Pas krâââ... un «a» court. Cra... un bruit très léger et continu, une mâchoire qui s'ouvre et se ferme, comme si quelqu'un mangeait notre tente.

MONA. – Krâââ, krâââ, krâââ.

FERNAND. – Je sais bien que cette hypothèse est absurde, et que personne ne mange notre tente... Mais cette impression d'être grignotée empêche Mona de dormir.

MONA. – J'aime pas ça.

FERNAND *(toujours très précieux)*. – C'est quelque insecte, quelque sauterelle égarée, qui, prise sous la tente, essaye de se dégager... Mais j'ai eu beau chercher, plonger sous la toile, je ne suis pas parvenu à dé-tec-ter ce minuscule rongeur. Aussi, sauf si vous y voyez un inconvénient, nous passerons la nuit ici.

SERGE. – Faites ! Faites !

FERNAND. – Que notre présence ne soit en rien un obstacle à vos occupations ! Excusez-nous si nous ne nous joignons pas à votre jeu de hasard, mais nous désirons partir à l'aube...

MONA. – Vers le sud.

FERNAND. – Le sud, oui, paradis des campeurs...

MONA. – Vous, là, Fernand, moi, ici ! *(Elle désigne deux tables.)*

FERNAND. – Parfait... nous faisons, dans un certain sens, du «camping en chambre...»

(Ils déroulent leur sac de couchage, chacun sur une table. Ces tables ne seront pas voisines.)

Scène V
Walter - Jenny - Serge - Ida - Moustache
Marceline - Mona - Fernand - Snep

(Snep entre et, comme toujours, va se placer près du comptoir.)

SNEP. – Il y a de moins en moins de voitures. C'est l'heure. Elles ont retrouvé leur garage. De temps en temps une... affolée, perdue, et se cognant de tous côtés à l'obscurité. *(À Mona :)* Quel drôle de machin vous portez là...

MONA. – C'est un «baby doll».

SNEP. – Pratique ?

MONA. – Non, joli. *(Ravie :)* On remarque ma chemise !

SNEP. – Vous dormez ici ?

FERNAND. – Oui.

SNEP. – Vous parvenez à dormir ?

FERNAND. – Oh ! Moi, je suis un grand dormeur. Je cisèle en quelque sorte mes nuits. C'est un art, le sommeil.

SNEP. – Moi, je ne dors plus. Je parviens pas. Je ne sais pas pourquoi. Depuis dix-huit jours.

FERNAND. – Pénible, non ?

SNEP. – Dès que je ferme les yeux, je vois du rouge. Du rouge liquide. Comme des cascades dont les plis bougent. Ça m'effraye. Le sommeil ne vient pas. Je garde les yeux ouverts... on s'habitue...

JENNY *(à Walter)*. – Alors ? Ces phrases ? On attend !

WALTER. – Un moment...

IDA. – Expliquez.

WALTER. – Attendez... j'ai presque fini... *(Il écrit.)*

SNEP. – ... On s'habitue... Mais ça change les choses... On vit dans un seul jour obscur, et puis clair, et qui n'a pas de bout... *(Il remarque que le réveil est arrêté. Il va, le secoue, le remet à l'heure au juger.)*

JENNY. – Quel radoteur.

SERGE. – Laisse-le. Il ne fait pas de mal.

JENNY. – Il me rend nerveuse, à parler de sang.

SNEP *(sans se préoccuper de l'intervention).* – ... Mais on se rend compte qu'à l'intérieur du corps, c'est plein de cordes, et à ne jamais dormir, toutes ces cordes, partout, se tendent et vibrent à casser. Douloureux.

FERNAND *(qui s'est préparé).* – Mona... voudriez-vous fermer mon sac autour du cou. *(Aux autres :)* C'est une véritable manie, je ne supporte pas le moindre vent coulis.

(Mona, qui était déjà presque couchée, va pour ajuster le sac de Fernand au moyen d'une épingle.)

MONA. – Vos boules Quies, Fernand... *(Elle lui met des boules dans les oreilles.)* Moi, je ne supporte pas ces trucs-là... Quand j'en mets, j'ai l'impression d'être une cathédrale murée et j'entends chanter de drôles de curés. *(Elle retourne vers sa table et se met à son tour dans son sac, mais à moitié découverte, montrant généreusement ses épaules.)* J'avoue que je boirais volontiers quelque chose...

SERGE. – Du vin ?

MONA. – Non. Donnez-moi plutôt un verre de cette exécrable bière !

(Snep va, remplit le verre. Serge le prend et l'apporte à Mona.)

WALTER *(à Jenny, qui regarde par-dessus son épaule).* – Non ! Pas regarder... Patience ! J'ai fini.

SNEP. – J'en ai encore dans les yeux, des autos, il y en a tout le temps qui viennent, et qui s'enfoncent, là, dans l'intérieur.

MONA *(à Serge. Elle a bu).* – C'est mauvais... mauvais... mauvais... *(Elle lui sourit.)* Quel drôle de regard qui me regarde d'un drôle d'air... à quoi pensez-vous ?

SERGE. – Moi ? *(Il rit.)*

MONA. – Oui, vous ! Dites-le ! *(Langoureuse :)* Ça me plairait, je crois... *(Elle rit.)*

SERGE. – Oh ! Moi ! Je suis ingénieur, je construis des ponts.

MONA *(langoureuse).* – Vous avez les mêmes yeux quand vous regardez un pont ?

SNEP *(colère soudaine).* – Je suis sûr qu'elle pleure ! Je la connais ! Elle pleure !

(Il sort par la porte qui mène à l'étable.)

JENNY *(elle s'approche de la fenêtre).* – Quelle nuit étrange...

SERGE. – Étrange ? C'est une nuit comme les autres...

MONA. – Je voudrais être un pont ! *(Elle rit.)*

(Moustache tient un verre de vin et une tomate, qu'il dévore à larges bouchées.)

JENNY *(signe de la main).* – Chut ! Taisez-vous ! *(Silence, puis Moustache prend une grande bouchée de tomate.)* Silence ! Arrêtez le réveille-matin !

(Marceline va l'arrêter. Moustache avale sa bouchée et ne bouge plus. Silence. Mona sort de son sac de couchage et va vers la fenêtre, près de Jenny. Marceline aussi s'approche.)

MONA. – On n'entend rien... rien...

JENNY. – Rien ne bouge...

MARCELINE. – D'où vient l'obscurité ? Est-ce la terre qui la produit ?

JENNY. – Jamais je n'ai connu une nuit pareille.

MARCELINE. – On dirait que l'ombre suinte de partout comme s'il y avait des sources de *noir*. *(Elle prend le livre de Walter qui est resté sur la table, l'ouvre et lit.)*

MONA. – Je n'entends rien... ça me fait quelque chose !

MARCELINE *(elle lit).* – «Jamais carpe ne saura qu'existe le mot vibrer. Tout est si lent, si calme sur l'eau, ce soir...»

SERGE. – Qui a dit cela ?

MARCELINE. – C'est dans le livre de monsieur Walter.

SERGE. – Walter a un fâcheux penchant pour la poésie qui complique tout. Disons tout simplement : tout est calme.

JENNY. – Non... pas calme. Oppressant plutôt. On a l'impression que quelque chose va arriver... un événement grave.

SERGE. – Superstition !

MOUSTACHE *(ironique).* – Ouais ! Grave ! *(Il mord dans sa tomate et boit. Silence.)*

MONA. – J'avais une amie qui rêvait chaque nuit qu'elle se couchait sur la plage, au bord des vagues, sur le sable frais... mais tout à coup, le parfum salé de la mer devenait fade, toujours dans son rêve, elle ouvrait les yeux, elle n'était plus sur la plage, mais sur le carreau d'une boucherie, dans la sciure de bois et les rigoles de sang...

IDA. – Oh ! Quelle horreur !

MOUSTACHE *(dégoûté)*. – Pouah !

SERGE. – Pourquoi racontez-vous cela !

MONA. – Je ne sais pas... Parce qu'on parle d'événements graves.

SCÈNE VI
WALTER - JENNY - SERGE - IDA - MOUSTACHE
MARCELINE - MONA - FERNAND - SNEP

(Snep revient.)

SNEP. – Non. Elle ne pleurait pas. Mais elle est là, seule dans l'obscurité... et je suis sûr qu'elle y pense... *(Il regarde le réveil, le secoue, le remet en marche.)* Elle y pense... Elle revoit tout, comme c'est arrivé, et elle resouffre tout, et elle m'oblige à... *(Il se replonge dans sa rêverie.)*

WALTER. – C'est prêt !

JENNY. – Ah ! Ce n'est pas trop tôt !

MOUSTACHE. – Alors ?

SERGE. – Explique.

(Ils s'approchent tous de Walter, sauf Snep.)

IDA. – On peut voir ?

MOUSTACHE. – Moi, je me méfie...

WALTER. – Tu te méfies ? Tu as raison. *(Il rit.)* J'ai ici deux jeux de cartes... j'ai écrit, par exemple, sur une carte, ce que tu dis, le soir au clair de lune, à Ida. *(Il a pris le jeu de cartes rouge et en a isolé une carte.)*

MOUSTACHE. – Comment diable, pouvez-vous savoir ce que je dis à Ida, le soir au clair de lune !

IDA. – Surtout qu'il ne dit rien... n'est-ce pas Moustache chéri ! Rien ! Muet comme du yogourt.

MOUSTACHE *(déconfit)*. – C'est vrai... Je voudrais dire... Mais je ne parviens pas.

IDA. – Muet, mais pas manchot pour un sou, n'est-ce pas, Moustache !

MONA *(troublée)*. – Il a de jolies mains, Moustache.

WALTER. – Taisez-vous ! J'écris donc ce que vous voudriez dire...

MOUSTACHE. – Comment diable pouvez-vous savoir ce que... montrez cette carte ! *(Il prend la carte des mains de Walter et lit.)* Ça... oui... eh bien !... *(Il lisse sa moustache, respire profondément et détache le col de sa chemise.)* D'accord. *(Il avale sa salive.)*

MONA. – On peut voir ? *(Elle accourt.)*

JENNY. – Montrez !

MOUSTACHE. – Non ! *(Il rend la carte à Walter.)*

WALTER. – Sur une carte de l'autre jeu *(il prend le jeu bleu)*, j'écris la réponse d'Ida.

IDA. – Je ne réponds jamais, puisque Moustache ne parle pas.

WALTER. – La réponse que tu aurais faite, si Moustache avait dit ce qui est inscrit sur cette carte.

MONA. – On peut voir ? Je suis bien curieuse. *(Elle piétine d'impatience sur ses jolis pieds nus. Walter, sans l'écouter, tend la carte à Ida, qui lit.)*

IDA. – Oh !... Oh !... *(Elle se cache le visage dans les mains.)* Pour une réponse pareille, il faut une question bien...

MOUSTACHE *(satisfait)*. – Eh oui !... je suis comme ça... moi.

MONA. – Montrez !

JENNY. – Non ! Moi !

MARCELINE *(elle prend la carte et lit)*. – Ida ! Oh !

JENNY *(elle arrache la carte)*. – Oh ! oh ! *(Elle rit.)*

MONA *(elle prend la carte)*. – Dites donc ! Oh ! *(Elle rit, puis langoureuse :)* C'est bien ! *(Elle rend la carte à Walter.)* Encore !...

WALTER *(il reprend le jeu et cherche une carte)*. – Un instant !

Snep. – Moi, je vais à l'autoroute.

(Il ne bouge pas, personne ne fait attention à lui.)

Walter. – Ah ! Voilà. Sur cette carte, j'écris la réponse de Moustache à la réponse d'Ida.

Fernand (toujours dans son sac de couchage ; il se relève avec peine). – Mona !

(Personne ne fait attention à lui.)

Mona (impatiente). – On commence ? On joue ?

Serge. – Nous ne connaissons pas encore les règles.

Mona. – C'est vrai.

Fernand. – Mona !

Walter. – Et sur les autres cartes...

Fernand (cette fois, il crie). – Mona ! Pourquoi ne répondez-vous pas ?

(Tous se retournent vers lui.)

Mona. – Je vous réponds tout le temps ! Qu'y a-t-il ?

Fernand. – Mona ! Répondez-moi !

Mona (elle crie). – Vous m'ennuyez !

Fernand. – Comment ? (Il se lève, toujours dans son sac et approche par petits bonds.)

Mona. – Vous m'ennuyez !

Fernand. – Comment ?

Mona (en souriant, mais d'une voix coupante). – Vos yeux ont l'air frits et vos paupières sont blettes. (Aux autres :) Quand il a ses boules «Quies», j'en profite pour lui dire des choses désagréables. Ça fait du bien. Ce qui m'agace le plus, c'est sa complaisance et son adoration... si vous saviez ce qu'il me permet ! (Elle rit.)

Fernand. – Je n'entends rien. (Il s'est approché, toujours ficelé dans son sac.) Enlevez les boules Quies...

(Elle les enlève.)

Mona. – Voilà, Fernand.

FERNAND. – Que disiez-vous, Mona ? J'ai l'intuition, *(à tous :)* car j'ai toujours des intuitions, *(à Mona :)* que vous me disiez quelque chose d'important...

MONA. – Non. Rien... je disais que vous m'ennuyez.

FERNAND *(désappointé)*. – Ah !

(Silence.)

SNEP. – Moi, je vais à l'autoroute. *(Il va vers la porte, puis revient.)*

FERNAND. – Je ne parviens pas à m'endormir... C'est étrange comme certains mots, certaines images, frappent sans qu'on le sache. Snep ! Dès que je ferme les yeux, je vois, comme vous, des draperies sanglantes qui coulent sur mes paupières...

SNEP. – Chez moi, c'est chaque soir...

JENNY. – Ah ! Non ! Assez ! Assez ! Assez ! Ce soir, pas de soucis, pas de cauchemars. Fini !

FERNAND *(très poli)*. – Excusez-moi, madame. *(À Walter :)* Que faisiez-vous ?

WALTER. – J'expliquais le jeu. Joignez-vous à nous !

FERNAND. – Volontiers. Mona, tirez-moi de ce sac. Je me sens tout encoconné !

(Rire de Mona. Elle l'aide.)

WALTER. – Sur chaque carte, j'ai donc écrit une phrase, une question, une réponse, des conversations imaginées entre Moustache et Ida, Jenny et Serge...

MARCELINE *(l'interrompant)*. – Entre vous et moi ?

MONA. – Et moi ?

WALTER. – Et puis, je mélange...

SERGE. – Vous mélangez quoi ?

WALTER. – Je mélange les cartes et les conversations se mêlent. Ainsi, la question de Moustache...

MOUSTACHE. – Question énorme !

WALTER. – Trouvera par hasard une réponse dans le jeu de Mona.

MONA. – Oh ! Oui ! Il n'est pas manchot, lui.

WALTER. – Ou bien, vous, Jenny, vous ferez un souhait auquel répondra par exemple... Moustache.

JENNY *(méprisante)*. – Amusant !

WALTER *(à Serge)*. – Vous aurez une autre carte, à laquelle répondra peut-être Marceline.

MARCELINE. – Non ! Je veux un autre partenaire.

WALTER *(enchaînant)*. – Ainsi, grâce aux cartes, l'amour ou le devoir ne seront plus nos maîtres, mais le hasard. Le hasard seul. Un petit destin, dans les strictes limites du jeu. Nous ne jouons pas de l'argent, mais avec chaque carte, nous-mêmes. *(Il s'anime :)* Nous vivrons des aventures libres et imprévues. Mais attention ! Nous nous engageons à respecter les règles... C'est-à-dire à obéir aux cartes. *(Pendant l'explication, il a battu les cartes de chaque jeu et a donné les jeux à couper.)* Vous êtes d'accord, tous ?

FERNAND *(timide)*. – Ne trouvez-vous pas ce jeu un peu... comment dirais-je, libertin ?

MONA. – Libertin ? Allez dormir !

FERNAND. – Au risque de paraître extrêmement bourgeois, j'aime ma femme.

MONA *(excédée)*. – Ça recommence ! *(À Jenny :)* Votre mari est-il pareil ?

JENNY. – Oh ! Bien pis... Mais ce soir, c'est vacances. Vacances de tout !

WALTER. – Il y a des cartes mâles et des cartes femelles.

MONA. – Comment reconnaît-on les mâles ? *(Elle dit «mal».)*

FERNAND. – «Mâles», Mona, «mâles» ! «â», pas «a».

WALTER. – Les cartes mâles, jeu rouge. Les bleues sont femelles. Les cartes femelles vont aux dames, bien sûr... donc, obéir aux cartes !

MOUSTACHE *(qui n'a pas compris)*. – Obéir aux cartes ? Oui ?

IDA *(le pousse du coude en riant)*. – Tu ne comprends pas ?

MOUSTACHE. – Oui. Non.

SERGE. – J'ai l'impression que, euh ! euh !

WALTER. – On essaye ? Qui commence ?

MARCELINE *(naïve)*. – Moi ?

WALTER. – Si tu veux. Cartes bleues.

(Walter mènera le jeu, il présentera à l'un ou à l'autre des cartes à choisir, comme font les prestidigitateurs, tantôt dans le jeu bleu, tantôt dans le jeu rouge. Chaque fois, il présentera tout le jeu, étalé en éventail entre ses mains, le dos des cartes étant, bien entendu, tourné vers le dessus. Marceline choisit une carte et la lit.)

SERGE. – Moi aussi ! *(Il prend une carte rouge.)*

MONA. – Eh bien ? *(Petit rire.)*

MARCELINE *(naïve)*. – Cela n'a aucun sens. J'ai ici une question que jamais aucune femme ne pose à un homme... du moins de cette façon...

MOUSTACHE. – Quelle question ?

MARCELINE. – «Veux-tu m'embrasser ?»

SERGE. – Et moi, j'ai la réponse que tous les hommes donnent toujours à cette question qui n'est jamais posée. *(Triomphant et tonitruant :)* «Oui, derrière la porte !»

MARCELINE. – Mais...

MOUSTACHE. – Ah ! Je comprends ! Je comprends ! Oh ! Oh ! Derrière la porte ! Derrière la porte ! J'ai compris le jeu ! Fameux !

SERGE. – Fameux ! *(À Jenny :)* C'est le jeu ! Excuse... mais c'est le jeu !

(Serge et Moustache prennent Marceline par le bras, elle se débat.)

MARCELINE. – Je ne veux pas !

MOUSTACHE. – Derrière la porte !

MARCELINE. – Je n'aime pas monsieur Louvier !

MONA *(elle rit)*. – Derrière la porte !

MARCELINE. – Il me dégoûte ! *(En un cri :)* Monsieur Walter !

(Serge et Moustache ouvrent la porte.)

WALTER. – C'est le jeu, Marceline.

MARCELINE. – Non ! non ! non !

(On la pousse dehors. Serge la suit. Moustache referme la porte et y appuie le dos. Bouche ouverte, les yeux écarquillés, il a l'air prodigieusement amusé. Tout le monde reste immobile. Il y a un grand silence.)

JENNY. – Eh bien ! Quoi ? C'est un enterrement ici ?

MONA *(rire).* – Non, c'est votre mari qui en ce moment...

WALTER *(pour faire diversion).* – À qui le tour ?

(Il prend les cartes. Jenny en prend une et la garde sans la jouer, Mona en choisit aussi une, elle la lit un peu à l'écart et pouffe de rire en lisant, mais elle non plus ne la joue pas tout de suite.)

MOUSTACHE *(très excité, il s'approche de Walter. Walter lui offre les cartes à choisir).* – On continue ! *(Il tire une carte et la lit.)* J'ai une question fabuleuse, moi ! «Qui me donnera la clef ?»

MONA *(rire, d'une voix aiguë).* – Moi ! Moi ! Moi ! J'ai la réponse ! «Pas besoin de clef, ma chambre sera ouverte ce soir.» *(À Fernand :)* Fernand, vous n'avez que ce que vous méritez ! *(À Moustache :)* Ma chambre, c'est la tente. Il y a des matelas «pneumachiques.»

MOUSTACHE. – Oh ! Oh ! *(Il lisse sa moustache.)*

FERNAND. – Pneumatique, Mona, «tique». *(Il choisit aussi une carte parmi celles que Walter présente. Il la lit, son visage s'éclaire.)*

IDA *(jalouse).* – Moustache !

MOUSTACHE. – C'est le jeu.

FERNAND. – Je coupe. *(Il joue.)* «C'est moi qui viendrai.»

MONA. – Vous m'ennuyez.

IDA *(qui à son tour a pris une carte, ramasse le pli et, s'adressant à Fernand).* – Je ramasse. «Viens plutôt chez moi !»

MOUSTACHE. – Qu'oses-tu dire là !

IDA *(acerbe).* – Regarde, c'est écrit !

(La porte s'ouvre, Serge, tout faraud, entre, suivi de Marceline, honteuse, les uns applaudissent, les autres rient ou sifflent.)

MONA. – Déjà !

MOUSTACHE. – À vos santés !

(Il leur apporte des verres de vin, Marceline refuse, Serge boit d'un coup.)

SERGE. – Des cartes ! Des cartes ! Encore des cartes ! Beaucoup de cartes !

(Marceline après avoir jeté un regard de reproche à Walter, va vers la fenêtre, où elle reste immobile, le visage tourné vers la nuit. Tous la regardent.)

WALTER. – Je n'y puis rien, Marceline. C'est le hasard. Ce soir, le hasard nous tient et nous obéissons.

(Marceline ne bouge pas.)

MONA *(à Serge).* – C'était agréable ?

FERNAND. – Mona, cela ne se dit pas !

JENNY *(à Serge).* – Quelle bouche ! Tu as mangé du miel ? *(Acerbe :)* Bouche de chef ! *(Rire méprisant, puis avec le triomphe de la vengeance :)* Mais moi, j'ai tiré la dame de cœur... je l'ai gardée pour la jouer devant toi. *(Elle abat sa carte.)* «Défais mon corsage.»

(Il y a un silence gêné.)

MONA *(avec envie).* – C'est osé... !

SERGE *(il prend une carte, puis avec une colère contenue).* – J'ai la réponse : «Il fait beaucoup trop froid.»

MOUSTACHE *(il brandit une carte qu'il joue).* – Permettez ! Permettez ! C'est moi qui ai la réponse : «Avec mes moustaches.» *(Il éclate d'un rire victorieux.)* Vous entendez madame Louvier ? Oui ! Avec mes moustaches ! Difficile, mais j'y parviendrai !

MONA *(d'une voix aiguë, dans le brouhaha).* – Il va vous faire chatouille !

MOUSTACHE. – On commence ! *(Il s'approche de Jenny qui le fuit.)* Où sont les boutons ! Les boutons ! *(Jenny fuit toujours en poussant des cris.)* Les boutons ! Je vais faire sauter les boutons avec mes moustaches !

(Brouhaha. Walter tend une carte à Ida.)

IDA *(elle lit la carte).* – Attends ! Attends ! *(Elle attrape Moustache par le bras.)*

MOUSTACHE. – C'est le jeu ! *(Irrité, il se dégage.)*

IDA *(s'approche vivement de lui).* – Oui, c'est le jeu. «Voilà ! Voilà !» *(Elle lui donne deux soufflets.)*

MOUSTACHE *(furieux).* – Qu'est-ce que c'est ? On a dit qu'on jouait, ce soir.

IDA. – Je joue. Lis. *(Elle lui donne la carte qu'elle tient en main.)*

MOUSTACHE *(il lit).* – «Voilà ! Voilà ! Elle lui donne deux soufflets.» *(Bref silence, puis rires. Il va vers Walter.)* Il y en a beaucoup des cartes comme ça ? Je ne joue plus.

MARCELINE *(elle se retourne et va vers Walter).* – Moi non plus ! Je ne joue plus. *(Sur un ton de reproche :)* Vous me risquez au jeu !

WALTER. – Je te risque ? Il faudrait d'abord que tu m'appartiennes, avant que je puisse te risquer, Marceline. Tu n'es à personne. D'ailleurs, on ne se «risque» pas à ce jeu... Ce soir, tous nos actes se limitent à un jeu de cartes et n'ont d'autres conséquences que ce qui est écrit là. Liberté du hasard ! On bat les cartes et le jeu change... *(Il reprend les cartes et les bat.)* Chaque carte a sa réponse, mais la carte change de main... *(À Moustache :)* Dans un instant, tu auras peut-être l'occasion de rendre les soufflets, si tu as la carte...

MOUSTACHE. – Donne-la-moi tout de suite, cette carte.

WALTER *(enchaînant).* – N'étiez-vous pas fatigué de vos éternels serments ? Ida, repose-toi de dire «je t'aime» à Moustache.

IDA. – D'accord. Plus jamais !

WALTER. – Fernand, cessez d'adorer Mona pour un soir !

MONA *(à Fernand).* – Oh ! Oui ! S'il vous plaît !

WALTER. – Serge, libérez Jenny de votre autorité.

SERGE. – La liberté, c'est dangereux.

WALTER. – Un peu de légèreté, au lieu de tout ce sirop.

MONA *(enthousiaste).* – Bravo ! Allons-y !

WALTER. – Nous irons jusqu'au bout, jusqu'à l'aube. Les cartes sont notre loi et nous prenons l'engagement d'y obéir *strictement*. Allons-y !

MARCELINE *(d'une voix calme).* – Je ne joue pas.

TOUS *(sauf Fernand).* – Hou ! Hou !

FERNAND. – Je crois comprendre, mignonne, ce jeu a quelque chose de choquant pour un être jeune...

IDA. – Joue, Marceline ! Ce soir, tout est permis... et demain, tout sera oublié.

MARCELINE. – Vous abîmez...

SERGE *(moqueur).* – Nous abîmons ?

MARCELINE. – Vous abîmez ce qui est propre.

JENNY. – Qu'est-ce qui est propre ?

(Rires.)

MONA *(rire).* – Elle y croit ! Elle y croit encore !

FERNAND *(il sourit).* – Moi aussi, Mona ! Je crois en vous.

MONA. – Oh ! Vous !

MARCELINE. – Vous abîmez ce à quoi je crois.

MONA *(d'une voix aiguë).* – L'amour ! L'amour ! L'amour !

(Tous rient.)

MARCELINE. – Non, pas l'amour... je crois à ce que je sens, là, sous ma respiration comme une autre respiration...

WALTER *(l'interrompant, irrité par cette résistance).* – Mais, Marceline, justement, ce jeu nous sort de ce qui est faux... faux ! faux !

(Entre Snep. Il va au comptoir, silencieux.)

MARCELINE. – Vous disiez tout à l'heure...

WALTER *(moqueur).* – Je disais autre chose ?

MARCELINE. – Si quelqu'un sautait du pont...

WALTER *(l'interrompant et avec colère).* – J'ai dit cela, oui, mais entre les cartes et le pont, je choisis les cartes.

MARCELINE *(saisie).* – Pourquoi ?

WALTER *(sec).* – Parce que le pont est trop haut ! *(Tous rient.)* Et maintenant au jeu. Viens, choisis. *(Il lui présente une carte.)*

MARCELINE. – Non. *(Elle va pour sortir.)*

WALTER *(blessé).* – On se passera de toi. *(Il va vers la table et prépare les jeux.)*

SNEP. – Où vas-tu petite ?

MARCELINE. – J'ai besoin de respirer...

SNEP. – Tiens, prends la lanterne...

(Elle sort.)

WALTER. – Entêtée... tant pis pour elle.

SNEP. – Elle se tient debout sur un rond de lumière, qui la porte en glissant. Marceline. Quelle chance ! Elle n'a pas l'air d'être ma fille. Quand je la vois s'éloigner sur la digue, j'ai chaque fois l'impression qu'elle part pour toujours.

Moustache. – Moi, je piaffe ! Au jeu ! On commence. Cette fois, vraiment ! Je me sens absolument caracolant !

Snep. – Je vais à l'autoroute. *(Il sort.)*

Jenny *(avec âpreté)*. – Et maintenant, au jeu.

Mona. – Oui ! Oui ! Oui !

Fernand *(poli, à Ida)*. – Commencez, Ida...

Ida *(elle prend une carte et joue)*. – «Je vous le promets.» *(Elle a un rire un peu inquiet et prometteur.)* C'est terrible de promettre sans savoir quoi ni à qui ! *(Fernand, Serge, Moustache et Walter tendent tous les quatre ensemble la main pour prendre une carte.)* «Je vous le promets...»

Moustache. – «On allait sur la mer où le vent nous portait.»

Fernand. – «Les yeux fermés, les mains tendues.»

Ida *(secoue la tête négativement)*. – «Je vous le promets...»

Walter. – «Nous avons un nouveau petit chien.»

Moustache *(dépité)*. – «Il a des bottes blanches et une horrible petite figure attendrissante.»

(Ida secoue la tête négativement.)

Serge. – À moi ! J'ai la réponse ! «Que répondrais-tu si je te demandais de me montrer le chemin de l'enclos aux reines-des-prés ?»

Ida *(joyeuse)*. – «Je vous le promets !»

Mona. – Oh ! C'est poétique ! *(Rire.)*

Serge. – Eh bien ?

Ida. – Les reines-des-prés ! Venez ! *(Elle l'entraîne.)*

Moustache. – Ida !

Ida. – J'ai promis.

Serge. – Attends... une torche...

Ida *(moqueuse)*. – Une torche, pour quoi faire ?

(Ils sortent.)

Moustache. – À moi, vite... je veux des cartes terribles. Elle verra, Ida ! *(Il prend une carte et joue.)* «Je surprends dans ton regard...»

MONA *(elle prend une carte).* – «Des pigeons, des rois et des chats.»

MOUSTACHE. – «Il y a deux nuages dans l'étang clair.»

MONA. – «Mes yeux fermés, mes yeux ouverts.»

MOUSTACHE *(il reprend une carte).* – «Viens avec moi sous le saule.»

MONA *(ravie).* – Non ! C'est bien... *(Elle prend encore une carte.)* «Je veux des choses douces, aigres, salées, fraîches et poivrées.» *(Elle rit.)* Quel menu !

MOUSTACHE *(il reprend une carte).* – «J'ai d'énormes provisions de caresses.»

MONA *(à Walter).* – Que faut-il faire ?

FERNAND *(inquiet).* – Allons dormir ?...

MONA *(méprisante).* – Dormir !

WALTER. – Jouez. *(Il lui tend les cartes.)*

MONA *(elle hésite).* – Je... *(Elle se décide pourtant à prendre une carte.)* «Je surmonte ma répugnance.»

JENNY. – Surmonte ! Surmonte ! *(Tous rient.)* Sous le saule !

MOUSTACHE. – Viens !

MONA *(très excitée).* – Fernand !

FERNAND. – Mona ! *(Il se lève, prêt à la secourir.)*

MONA. – Non... laissez... c'est le jeu *(Elle sort en riant. On entend sa voix dans la coulisse :)* Moustache ! Non ! Moustache !

WALTER *(à Fernand).* – Jouez !

FERNAND *(il joue).* – «J'ai besoin de chaleur.»

JENNY *(ironique).* – Il vaudrait mieux en donner !

WALTER *(à Fernand).* – Quelle partenaire avez-vous ? Jenny ? *(Il présente des cartes à Jenny.)*

JENNY *(elle refuse les cartes).* – Moi ? *(Rire insultant.)* Sa partenaire ?

FERNAND. – Non. Mona. Dans ce jeu on change de partenaire à volonté. Je vais chercher Mona et je lui joue ma carte ! *(Il prend une torche et sort.)*

JENNY *(dès que Fernand est sorti, Jenny lui sourit et s'approche de lui).* – Oh ! Walter ! Mon petit ! Entre nous pas de cartes !

(Walter la repousse.)

WALTER *(sèchement).* – Pas de cartes ? Nous jouons comme les autres... *(Il offre des cartes bleues.)* Choisis.

JENNY. – Non ! Walter ! Tu ne parles pas sérieusement ?

WALTER. – Ma chérie, le jeu n'aurait plus aucun sens si on trichait... *(Il choisit une carte, qu'il lit.)*

JENNY. – Tricher ? C'est tricher, recevoir mes baisers ?

(Elle met ses bras autour du cou de Walter. À ce moment, Ida entre, suivie de Serge, qui a les jambes complètement mouillées.)

SERGE. – Jenny, que fais-tu là ?...

JENNY *(aigre).* – Tu vois ! Je joue aux cartes avec Walter.

IDA. – Il est tombé dans l'eau.

SERGE *(piteux).* – Regardez-moi ça !

IDA. – Dans l'obscurité, au lieu de prendre le chemin, il a pris le fossé.

JENNY. – Tu sens la vase !

SERGE. – Mon cher Walter, permettez-vous que je vous emprunte un pantalon ?

WALTER. – Avec plaisir, Serge. En attendant, nous continuons le jeu...

IDA. – À mon tour ! À mon tour !

JENNY *(sèche).* – Non, vous êtes déjà servie.

(À ce moment entre Moustache ; il saute d'un bond par la fenêtre, se précipite vers la table, prend une carte, la lit, la dépose.)

SCÈNE VII
WALTER - JENNY - IDA - MOUSTACHE

MOUSTACHE *(à la fois ravi et surpris).* – Oh ! Oh ! Oh ! Oh ! *(Il se précipite vers la sortie.)*

IDA. – Moustache ! *(Moustache est sorti sans répondre.)* Où va-t-il ?

WALTER. – Il joue.

Scène VIII
Walter - Jenny - Ida - Fernand

FERNAND *(il revient d'un air préoccupé)*. – En somme... je crois... j'ai réfléchi... Il vaut mieux que je ne dérange pas Mona en ce moment. Elle ne comprendrait pas... C'est une bonne fille, mais elle ne comprendrait pas... *(Il va vers la table et prend le livre de Walter, qu'il ouvre au hasard.)*

IDA. – Il joue avec qui, Moustache ?

JENNY. – Trop curieuse !

Scène IX
Walter - Jenny - Ida - Fernand - Mona

(Mona, toujours très excitée, entre en riant.)

FERNAND. – Mona ! *(Il se lève.)*

MONA. – Il me demande des choses... je ne sais pas ce qu'il faut que je... oh ! vraiment, je ne sais pas...

FERNAND. – Mona, je suis ici...

MONA. – Merci, ça va. Je n'ai pas besoin de vous. Une carte... vite une carte.

WALTER. – Choisis... *(Il lui tend les cartes bleues en éventail.)*

MONA *(elle prend une carte et joue)*. – «J'aime surtout le violon»... Je ne sais pas ce qu'il en fera... mais certainement quelque chose de troublant... *(Elle va pour sortir.)*

IDA *(à Mona)*. – Qui ?

WALTER. – Moustache...

IDA *(à Mona)*. – Je vais à votre place...

MONA. – Merci, non. C'est le jeu ! Il ressemble à un phoque, Moustache, un phoque qui me brouterait les lèvres... *(Elle sort.)*

IDA *(furieuse)*. – Il le regrettera ! C'est fini ! Fini ! Fini ! Je le hais, Moustache, je le hais !

JENNY *(ironique)*. – C'est le jeu !

WALTER. – À moi !

JENNY. – Mais Walter, je pensais... enfin, puisque je suis ta partenaire...

WALTER. – À vrai dire, je n'ose pas la jouer, elle est si catégorique...

IDA. – Osez ! Osez tout ! Moustache, lui, ne se gêne pas.

WALTER. – Oui. C'est le jeu. *(Il abat sa carte.)* «Voulez-vous coucher avec moi ?» Qui a la réponse ?

IDA *(avec rage)*. – Moi. Avec le plus grand plaisir ! *(Elle se jette dans ses bras.)*

JENNY. – Elle a triché ! Elle n'avait pas de carte. *(Elle écarte Ida de Walter avec violence.)*

IDA. – Tricher ! Moi ! Vous allez voir ! *(Elle veut prendre une carte. Walter tend le paquet de cartes bleues.)*

JENNY. – Non ! À moi !

IDA. – Jouez avec Monsieur Fernand, il est gentil. *(Fernand lève la tête et a un geste de refus poli.)*

JENNY. – Qui ? Lui ?

(Elle a un rire insultant et prend le paquet de cartes des mains de Walter, mais avant qu'elle ait eu le temps de choisir, Ida lui arrache toutes les cartes, en choisit une et laisse tomber les autres à terre.)

IDA. – À moi !

JENNY *(surprise)*. – Oh !

IDA *(elle s'éloigne en courant à l'autre bout de la scène, regarde la carte, et la pose bien en évidence sur la table)*. – J'ai la réponse à votre question... Walter... «Oui, mon chéri, mais alors tout de suite.»

JENNY. – Walter !

WALTER *(à Jenny, un peu gêné)*. – C'est le jeu.

IDA *(sourire radieux à Jenny)*. – C'est le jeu...

(Ils sortent. Jenny, médusée, les regarde sortir. Silence.)

FERNAND *(très précieux, comme d'habitude)*. – Ne vous laissez pas impressionner par un simple accident du hasard... tout cela était inscrit dans les prémisses du jeu... si vous vouliez éviter que Walter couchât avec Ida, il ne fallait pas jouer...

JENNY. – La petite vipère !

(Elle se verse distraitement un verre de vin qu'elle regarde, puis qu'elle dépose sans y avoir touché. Elle se détourne. Fernand se lève et ramasse les cartes, il en lit certaines, semble faire un tri, dépose la plupart des cartes sur la table, en garde quelques-unes, examine les cartes rouges et en choisit aussi certaines dans ce jeu.)

FERNAND. – ... «Mon corsage»... «Je sais un secret qui te concerne»... «Où sont mes bas»... *(Il écarte les cartes dont il a lu le texte. Jenny est debout, immobile, le dos tourné au public. Fernand parle à mi-voix, comme pour lui-même, mais en réalité il essaye de distraire Jenny.)* C'est triste, ces cartes prises au hasard... on dirait les ruines d'un château qu'on ne pourra plus jamais reconstruire, où l'on ne dansera plus. *(Il lit :)* ... «Étends-toi dans l'herbe»... «Pas là, dans le cou»... *(Il écarte ces cartes.)* Où l'on ne fera plus de musique. Tout s'est écroulé, il ne reste que quelques pierres, des statues blanches, qui rappellent qu'autrefois, il y avait là des allées où l'on se promenait en parlant... «Tes yeux disent oui»... «Sur mes lèvres je sens la nuit... ton épaule est lisse... lisse...» Mais quand on les trie, quand on les arrange un peu, elles disent de jolies histoires, ces cartes. *(Il a trié six ou sept cartes qu'il joue tour à tour.)*

«Je voudrais déposer mes vêtements et aller nu vers la mer»
«Loin des nourritures»
«Loin des ardeurs, loin du vin»
«Aller dans la fraîcheur»
«Là, où il ne faut pas parler...»

(Il trie d'autres cartes.) En somme, je trouve que ce jeu est triste... *(Il lit une carte.)* «J'ai perdu la clef.» Quelque chose grince dans le mécanisme du hasard. «Mais parfois aussi, je pleure.» Moi, je choisis l'ordre. Sinon, on risque de ressembler à Snep. Si perdu. Si étranger à lui-même. Comme jeté ici... grande, grande fatigue. Envie d'être à la maison. Non, moi je n'aime pas les vacances... *(Il a fini d'arranger le jeu.)* Écoutez... il n'est pas mal celui-ci. *(Il joue :)*

«Il y a si longtemps que le monde est laid»
«C'est fait, tout est changé»
«Le soleil est noir désormais et les corbeaux sont blancs»
«Mais pour toi j'ai gardé comme autrefois»
«Entre les haies»
«Un verger chargé de cerises rouges.»

JENNY *(elle se retourne)*. – Vous m'avez vue pleurer ?

FERNAND. – Oui.

JENNY. – Je ne vous le pardonnerai pas.

FERNAND. – Je suis désolé...

JENNY. – Vous m'avez vue pleurer pour Walter, qui ne le mérite pas...

FERNAND *(il hausse les épaules, désabusé)*. – C'est le jeu. On vous a...

JENNY *(le coupant)*. – Je vous déplais ?

FERNAND *(poli)*. – Oh ! Non ! Pas du tout, vous êtes exquise.

JENNY. – Si vous faisiez un peu plus attention à moi, Mona serait ici à vous surveiller !

FERNAND. – Je ne comprends pas...

JENNY. – Je vous propose de nous venger.

FERNAND. – J'ai des raisons de chagrin, mais non de vengeance...

JENNY. – Vous êtes un faible.

FERNAND. – Nous venger de qui ?

JENNY. – De tous ! *(Elle va vers la table et regarde les cartes.)* La carte de Walter... *(Elle la tend à Fernand qui la prend d'un air interrogateur.)* Vous la jouerez quand je vous le dirai... Je vous donnerai la réponse d'Ida.

FERNAND *(lugubre et précieux)*. – Je suis très honoré d'être distingué par vous.

JENNY. – Cette perspective vous rend joyeux, je vois.

Scène X
Jenny - Fernand - Serge

(Serge sort de la chambre de Walter.)

SERGE. – Je n'ai trouvé qu'un short à ma taille !... C'est étonnant, Walter, ce que tu es svelte... Walter ?... *(Il regarde et s'aperçoit que Walter n'est pas là.)*

JENNY. – Le jeu bat son plein.

SERGE. – Et moi ? Et moi ?

JENNY *(à Fernand)*. – Jouez ! *(Comme il hésite, avec colère :)* Mais jouez donc !

SERGE. – Où est Ida ?

FERNAND *(timidement)*. – Faut-il vraiment que... *(Devant l'expression de Jenny, il se décide à jouer.)* «Voulez-vous coucher avec moi ?» *(Il joue la carte. À Serge, en s'excusant :)* C'est le jeu.

SERGE. – Oui ! Bien sûr ! Et puis, avec vous, pas de danger ! Vous êtes si poli ! *(Il lui donne une tape dans le dos.)* Si poli ! *(Il rit.)*

FERNAND *(offensé)*. – Poli, oui, je le suis. N'empêche que j'ai posé une question très précise à votre épouse.

SERGE. – J'attends sa réponse, avant de m'inquiéter.

FERNAND *(triste)*. – Cette réponse ne fait aucun doute.

(Jenny va vers la table et prend la carte déposée par Ida.)

JENNY *(triomphante, en s'approchant de Serge)*. – La réponse, la voici, et je te jure que je le ferai... *(Elle prend la carte et la lit. Elle a une expression de stupeur.)* Fernand ?

FERNAND *(à Serge)*. – Surtout, ne vous fâchez pas...

JENNY. – Fernand... savez-vous ce qui est écrit sur cette carte ?

FERNAND *(de plus en plus gêné)*. – Oui, je crois... prenez-en une autre, si vous préférez...

JENNY. – Vous n'y êtes pas du tout, Fernand. Sur cette carte, celle qu'Ida a jouée en réponse à Walter... il est écrit : «Je vous déteste.»

SERGE *(il éclate de rire et donne un grand coup dans le dos de Fernand)*. – Ce ne sera pas encore pour cette nuit, Fernand !

FERNAND. – Que signifie ceci ? Vous me surprenez extrêmement ! Ida avait dit tout autre chose ! *(Il prend la carte et la regarde.)*

JENNY. – Ida a triché ! Elle a inventé une réponse, et moi... pauvre idiote ! *(Elle se tourne vers Serge dans une grande colère :)* C'est ta faute !

SERGE. – Moi ? Qu'est-ce que j'ai fait ?

JENNY. – Tu as fait de moi ce que je suis. Je te hais ! Je te hais !

FERNAND. – Attention, Jenny, ça ne se dit pas...

JENNY. – Je hais ta chaleur...

FERNAND. – Attention !

JENNY. – Ton ventre, tes grosses oreilles chaudes...

FERNAND. – Jenny !...

JENNY. – Ta salive, ta digestion, ton linge...

FERNAND. – Attention ! Attention !

SERGE. – Qu'est-ce qui lui prend ? C'est écrit sur les cartes, tout cela ? *(Jenny s'est laissé tomber sur une chaise, la tête sur les bras, et elle sanglote. Il approche de Jenny.)* Allons ! Allons ! Un peu de tenue. Allons !

JENNY. – Où est-ce que j'en suis ? *(Elle regarde Serge et Fernand d'un air égaré.)*

FERNAND. – Je connais cela, mon cher, quand elles se demandent où elles en sont, il vaut mieux s'éloigner...

SERGE. – Vous croyez ?

FERNAND. – Oui. Venez. Ça passera.

SERGE. – Oui ? *(Regard vers Jenny, légère hésitation, puis il prend une décision.)* Non ! Je joue ! *(Il prend une carte.)* Et je la joue avec la première personne qui entre...

SCÈNE XI
JENNY - FERNAND - SERGE - IDA

(Ida entre en courant.)

SERGE. – J'ai une chance de pendu...

IDA. – Une carte ! Vite !

SERGE. – À moi ! *(Il joue.)* «Aimez-vous les situations fausses ?»

IDA *(elle a déjà pris une autre carte. Étonnée)*. – Pardon ?

SERGE. – Je joue : «Aimez-vous les situations fausses ?» Répondez !

IDA *(elle joue)*. – «Sur l'herbe.»

(Serge, triomphant, l'entraîne.)

SERGE. – Venez ! Venez !

IDA. – Mais mon partenaire... Walter ?

SERGE. – Walter ?

(Geste. Ils sortent.)

JENNY *(se lève d'un air déterminé)*. – Walter ne tardera pas, maintenant qu'il est seul. *(Rire méprisant.)*

FERNAND *(inquiet)*. – Qu'allez-vous faire ?

JENNY. – Ça vous regarde ? Vous si poli, vous osez me poser une question aussi directe ?

FERNAND. – Excusez-moi, Jenny...

JENNY. – Si vous redoutez ce qui va se passer, pourquoi ne sortez-vous pas ?

FERNAND. – Je comprends... excusez-moi encore, j'aurais dû y penser moi-même. *(Il va pour sortir.)*

JENNY. – Non, asseyez-vous là.

FERNAND *(il s'assied sur le bord de sa chaise)*. – Si vous le désirez, Jenny.

JENNY *(qui se refait une beauté)*. – Mon sourire est-il naturel, gentil ? *(Elle lui sourit.)*

FERNAND *(inquiet)*. – Naturel ? Gentil ?

JENNY *(toujours souriante)*. – Je ne vous mangerai pas... si Walter me voit, remarquera-t-il que j'ai pleuré ?

FERNAND. – Vous me rassurez... Je croyais que vous alliez...

JENNY. – Quoi ?

FERNAND. – Pardon. Faire une scène. Pardon.

JENNY. – Je ne fais jamais de scène... Comment me trouvez-vous ?

FERNAND *(rassuré)*. – Ma chère Jenny, vous êtes délicieusement capiteuse.

Scène XII
Fernand - Jenny - Walter

Walter *(il entre).* – Où est Ida ? *(Il voit Jenny, et s'arrête.)*

Jenny *(elle sourit).* – Elle joue... elle a changé de partenaire...

Walter. – Changé ?

Jenny *(même douceur).* – Oui. Elle joue avec Serge.

Walter *(surpris).* – Ah ! Elle m'avait pourtant dit qu'elle venait chercher une carte...

Jenny. – C'est le jeu...

Walter *(incertain).* – Oui, mais...

Jenny. – ... le hasard... Choisis... *(Elle lui fait choisir une carte. Walter prend une carte et la lit.)* Eh bien ! joue !

Fernand *(souriant et gêné).* – Suis-je de trop ? *(Il se lève et veut sortir.)*

Jenny. – Mais... non... pas du tout... restez ! *(Charmante :)* Je vous en prie... *(À Walter :)* Joue !

Walter. – Et Ida ?

Jenny. – On mélange les cartes et les partenaires changent... cette fois, nous jouons ensemble, Walter... Fernand m'a eue et m'a perdue.

Walter. – Bien. *(Il joue.)* «J'ai un secret à te dire.» *(Timide :)* Tu as la réponse ?

Jenny *(souriante).* – Oui... j'ai la réponse... *(Silence, elle garde la carte qu'elle a tirée contre elle, puis soudain, son expression change :)* Voilà ! Voilà ! *(Elle lui donne deux violentes gifles. Puis, avec mépris :)* Tricheur ! Sale tricheur !

(Elle sort. Walter et Fernand, interdits, la regardent s'éloigner sans réagir.)

Fin du deuxième acte

Acte III

Scène I
MOUSTACHE - SERGE - FERNAND - IDA - MONA - WALTER - JENNY

(Il règne une grande agitation.)

MOUSTACHE. – Mais moi, je n'ai pas triché !

SERGE. – Moi non plus. J'avais gagné Ida avec une carte tout à fait correcte.

IDA. – On continue ! Vite ! Vite ! Walter ?

MONA. – Moustache m'avait promis de m'apprendre le violon !

MOUSTACHE. – J'exige que le jeu reprenne immédiatement.

SERGE. – Insupportable. On joue ou on ne joue pas ?

IDA. – On joue !

MOUSTACHE. – Une carte !

SERGE. – Non, on reprend où on en était. Viens, Ida.

IDA. – Moi, je veux une autre carte ! Et vous, Walter ?

MONA. – Moi pas !

JENNY. – Taisez-vous ! Taisez-vous ! Silence ! *(Le silence se fait. Elle reprend d'une voix nette :)* Nous avions promis d'obéir aux cartes.

MOUSTACHE. – Oui. Et j'ai obéi, moi !

IDA *(furieuse)*. – Toi !

JENNY. – J'ai découvert que deux personnes ont triché.

MOUSTACHE. – Tricher ? Pourquoi tricher ?

JENNY. – Ida a triché.

IDA *(jouant la surprise)*. – Moi ?

JENNY. – Elle a inventé une réponse !

IDA. – Inventé ?

JENNY. – Oui. Inventé !

IDA. – Si vous osez me traiter de tricheuse... je sors immédiatement !

JENNY. – Tricheuse !

IDA *(dignement)*. – Bien ! Je pars ! Vous ne me reverrez plus !

MOUSTACHE *(tout remué)*. – Ida !

IDA *(avant de sortir, elle se retourne et d'un ton ferme, comme si elle annonçait une décision importante)*. – Je vais dans l'enclos près du petit bois. Toute seule ! (Elle sort.)

MOUSTACHE *(il s'approche, menaçant, de Jenny)*. – Ne vous avisez plus d'injurier Ida, ou vous aurez cette main dans votre petite figure fardée. *(Walter et Serge s'approchent de Jenny, comme pour la défendre. Jenny n'a pas reculé d'un pouce. Moustache laisse tomber le bras et va pour sortir.)* Ida est incapable de tricher. Je la connais, moi ! *(Geste tranchant de la main, comme s'il abattait une hache.)* Mais vous ! C'est tous la même salade. *(Il sort.)*

WALTER. – L'imbécile !

SERGE. – L'idiot !

JENNY *(à Walter)*. – Walter, je me passe de vous comme défenseur !

WALTER. – Pourquoi m'en voulez-vous, Jenny ? Il me semble que c'est moi plutôt qui aurais le droit de vous demander des explications...

FERNAND. – Allons ! Allons ! Laissons tout cela !...

JENNY. – Vous ? Me demander des explications, à moi ? Vous, qui avez triché !

WALTER *(surpris)*. – Moi ?

JENNY. – Vous avez inventé le jeu... vous saviez donc que la réponse d'Ida ne se trouvait pas parmi les cartes.

(Walter baisse la tête.)

MONA. – Quelle importance ! Pourvu qu'on s'amuse !

JENNY (*toujours à Walter*). – Je les ai regardées, vos cartes... toutes... elles sont vulgaires. Vous nous avez trompés en nous disant que le jeu nous remettait au hasard. (*Amère :*) «Le radieux hasard des dieux allant par le premier matin du monde.» Vos cartes témoignent d'une volonté, non, le mot est trop beau, d'une obsession, une seule : celle de coucher avec l'une et puis avec l'autre. Au lieu de nous élever au niveau d'une grande aventure, vous vouliez nous déshabiller.

WALTER. – Vous oubliez, Jenny, que vous aussi, vous avez essayé de tricher.

JENNY. – Moi ?

WALTER. – Oui.

(*Ils se mesurent un instant du regard.*)

JENNY. – Quoi qu'il en soit, Walter, je ne vous le pardonnerai jamais. Et je préfère ne plus vous voir. Venez, Mona, ils ne méritent pas notre présence.

MONA. – Pourquoi ?

JENNY. – Venez !

SERGE. – Jenny ! Rentrons ! Chez nous !

JENNY. – Rentrer ? Avec toi ? (*Rire insultant ; elle sort en entraînant Mona.*)

MONA (*elle rit de son rire «pour hommes»*). – Attention, Jenny ! Attention ! (*Se tournant vers Fernand :*) Fernand ! C'est étonnant, étonnant, comme Jenny a de l'autorité...

(*Elles sortent.*)

Scène II
Serge - Fernand - Walter

SERGE. – Nous avons l'air malin.

WALTER (*irrité*). – J'aurais dû m'en douter. Jamais les femmes ne comprendront ce que peut être un grand jeu.

FERNAND. – Étrange nuit, en vérité... avez-vous remarqué les parfums ?

SERGE (*surpris*). – Vous avez eu le temps de penser aux parfums, vous ?

FERNAND. – L'air ne bouge pas... les parfums sont contenus comme dans de larges vasques immobiles...

SERGE. – Comment ?

FERNAND *(précieux).* – Quand j'allais à la recherche de Mona, en portant ma lanterne et en chantant pour ne pas la surprendre en situation périlleuse... j'avais l'impression de me plonger dans des bains chauds, aux odeurs de feuille, de trèfle ou de jacinthe.

SERGE. – Est-ce qu'il est complètement... ? *(Comme s'il prenait la situation en main :)* Je vous propose d'être impitoyablement sévères...

WALTER *(toujours en colère).* – Elles reviendront. Je vous en donne ma parole. Elles reviendront ici, nous demander pardon...

SERGE *(il frappe la table à petits coups secs).* – Tout à fait d'accord, Walter. Il faut les tenir comme ça. *(Geste du poing fermé.)* Quant à moi, j'exigerai que Jenny fasse publiquement ses excuses. Sinon, où va-t-on ? Elle retirera les propos injurieux qu'elle a tenus concernant mes oreilles ! *(D'une voix forte :)* Fernand !

FERNAND *(il sursaute).* – Oui ?

SERGE. – Vous ordonnerez que Mona nous fasse également des excuses, à tous. Et en attendant, nous attendons !

Scène III
Serge - Fernand - Walter - Snep

(Snep entre.)

SNEP. – Le jour viendra bientôt... déjà il y a comme une lueur sur l'autoroute. Pas une voiture. Rien. Deux bandes de béton, qui vont, qui vont, côte à côte, sans se rencontrer, qui vont, et plus loin, comme ça, pour rien, sans personne, pas une auto, plus loin... qui vont...

SERGE *(il soupire).* – Eh bien !... On a l'air malin. *(Il mange.)*

WALTER *(en colère).* – Non ! Non ! Non ! Alors elle croit que... Eh bien ! Non !

SERGE. – Pourtant... tout doucement j'arrive à la conclusion que je ne suis et n'ai jamais été trompé. Oui. L'approche du matin me permet d'affirmer avec force que je suis un homme respecté. *(Il boit.)* Ça va mieux !

SNEP. – Moi, ça ne va pas du tout... non, pas du tout...

SERGE. – Attendre qu'elles viennent demander pardon ? D'accord, puisque c'est moi qui l'ai proposé. *(Silence.)* On ne sait plus où on est. Quelque chose s'est détraqué.

SNEP. – Détraqué. Oui. Je me sens complètement détraqué, comme une machine qui tourne à vide.

SERGE *(sévèrement)*. – Je maintiens que je suis pour la sévérité...

WALTER. – En somme, je les déteste toutes. Je ne puis m'en passer, mais je les déteste...

SERGE. – Que connaissez-vous des femmes, mon cher ? Rien. Il faut avoir pris trois mille six cent cinquante-deux petits déjeuners avec une même épouse avant d'avoir quelque lueur sur l'espèce femelle...

WALTER. – Trois mille six cent cinquante-deux ?

SERGE. – Dix ans, en comptant les années bissextiles. *(Il a un gros rire.)* Ça va mieux. Chaque fois que je suis spirituel, je me sens mieux...

FERNAND. – Eh bien ! moi, j'aime Mona. *(Gros rire moqueur de Serge.)* Vous pensez : «L'imbécile, il est bafoué, trompé, et il l'aime.»

SERGE *(gros rire)*. – Oui.

FERNAND. – C'est vrai... je suis trompé et moqué... J'ai même entendu ce qu'elle a dit quand j'ai mis mes boules «Quies».

SERGE. – Je crois qu'il est masochiste ! *(À Fernand, sévèrement :)* Il faut traiter les femmes coupables avec la dernière rigueur, or, elles sont toutes coupables.

WALTER. – Elles viendront ici, Serge, ici, vous verrez.

FERNAND. – Mona est-elle coupable de ne pas aimer mes yeux de poisson frit ?

SERGE *(sentencieux)*. – Il ne faut pas se laisser dire des injures par sa femme. C'est malsain.

FERNAND. – Est-elle coupable d'être agacée par ma façon d'être ? J'essaye de lui plaire, si je n'y parviens pas, ce n'est pas sa faute. Que je m'en prenne à moi-même. *(Avec ardeur :)* J'aime son innocence...

(Gros rire de Serge.)

SNEP. – Je crois que... *(Il est coupé par Walter.)*

WALTER *(à Fernand).* – Vous êtes naïvement romanesque...

FERNAND. – N'est-ce pas merveilleux de vivre près d'un être libre, parfaitement, complètement libre ? Un animal délicat, fantasque, qui consent à vivre à mes côtés...

SNEP. – Oh ! Moi je voudrais... *(Il est interrompu par Serge.)*

SERGE. – Un animal ?... Oui... un peu chienne...

WALTER. – Vous y allez fort...

SERGE *(il tape sur le dos de Fernand).* – On peut tout lui dire. Il est parfaitement bien élevé.

FERNAND. – Vous ne pouvez imaginer, comme la vie est légère à côté d'un être qui n'est pas coupable...

SNEP *(il crie).* – Vous ne me laissez pas parler ! Moi aussi, je souhaite vivre à côté d'un être innocent, comme Marceline, dans ses robes fraîches, qui sentent frais, repassées. Mais comment faire quand Anna...

FERNAND *(l'interrompant).* – Innocent. Fondamentalement innocent de tout ! Il ne me faut pas dix ans, en comptant les années bissextiles, pour reconnaître cette innocence-là ! Elle éclate, elle aveugle dès le premier jour... Je ne supporterais pas que Mona subisse la moindre entrave... Comment ! Je l'aime et je l'enchaînerais ? Non. Je suis là pour deviner ce qu'elle pourrait désirer et pour le lui donner avant même qu'elle ne le désire.

SNEP. – Comment faire quand...

SERGE *(à Fernand).* – Fini ? Bon. Fernand, vous êtes un niais. À l'avenir, prenez exemple sur moi... *(Il se lève.)* Walter, est-il vrai que mes oreilles soient trop grosses ?

WALTER *(surpris).* – Non...

SERGE. – Est-il vrai qu'elles soient chaudes ? Palpez !

WALTER *(touche du bout des doigts).* – Non.

SERGE. – Snep ! Palpez !

SNEP *(il touche l'oreille, retire la main et la frotte à son pantalon).* – On dirait une bête rose...

SERGE. – Et vous Fernand ? Votre avis ?

FERNAND *(avec précipitation, sans toucher).* – Vos oreilles sont parfaites. Ciselées.

SERGE. – Ah ! Vous voyez ! Mes oreilles sont donc bien constituées, et le reste, sans être parfait, est bien. Mieux : convenable. Jenny m'a dit des choses affreuses. Les femmes se mettent en colère, c'est un fait. Quand on est en colère, on ment, c'est un autre fait. Jenny a donc menti. En réalité, elle aime mes oreilles et tout le reste. J'ai des preuves.

FERNAND *(continuant son idée).* – Je crois, moi, qu'il faut tout leur permettre et les adorer. Le matin, je m'éveille avant elle. Je la regarde alors dans son sommeil ; parfois sa paupière est parcourue d'un imperceptible frisson... Alors, les larmes montent aux yeux...

(Grossier rire de Serge, Fernand s'interrompt et va vers la fenêtre.)

SNEP. – On ne devrait jamais pleurer, car pour les autres, c'est insupportable...

FERNAND. – Quelle nuit extraordinaire... J'ai l'impression que nous l'avons traversée en bateau...

WALTER. – Mes pauvres amis... aux heures qui précèdent le matin viennent les confidences... Hier nous avons quitté le jour dans l'espoir que nous saisirions la liberté pendant quelques instants... Nous avons nagé au hasard dans la nuit et nous allons maintenant aborder au matin... pour ma part, ce ne sera pas sans désarroi.

SNEP. – Désarroi... moi, je n'en puis plus. *(Il crie :)* Je n'en puis plus ! Que faut-il faire ? Depuis quinze ans, Anna s'entête... que faut-il faire pour qu'elle ne me parle plus de la mort de cet enfant !

SERGE *(le coupant).* – Il faut être dur et ferme.

WALTER. – Il faut s'expliquer.

FERNAND. – Il faut lui demander pardon...

SNEP. – Eh bien ! moi, je crois qu'elle veut ma peau. *(Il appelle :)* Anna ! Anna ! *(Avec haine et désespoir :)* Oui ! Elle veut ma peau. Chaque jour, je l'ai suppliée d'oublier, chaque jour, et un jour et encore un et encore un, et encore, et encore, et chaque matin, et d'autres jours et d'autres soirs, et d'autres nuits et sans arrêt, et toujours et encore ! *(Il appelle :)* Anna ! Mais elle, elle veut que les autres soient plus malheureux qu'elle...

Scène IV
Walter - Serge - Fernand - Snep - Mère Anna

(Entre Mère Anna, venant de l'étable.)

Anna *(d'une voix qui tremble).* – Qu'y a-t-il, Snep ?

Snep *(avec colère).* – Je le vois à tes yeux, tu as de nouveau... *(Il s'arrête.)*

Anna *(elle a peur).* – Non.

> *(Silence. Snep se retourne vers Fernand. Personne ne bouge. Snep prend une grande respiration, comme s'il allait lui faire des reproches, il hésite, puis d'une voix triste :)*

Snep. – Je te demande pardon.

Anna *(qui a toujours peur et qui n'a pas compris).* – Non, Snep, je n'ai pas pleuré.

Snep *(irrité).* – Je te demande pardon.

Anna *(ne comprenant toujours pas).* – Je te jure que je n'ai pas pleuré depuis ce matin.

Snep *(irrité).* – Es-tu sourde ? *(Il lui crie :)* Je te demande pardon ! *(Anna le regarde sans comprendre.)* Est-ce que je t'ai jamais tourmentée ?

Anna. – Tourmentée ?

Snep. – Depuis quinze ans, est-ce que je t'ai une fois, une seule fois tourmentée ?

Anna *(elle a peur).* – Non.

Snep. – Avoue ! Avoue !

Anna. – Non, tu ne m'as pas tourmentée...

Snep. – Tu mens.

Anna. – Non ! Non ! Snep...

Snep. – Tu mens ! *(Il s'approche d'elle.)* Tu mens ! Dis-le-moi ! Dis-le-moi ce que tu n'as jamais osé me reprocher. Dis ! Dis ! Dis !

> *(Fernand, gêné, s'écarte, s'approche de la table, prend le livre de Walter, l'ouvre et le lit.)*

Anna *(saisie brusquement de désespoir et de colère, lui fait face).* – Eh bien ! oui !

oui ! oui ! Chaque jour... tout le temps... tu m'as empêchée d'oublier ce que je voulais oublier. Tu étais là, tout le temps, à me parler de larmes, à me regarder, à me reprocher, à parler toujours de la même chose, tout le temps, à chaque instant, à me reprocher mes larmes, à me faire pleurer, à me faire mal, à me tourmenter, à me parler toujours de notre malheur... Et maintenant, je ne peux plus. Non, laisse-moi. *(Elle crie :)* Laisse-moi ! *(Elle sort vers l'étable.)*

SNEP. – Elle est grotesque. Grotesque et malfaisante... *(Il va vers la porte de l'étable, puis se ravise.)* Non. Je vais à l'autoroute. *(Il sort.)*

Scène V
Serge - Fernand - Walter

SERGE *(avec mépris)*. – Demander pardon ! Les autres en profitent toujours pour vous sauter dessus quand on demande pardon... elle n'a pas raté l'occasion. *(À Fernand :)* Vous donnez des conseils idiots.

FERNAND *(il s'approche en tenant le livre ouvert)*. – Ce genre de scène me rend malade, positivement malade... Je n'ai jamais vu un homme aussi seul que Snep...

WALTER. – Nous sommes tous seuls...

FERNAND *(comme pour changer de conversation)*. – C'est vous qui avez souligné ce passage ?

WALTER. – Quel passage ?

FERNAND *(il lit)*. –
«Je ferai Dieu prisonnier
Je le ramènerai ici.
Je le frapperai. Je le frapperai !
Jusqu'à ce qu'il me livre le secret du soir.»

WALTER. – Oui.

SERGE. – Prétentieux. La poésie suscite en moi une intolérable gêne. Nous ferions mieux de trouver un moyen de faire revenir ces femmes sans que notre prestige en souffre...

WALTER. – Oui, c'est moi qui ai souligné ce passage. *(Silence.)* Dans les yeux des chiens, des chevaux, il y a le reflet de ce qu'ils voient. Ils voient un dieu passer dans le bois. C'est un reflet doré et trouble. Les chevaux relèvent la tête avec terreur, les chiens sont tristes... tristes... mais nous, nous ne voyons rien. *(Silence.)* J'ai l'impression que les choses se passent sans moi. Je suis là, au bureau, enfermé toute la journée. Je sors : il y a eu le jour. Sans moi. Des femmes ont passé dans la rue, sans moi. Le soleil a jeté ses diamants aux façades des maisons, sans moi. Des nuages, un coup de vent, un sourire, sans moi ! *(Silence.)* Nous avons raté notre nuit de vacances. Je me demande s'il y a moyen de vivre sans tricher...

FERNAND. – Je crois, moi, qu'il faut pardonner.

SERGE *(l'interrompt d'un rire insultant)*. – Vous l'avez déjà dit...

FERNAND. – Mon cher, votre grossièreté présente un grand avantage. Elle est, pour les autres, une permanente leçon de modestie... Excusez-moi. *(Il sort côté étable.)*

Scène VI
Serge - Walter

SERGE. – Nous sommes tous seuls... Walter, je ne voulais pas vous le demander devant cet imbécile, mais croyez-vous que Jenny...

WALTER *(avec précipitation, voulant prévenir une confidence qui le gêne)*. – Non, je ne crois pas...

SERGE. – Vous ne croyez pas... *(Silence.)* Si je pouvais, je prendrais dès maintenant le virage de la cinquantaine... l'âge, où, dit-on, un bon gueuleton, un whisky, remplace bien des plaisirs. Mais je ne peux pas... Quand j'ai senti tout à l'heure au bout des doigts, au creux de la main, l'épaule d'Ida... *(Silence.)* Walter, je crois, moi, que tout se passe près de moi, près, tout près... mais s'éloignera bientôt, et je trouve cela insupportable ! Bientôt, le doux froissement d'une robe qu'on enlève ne sera plus une musique pour mon oreille... *(Silence. Il va vers la fenêtre.)* Oreille, encore un mot que je ne prononcerai plus... *(Silence. Il regarde par la fenêtre, irrité :)* Viendra-t-il finalement, ce jour qu'on attend ?

WALTER. – Avant le matin, j'éprouve toujours la même angoisse...

SERGE. – Moi, c'est un mélange... l'imbécile que je suis croit chaque fois que le jour qui vient sera meilleur... *(Il s'approche de Walter.)* Parfois, comme en ce moment, je me rends compte que toutes mes opinions, toute ma vie, n'est qu'une attitude... une énorme et creuse représentation que je me joue à moi-même... Pour cette raison, votre jeu était extraordinaire, Walter... J'ai été ce que je suis vraiment, pendant une demi-heure au moins...

WALTER. – Le jeu a très mal fini.

SERGE. – Je ne suis pas si bête que j'en ai l'air... Avant l'aube, je me paie la vérité... «je me paie» ! Je suis tout encrassé d'expressions vulgaires... Walter ! Vous êtes un naïf. Croyez-vous vraiment que je ne remarque rien ?

WALTER *(inquiet)*. – Que voulez-vous dire ?

SERGE. – Jenny et vous ! *(Il rit.)* Tout cela a si peu d'importance. Tout à l'heure, le soleil sera là ; j'aurai oublié, et je continuerai à faire semblant de ne rien voir... Mais ne croyez pas que Jenny vous ait distingué entre tous... ce serait manquer de lucidité. Jenny ne va pas vers vous. Jenny me fuit. C'est tout autre chose. Jenny fuit mes lèvres molles et mes oreilles chaudes.

WALTER. – Mais Serge, vos oreilles... *(Rire de Serge, Walter s'arrête.)*

SERGE. – D'ailleurs, je me permets tout à moi-même, alors pourquoi la pauvre Jenny ne se donnerait-elle pas un peu de rêve ? Si le jour pouvait venir ! Cette nuit devient insupportable, on a l'impression qu'elle se prolonge exprès. *(Silence. Walter a l'air abattu.)* Allons ! Allons ! *(Il lui tape sur l'épaule et rit.)* Savez-vous ce que je faisais, quand j'étais jeune et que le matin allait pointer... (Signe de tête négatif de Walter.) J'allais plonger dans un étang et quand l'eau me glaçait, j'éprouvais une grande exaltation... *(Il rit.)* Oui ! Moi ! *(Bref silence.)* Vous m'accompagnez ?

WALTER. – Où.

SERGE. – Nous baigner... Je vais faire cette bêtise à mon âge... On éprouve parfois le besoin de faire un acte idiot pour se sortir d'une impasse... Vous venez ?... Non ? C'est dommage... *(Il reprend une lanterne et sort.)*

Scène VII
Walter - Marceline

(Walter le regarde s'éloigner et va vers la table où sont restées les cartes. Il prend une carte, la retourne et la regarde pensivement, puis la jette avec irritation. Il enlève ses lunettes et passe la main sur ses yeux fatigués... Marceline, qui était cachée dehors, paraît à la fenêtre.)

MARCELINE. – Walter ! Walter ! Vous êtes seul ? *(C'est un chuchotement où se mélangent l'inquiétude et l'exaltation.)* Walter ! *(Elle entre par la fenêtre, vivement, joyeusement, mais aussi inquiète. Elle a les cheveux mouillés. Elle est vêtue d'un vieil imperméable, les jambes et les pieds nus. Elle court vers Walter et se jette dans ses bras.)*

WALTER *(se dégage, irrité).* – Alors ? Qu'y a-t-il encore ?

MARCELINE. – J'attendais là, derrière la fenêtre, que vous soyez seul pour vous l'annoncer... Walter ! *(Elle rit, à la fois heureuse et malheureuse.)*

WALTER. – Eh bien ?

MARCELINE. – J'ai sauté !

WALTER. – Comment ?

MARCELINE. – J'ai sauté du pont... *(Elle a un grand sourire. Silence.)*

WALTER *(ahuri).* – Tu as sauté ?

MARCELINE. – Pendant que je tombais, j'ai cru que je mourais... L'eau a éclaté... et puis j'ai compris que cette unique chance de vie, sur mille de mourir, dont vous parliez, cette chance, j'avais réussi à la prendre. Alors, j'ai nagé doucement jusqu'au bord.

WALTER *(toujours surpris).* – Du haut du pont ? Sauté ? Non ? Tu as sauté ?

MARCELINE. – Oui ! Walter... j'ai gagné ! Pour vous et pour moi. Nous avons gagné. Walter... emmène-moi !

WALTER. – Je me suis trompé, Marceline. C'était inutile.

MARCELINE. – Quoi ?

WALTER. – Tout. Le jeu. Les vacances...

MARCELINE. – Mais j'ai sauté ! J'ai vraiment sauté ! Vous ne comprenez pas ?

WALTER. – Cela n'a aucun sens.

MARCELINE. – Mais le pont est haut, Walter... dans la nuit, c'était un gouffre ! Vous aviez dit...

WALTER *(la coupant).* – C'étaient des mots...

MARCELINE. – J'aurais pu me tuer...

WALTER *(sec).* – Oui. Mais heureusement, tu ne t'es fait aucun mal... Je n'aurais jamais pu m'imaginer que tu ferais cette bêtise...

MARCELINE. – Vous aviez dit... mais alors... pourquoi ?

WALTER (*l'interrompant*). – Je ne sais pas. (*Avec colère :*) Je ne sais pas ! (*Silence. Walter va vers la fenêtre.*) Tu entends ? Qu'est-ce que c'est ?

MARCELINE. – C'est le vent qui précède le lever du soleil.

WALTER. – On dirait un immense bruit d'ailes...

MARCELINE. – Ce sont les feuilles...

WALTER. – C'est la nuit qui s'envole...

MARCELINE (*triste*). – Si j'avais su... j'aurais joué avec vous... j'aurais peut-être eu la chance de vous avoir comme partenaire... Maintenant la nuit est passée... et vous avez eu quelqu'un d'autre... Je ne vous aurai plus ? ... plus jamais ?

WALTER. – Je ne sais pas...

MARCELINE. – Vos yeux, Walter... ils sont tout gonflés, tout gonflés, comme si les larmes s'étaient accumulées sous vos paupières, vos pauvres yeux...

(*Il y a un moment d'hésitation chez Walter, on croit qu'ils vont se réunir.*)

WALTER (*froid*). – Une nuit sans sommeil. (*Il remet ses lunettes.*) Le jeu s'est défait. Personne n'a eu personne. Il eût fallu obéir au hasard. Rien qu'au hasard. Tout a été faussé. (*Il va vers la fenêtre.*) Je déteste le moment qui va venir. Le matin. La machine se met en marche, la machine où nous sommes tous pris, où il n'y a pas de vacances... S'il y avait moyen d'y échapper une fois, une seule fois, quelques secondes.

MARCELINE (*avec élan*). – Je saurai bien vous consoler, moi... vous réchauffer... j'ai un secret... (*elle rit*) un bon et chaud secret... Walter, vous ne me voyez pas... regardez-moi, regardez ! avec vos yeux, je suis là, devant vous !... (*Elle rit.*) Je suis prête... Walter... j'ai risqué ma vie pour toi... emmène-moi...

WALTER (*distant*). – Je me suis trompé, Marceline, oublie ces bêtises.

MARCELINE (*en un cri*). – Que faut-il faire alors ?

WALTER (*d'une voix neutre*). – Je ne sais pas.

Scène VIII
Walter - Marceline - Mona - Fernand

(Pendant la scène précédente, le jour s'est levé. Mona et Fernand, très excités, entrent par la porte de l'étable.)

Fernand. – Ça y est ! Le veau est né !

Mona. – Walter, il faut aller voir... c'est...

Fernand *(la coupant)*. – C'est terrible, mon cher, affreux. J'ai besoin de quelque chose pour me remettre... Marceline, voulez-vous me préparer une tasse de cette noire boisson d'Arabie.

(Marceline prépare le café.)

Mona. – Il est si mignon...

Fernand. – Je vous avoue en toute sincérité que j'éprouve un certain dégoût... Mais les femmes aiment ça...

Mona. – Oh ! Oui !

Fernand. – Dégoût et vertige.

Mona. – Oh ! Fernand ! C'était charmant !

Fernand. – Oui, j'ai trouvé Mona en adoration devant ce phénomène, dit naturel. Mon cher, imaginez-vous, ce n'est pas un conte. Il est sorti tout vivant du ventre de sa mère.

Mona. – Dès qu'il est né, il s'est mis debout sur ses jambes.

Fernand. – Pattes, Mona, pattes. Les jambes sont réservées aux femmes et aux chevaux.

Mona. – D'abord debout sur les jambes de derrière, si longues, si longues ! et à genoux sur les jambes de devant.

Fernand. – «Les pattes repliées», Mona.

Mona. – Et puis, la maman-vache l'a léché, léché, et il tremblait, tremblait...

Marceline *(avec désespoir)*. – Cessez ! Mais cessez donc de parler ! Cessez !

Fernand. – Excusez-nous, Mignonne... vous aurais-je blessée sans le savoir... vous comprenez, tout cela est si nouveau pour nous. Chez nous, téléphone, frigidaire, ascenseur, mais jamais de veau... d'ailleurs, je préfère ça. *(Il boit.)* Divinement mauvais. Café en rien, mais brûlant ! Brûlant !

MONA. – Le jour s'est levé.

FERNAND. – Le jour ?

MARCELINE. – J'aurais préféré qu'il ne vienne jamais.

MONA *(elle montre la clarté)*. – Regardez, on dirait que l'on déverse de la lumière par la porte...

FERNAND *(fier)*. – Vous entendez ? La sensibilité de Mona est parfaitement accordée à l'univers. Elle compare la lumière à de l'eau, à une inondation ! Nous avons traversé la nuit, et comme dit Walter, nous abordons à l'autre rive.

MONA *(à Walter)*. – Eh bien ? Vous êtes là, muet comme un presse-papiers ?

WALTER. – Moi ? Je... *(Il rit comme pour se débarrasser d'une idée gênante.)* Oui. Le jour est là.

SCÈNE IX
WALTER - MARCELINE - MONA - FERNAND - IDA - MOUSTACHE

(Paraissent à la fenêtre, frais, lavés par la rosée du matin, Ida et Moustache.)

IDA. – Déjà levés ?

FERNAND. – Réconciliés ?

IDA. – Réconciliés ? Nous n'avons jamais été brouillés. On peut entrer ? Je voudrais du café. J'ai les jambes de coton. *(Elle entre par la fenêtre, non sans difficultés.)* De coton ! *(Elle rit.)*

MOUSTACHE. – Moi, je me sens très bien. *(D'un bond il entre dans la pièce.)*

IDA. – Toi ? C'est grâce à tes moustaches. Des accumulateurs, ces moustaches, ça le recharge d'électricité...

MONA. – Vous connaissez la nouvelle ?

IDA. – Ça lui donne des forces.

MONA. – Vous connaissez la nouvelle ?

IDA. – Des moustaches, c'est comme une petite bête qui vous court sur la peau... Hou ! ... c'est... hou ! *(Moustache se rengorge.)*

MONA. – Vous connaissez la nouvelle ?

IDA. – Non.

MONA. – La vache a vêlé, et le petit veau est là... si neuf que c'est presque pas possible qu'il soit si neuf !

Scène X
Walter - Marceline - Mona - Fernand
Ida - Moustache - Mère Anna - Jenny

(Entre Mère Anna, suivie de Jenny.)

ANNA. – Voilà, tout est fait.

WALTER. – Jenny !

(Jenny ne répond pas et va s'asseoir à l'écart. Son attitude diffère toutefois de celle qu'elle avait dans les scènes précédentes. Plus de colère, mais une sorte d'indifférence lassée.)

MOUSTACHE. – Ce café est exquis !

MONA. – Hier il n'était pas là, et aujourd'hui, soudain, il est là, tout vivant.

IDA. – Un peu avant le lever du soleil, les parfums se sont évaporés.

MONA. – Je l'ai bouchonné avec du foin.

MOUSTACHE *(il se lève et s'étire)*. – Encore une tasse... *(Il bâille.)*

MONA. – Est-ce qu'il gambadera bientôt ?

MOUSTACHE *(avec une satisfaction intense)*. – Je me sens... je me sens... *(Il s'étire.)*

ANNA. – Dans quelques jours...

MOUSTACHE. – Ah ! Ce que je me sens bien...

IDA. – Moi, j'ai les jambes molles.

MOUSTACHE. – ... bien ! Mais bien ! Ah ! *(Il tend sa tasse à Ida qui la remplit et il boit.)*

IDA. – Les jambes molles, mais je suis légère ! légère !

MOUSTACHE. – Encore... *(Il boit.)* À la première lueur du jour, il y a eu un sacré petit froid qui nous est tombé dessus, avec la rosée de sucre en poudre... brrr... *(Il s'ébroue.)* C'était bon. *(Ida se blottit dans les bras de Moustache.)*

ANNA. – Monsieur Walter... *(Elle s'approche de Walter.)*

MONA *(elle va à la fenêtre).* – Fernand ! Venez voir ! Comment est-ce possible ? Le ciel est bleu. Hier pourtant, il était gris. *(Elle regarde.)*

ANNA. – Monsieur Walter... vous avez entendu, tout à l'heure, Snep, que m'a-t-il dit ? «Je te demande pardon» ?

WALTER. – Oui, Mère Anna.

ANNA. – Vous êtes sûr ? «Je te demande pardon» ?

WALTER. – Oui.

ANNA. – Pourquoi a-t-il dit cela ?

WALTER. – Je ne sais pas, Mère Anna.

MOUSTACHE *(en serrant Ida dans ses bras, avec une joie ardente et violente).* – Pour toi, je me sens capable... de... de...

IDA. – Moi aussi, Moustache.

ANNA. – Je me demande pourquoi il a dit cela.

MONA *(elle quitte la fenêtre).* – Tout bleu... ça me donne envie de prendre la route...

FERNAND. – Oui ?

MONA. – Nous partons ? *(Elle regarde Fernand.)*

FERNAND *(il rit).* – Bien sûr, Mona, nous partons. *(Elle retourne vers la fenêtre, il l'accompagne.)* C'est vrai, le ciel est bleu. Bleu pervenche.

ANNA. – Monsieur Walter... croyez-vous qu'il soit malheureux ? Croyez-vous qu'il n'ait pas oublié, lui ?

WALTER. – Je ne sais pas...

MARCELINE *(violente).* – Il ne sait jamais rien, Maman ! Rien !

MONA. – Oui, Fernand, allons vers le sud.

FERNAND. – La tente est pliée ; les bagages sont faits... quand vous voudrez !

MONA. – Vers le sud ?

FERNAND. – Vers le sud, oui.

WALTER. – Si j'osais ?

FERNAND. – Oui ?

WALTER. – Je vous demanderais un lift.

MONA. – Mais oui ! Mais oui ! Venez ! *(À Fernand :)* Il logera sous la tente, et nous irons à l'hôtel.

WALTER *(il va vers Jenny)*. – Jenny...

(Jenny ne bouge pas, elle passe rapidement les mains sur son visage, mais ne tourne pas la tête.)

FERNAND. – Après ce bain de nature, un peu de palace nous fera le plus grand bien. Mère Anna ? Venez m'aider à charger les bagages, voulez-vous ? *(Il sort, suivi de Mère Anna.)*

WALTER. – Jenny...

(Jenny ne bouge pas. Walter s'écarte d'elle.)

MONA. – Adieu ! Adieu ! *(Elle fait de grands sourires.)* Joyeuses amours et ne prenez pas la vie au sérieux. Vous venez, Walter ? *(Elle sort.)*

WALTER *(il va pour sortir, s'arrête et regarde Marceline. Il a l'air intimidé et gêné)*. – Voilà...

MARCELINE. – Oui...

WALTER. – Je crois que ça vaut mieux pour tout le monde. *(Il regarde Jenny.)* Mais si...

MARCELINE. – Taisez-vous ! Taisez-vous ! Taisez-vous donc ! Vous et vos «si» ! Vos hasards, vos vacances, vos trucs. Partez ! Vos «destins sur mesure», vos vacances ! Partez ! *(Elle crie :)* Allez-vous-en !

WALTER. – Marceline...

MARCELINE. – Allez-vous-en !

(Walter sort.)

Scène XI
Marceline - Jenny - Moustache - Ida

(Moustache et Ida, toujours entre eux, n'ont pas entendu. Ils mangent et boivent du café.)

IDA *(elle rit, en approchant son visage de celui de Moustache).* – Ainsi... oh, ainsi ! Tu n'as plus qu'un œil ! Un seul !

MOUSTACHE *(féroce et joyeux).* – Mais cet œil te tient à l'œil !

(Ida rit. Jenny s'est levée et va vers Marceline.)

JENNY. – Il ne vaut pas un de tes cils, Marceline... c'est un médiocre rêveur. Il parle de «petits» destins, d'échapper ne «fût-ce que quelques heures». Les vacances sont «un petit suicide, suivi d'une petite mort». Il faut obéir à un jeu de cartes... et quelles plates et pauvres phrases il a réussi à trouver : «Voulez-vous coucher avec moi ?» Pouah !

MARCELINE *(triste).* – Non. Il cherche.

JENNY *(méprisante).* – Il cherche à coucher avec toutes les femmes qu'il rencontre...

MARCELINE. – Non. Hier encore, il disait qu'une inquiétude en lui le pousse, le pousse sans repos. Il m'a lu un passage de ce livre...

JENNY *(avec mépris).* – Je connais les livres qu'il lit. Ils sont toujours admirables. On y parle toujours de Dieu. Mais Walter laisserait crever quelqu'un à côté de lui sans s'en apercevoir.

(Ida et Moustache se donnent en riant mutuellement à boire.)

IDA *(comme Moustache répand du café sur sa chemise).* – Bébé ! Bébé ! Tu es sale ! Une bavette !

JENNY. – Oh ! Ce qu'ils m'agacent, ces deux-là ! *(À Marceline :)* Oublie-le, Marceline, comme je l'ai oublié. Un de perdu, mille de retrouvés et qui le dépassent mille fois ! Walter ne fait vraiment pas le poids.

MARCELINE *(avec haine).* – J'espère que je ne vous ressemblerai jamais.

JENNY *(ironique).* – Non ?

MARCELINE. – Déjà vous le remplacez.

JENNY. – Et alors ?

MARCELINE. – Vous osez comparer ! Je pense à lui, à personne d'autre. *(Avec mépris :)* Vous avez beaucoup vécu, madame Jenny.

JENNY. – On ne choisit pas. On vit.

MARCELINE. – Vous jugez...

JENNY. – Écoute, ma petite...

MARCELINE *(avec hauteur)*. – Vous êtes une femme comblée. Vous êtes belle, mais d'une beauté qui a beaucoup servi.

JENNY. – Tu n'es qu'une sotte.

MARCELINE *(avec désespoir)*. – À vous, il a dit adieu ! Il vous a demandé de le suivre. Il vous a regardée... Il a dit votre nom !

JENNY. – Ce ne sont que des mots.

MARCELINE *(en se reprenant)*. – Que faites-vous encore ici ? Le jour est levé.

(Elles se mesurent du regard.)

JENNY *(ironique)*. – Tu confonds, Marceline, cette nuit, nous avons joué, c'est tout. Aujourd'hui recommence la vie de tous les jours.

MARCELINE. – Nous n'avons pas joué !

JENNY *(elle regarde l'heure)*. – Il faut que Serge soit au bureau à huit heures. *(Elle sort.)*

Scène XII
Marceline - Ida - Moustache

IDA *(à Moustache)*. – Bébé ! Encore ! Tout le café sur ta poitrine.

MOUSTACHE. – Lèche !

IDA *(ravie)*. – Et insolent en plus ! *(Elle se lève et va chercher un essuie-mains.)*

MOUSTACHE *(ravi)*. – C'est chaud et mouillé ! *(Il se lève, la chemise largement ouverte, la poitrine mouillée de café.)*

MARCELINE. – Moustache !

MOUSTACHE. – Quoi ?

MARCELINE. – Ils ne sont pas encore partis... va dire à Walter...

IDA *(elle tamponne la poitrine de Moustache avec un essuie-mains et entrecoupe ce travail de petits baisers en lui parlant d'un ton attendri).* – Sale bébé ! Sale, sale bébé !

MARCELINE. – Va dire que je l'attends, non, dis-lui : «Elle a besoin de vous comme le fleuve a besoin de l'eau.» Tu as compris ?

MOUSTACHE *(béatement satisfait).* – Oui, Marceline.

IDA. – Sale bébé !

MARCELINE. – Dis-lui : «Elle ne compare pas.» Dis-lui que je n'ai rien à donner, mais que s'il regarde dans mes yeux, il y verra le reflet d'un dieu. Dis-lui que je me sens sa servante. S'il désire me jouer, qu'il me joue ; me donner, qu'il me donne ; me souiller, qu'il me souille ; m'élever, qu'il m'élève... Dis-lui que je l'attends depuis un an et que je lui demande, s'il lui plaît, de ne pas partir aujourd'hui... qu'il revienne, ne fût-ce qu'un instant, je prendrai son image en moi... dis-lui...

SCÈNE XIII
MARCELINE - IDA - MOUSTACHE - MÈRE ANNA - SNEP

(Entrent Snep et Mère Anna.)

SNEP *(il interrompt Marceline).* – Ça y est. Quelle histoire chaque matin ! La lumière monte...

MARCELINE. – Alors ?

ANNA. – Ils sont partis !

SNEP. – La lumière monte, ça vient, il y en a, et encore, et encore. On croit que c'est chaud, la lumière. Eh bien ! non ! C'est glacé !

MARCELINE. – Partis ? Walter aussi ?

ANNA. – Oui. C'est une grande auto blanche avec des coussins rouges. Ils m'ont largement payée... deux mille francs. Ils sont assis à trois devant.

MARCELINE. – À trois devant ? Il est à côté de Mona ?

SNEP. – T'aurais dû voir leur auto sur la route... seule, blanche, la première de ce jour... planant comme un cygne... ils volent vers le sud. Tu connais la nouvelle ? J'ai sommeil... mes paupières sont lourdes et épaisses... je voudrais dormir des jours et des jours...

MARCELINE. – Que faut-il faire quand on a du chagrin ?

MOUSTACHE. – Il faut avant tout se mettre bien dans sa propre peau.

IDA *(attendri)*. – Vilain matou !

ANNA. – Il faut essayer de ne pas pleurer.

SNEP. – Il faut pardonner.

MARCELINE. – Pardonner ? À qui ?

SNEP *(vague)*. – Pardonner...

MARCELINE. – Mais mon chagrin est là, dans tout le corps !

SNEP. – Et puis dormir. Dormir.

MOUSTACHE *(il s'étire)*. – Il n'y a rien de tel. Dormir ! On oublie le mauvais, on garde le bon.

SNEP. – Ferme les volets, Moustache, prépare les lits, Anna... *(Ils vont fermer les volets.)* Moustache, Ida, vous dormirez dans la chambre de Walter puisqu'il est parti.

MARCELINE. – Je ne pourrais pas dormir !

ANNA. – On s'habitue.

MARCELINE. – Mais je suis seule, moi !

SNEP. – Nous prendrons tous ensemble, les yeux fermés, l'obscure autoroute qui nous mènera dans les forêts. Le vent ! Dormir ! Des battements d'ailes et puis chaque feuille qui chante sa note sous la pluie. C'est là, partout. Obscurité. On se dissout, on *est* le vent. Pas de couleurs, plus jamais de larmes. Viens, Mère Anna. Tout va bien. *(Il sort.)*

IDA *(elle monte, suivie de Moustache, l'escalier qui mène à la chambre de Walter)*. – Tu es bien dans ta peau ?

MOUSTACHE. – Moi ? *(Rire satisfait.)*

IDA. – Je voudrais, oh ! je voudrais entrer sous ta peau, là, partout, à l'intérieur.

MOUSTACHE. – Si tu savais comme c'est bon... *(Ils sortent.)*

MARCELINE *(à Mère Anna)*. – Maman, que faut-il faire ?

ANNA. – Marceline, aujourd'hui il m'arrive un grand bonheur. Il m'a pardonné. Tout va bien. Alors toi, ne recommence pas. Dors, bois quelque chose, mange ; on s'arrange toujours, ça passera. Mais écoute, ne pleure pas. Les larmes, c'est insupportable pour les autres. Tu ouvriras le café vers midi. Tu iras voir la vache. Il faudra faire téter le veau. Ne nous réveille pas. Il veut dormir. *(Elle va pour sortir.)*

MARCELINE. – Maman ! Je me sens si seule !

ANNA. – On s'habitue. *(Elle sort.)*

RIDEAU

Table

Off et la lune 9

La Plage aux anguilles 105

Marceline 193

DANS LA MÊME COLLECTION

Lettres françaises de Belgique - Mutations
(Éditions Universitaires, Bruxelles, 1980)

Camille Poupeye : *Le Théâtre chinois*

Le monde de Paul Willems
Textes, entretiens, études rassemblés par Paul Emond, Henri Ronse
et Fabrice van de Kerckhove

Maurice Maeterlinck : *Introduction à une psychologie des songes et autres écrits (1886-1896)*
Textes réunis et commentés par Stefan Gros

Écritures de l'imaginaire
Dix études sur neuf écrivains belges, sous la direction de Michel Otten

Paul Aron : *Les Écrivains belges et le socialisme (1880-1913)*
Essai sur les rapports entre la grande génération et le socialisme

Michel Lemoine : *Index des personnages de Georges Simenon*

Constant Malva : *Correspondance (1931-1969)*
Édition établie et annotée par Yves Vasseur

Marie Gevers : *Correspondance*
Lettres choisies et annotées par Cynthia Skenazi

Marc Angenot : *Le Cru et le Faisandé*
Sexe, littérature et discours social à la Belle Epoque

Charles Van Lerberghe : *Lettres à Albert Mockel*
Éditées et annotées par Robert Debever et Jacques Detemmerman (2 tomes)

Marcel-Louis Baugniet : *Vers une synthèse esthétique et sociale*
Essais esthétiques - Préface de Fabrice van de Kerckhove

Colette Baudet : *Grandeur et misère d'un éditeur belge : Henry Kistemaeckers (1851-1934)*

Théâtre - Modes d'approche
Manuel pluridisciplinaire d'initiation aux sciences du spectacle,
sous la direction d'André Helbo, J. Dines Johansen, Patrice Pavis, Anne Ubersfeld

Marges et exils - L'Europe des littératures déplacées
Essai sur le thème de l'exil et les phénomènes de déplacement
dans la littérature des grands centres culturels

Charles Plisnier entre l'Évangile et la Révolution
Études et documents rassemblés par Paul Aron

Marcel Lecomte : *Les Voies de la littérature*
Chroniques littéraires. Choix établi par Philippe Dewolf

André Baillon : *La Dupe. Le Pénitent exaspéré*
Texte établi et commenté par Raymond Trousson

Raymond Queneau - André Blavier : *Lettres croisées (1949-1976)*
Texte établi et annoté par Jean-Marie Klinkenberg

L'Invention de la Mise en Scène
Dix textes sur la représentation théâtrale (1750-1930)
réunis et présentés par Jean-Marie Piemme

Les Arts du Spectacle
Bibliographie des ouvrages publiés en français entre 1960 et 1985
réalisée par René Hainaux

Pierre Mertens, l'Arpenteur
Textes, entretiens, études rassemblés par Danielle Bajomée

Un pays d'irréguliers
Textes et images choisis par M. Quaghebeur, J.-P. Verheggen et Véronique Jago-Antoine

François Moulin : *Jacques Sojcher, ni la mémoire, ni l'oubli*

Marc Quaghebeur : *Lettres belges : entre absence et magie*
Vingt études sur la littérature belge

Charles De Coster : *Légendes flamandes*
Édition critique établie et présentée par Joseph Hanse

Patrick Laude : *Rodenbach. Les décors de silence*
Essai sur la poésie de Georges Rodenbach

Zsuzsanna Bjørn Andersen : *Il y a cent ans, la Belgique...*
Textes et documents du critique danois Georg Brandes

Raymond Trousson : *Charles De Coster ou la vie est un songe*
Biographie

Les Avant-gardes littéraires en Belgique
Sous la direction de Jean Weisgerber

André Fontainas : *Mes souvenirs du symbolisme*
Préface et notes d'Anna Soncini Fratta

Maurice Maeterlinck : *Le Miracle de saint Antoine*
Suivi du catalogue de la collection

Correspondance de Michel de Ghelderode.
Tome 1 : 1919-1927
Tome II : 1928-1931
Tome III : 1932-1935
Établie et annotée par Roland Beyen

Charles De Coster : *Lettres à Élisa*
Édition établie par Raymond Trousson

Paul Aron et Pierre-Yves Soucy :
Les revues littéraires belges de langue française de 1830 à nos jours
Bibliographie des revues littéraires belges

Joseph Hanse : *Naissance d'une littérature*
Dix-huit articles critiques sur les lettres belges

Michel Biron : *La Modernité belge*

Écriture et démocratie. Les Francophones s'interrogent
Actes de colloque

Le Bonheur en projet : Hommage à Dominique Rolin
Études et témoignages rassemblés par Frans De Haes

Lire Simenon : Réalité - Fiction - Écriture
Études de Christian Delcourt, Jacques Dubois, Claudine Gothot-Mersch, Jean-Marie Klinkenberg et Danièle Latin

Papier blanc, encre noire. Cent ans de culture francophone en Afrique centrale
Collectif (2 tomes) édité sous la direction de Marc Quaghebeur par Émile Van Balberghe, avec la collaboration de Nadine Fettweis et Annick Vilain

Pierre Halen : *Le petit Belge avait vu grand. Une littérature coloniale*
Une approche de la littérature coloniale

Franz Hellens : *Un balcon sur l'Europe*
Choix de textes critiques, établi et présenté par Paul Gorceix

Marcel Lecomte : *Le Regard des choses*
Chroniques artistiques et préfaces d'expositions, choisies et annotées par Philippe Dewolf

Émile Verhaeren : *Poésie complète 1*
Les Soirs, Les Débâcles et Les Flambeaux noirs
Édition critique établie par Michel Otten

Paul Nougé. Écriture et caractère
Essai biographique, par Olivier Smolders

Émile et Marthe Verhaeren - Stefan Zweig (1900-1914)
Correspondance établie par Fabrice Van De Kerckhove

Achevé d'imprimer en novembre 1995
sur les presses de l'imprimerie Campin
à Tournai (Belgique - CEE)
pour le compte des Editions Labor.
D/1995/258/79
ISBN 2-8040-1080-5